大家小书

政治的学问

钱端升 著
钱元强 编

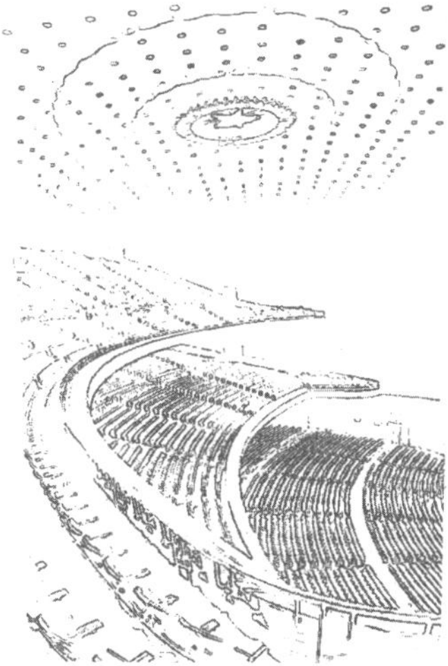

北京出版集团
文津出版社

图书在版编目（CIP）数据

政治的学问 / 钱端升著；钱元强编．— 北京：文津出版社，2020.10（2024.9 重印）

（大家小书）

ISBN 978-7-80554-725-1

Ⅰ. ①政… Ⅱ. ①钱… ②钱… Ⅲ. ①政治—文集 Ⅳ. ① D-53

中国版本图书馆 CIP 数据核字（2020）第 105132 号

总 策 划：安　东　高立志　　责任编辑：侯天保
责任印制：陈冬梅　　装帧设计：金　山

·大家小书·

政治的学问

ZHENGZHI DE XUEWEN

钱端升　著　钱元强　编

出　　版　北京出版集团
　　　　　文津出版社
地　　址　北京北三环中路 6 号
邮　　编　100120
网　　址　www.bph.com.cn
总 发 行　北京出版集团
印　　刷　北京华联印刷有限公司
经　　销　新华书店
开　　本　880 毫米 ×1230 毫米　1/32
印　　张　12.375
插　　图　6
字　　数　210 千字
版　　次　2020 年 10 月第 1 版
印　　次　2024 年 9 月第 3 次印刷
书　　号　ISBN 978-7-80554-725-1
定　　价　59.00 元

谨以此书献给钱端升先生诞辰一百二十周年

學者，吾唯一之希望也。

——錢端升

作为一名专修政治学的学人，钱端升写在1921年日记首页上的这句话，是他21岁在哈佛大学读书时就给自己立下的志向

钱端升哈佛大学毕业前夕半身照（1924）

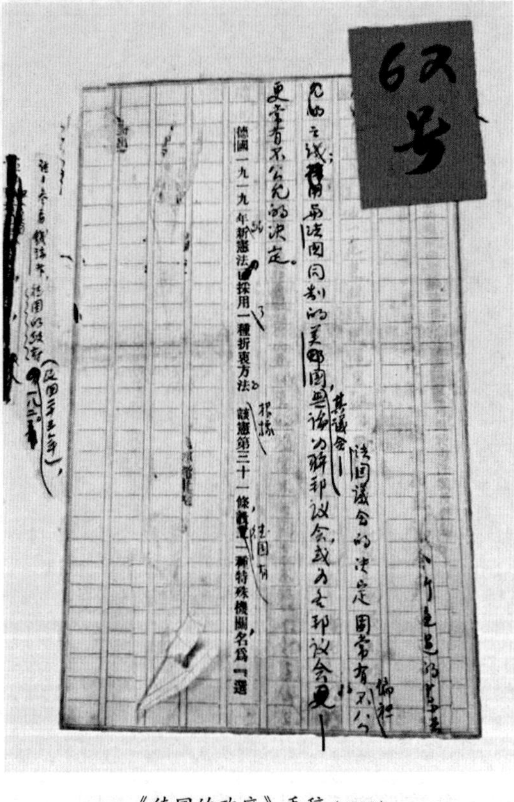

《德国的政府》手稿（1933）

钱端升在哈佛大学讲学时留影（1948）

钱端升在加拿大出席帕格沃什（Pugwash）国际问题讨论会期间伏案写作的场景（1956年8月）

钱端升在北京西城区寓所庭院内审阅文稿（1980年8月）

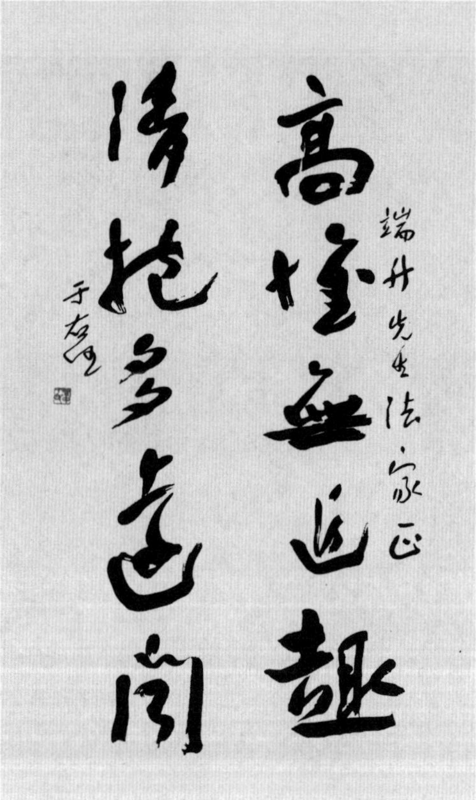

民国政治家、书法家、教育家于右任书赠对联：
高怀无近趣，清抱多远闻

总　　序

袁行霈

“大家小书”，是一个很俏皮的名称。此所谓“大家”，包括两方面的含义：一、书的作者是大家；二、书是写给大家看的，是大家的读物。所谓“小书”者，只是就其篇幅而言，篇幅显得小一些罢了。若论学术性则不但不轻，有些倒是相当重。其实，篇幅大小也是相对的，一部书十万字，在今天的印刷条件下，似乎算小书，若在老子、孔子的时代，又何尝就小呢?

编辑这套丛书，有一个用意就是节省读者的时间，让读者在较短的时间内获得较多的知识。在信息爆炸的时代，人们要学的东西太多了。补习，遂成为经常的需要。如果不善于补习，东抓一把，西抓一把，今天补这，明天补那，效果未必很好。如果把读书当成吃补药，还会失去读书时应有的那份从容和快乐。这套丛书每本的篇幅都小，读者即使细细地阅读慢慢地体味，也花不了多少时间，可以充分享受读书的乐趣。如果把它们当成补药来吃也行，剂量小，吃起来方便，消化起来也容易。

我们还有一个用意，就是想做一点文化积累的工作。把那些经过时间考验的、读者认同的著作，搜集到一起印刷出版，使之不至于泯没。有些书曾经畅销一时，但现在已经不容易得到；有些书当时或许没有引起很多人注意，但时间证明它们价值不菲。这两类书都需要挖掘出来，让它们重现光芒。科技类的图书偏重实用，一过时就不会有太多读者了，除了研究科技史的人还要用到之外。人文科学则不然，有许多书是常读常新的。然而，这套丛书也不都是旧书的重版，我们也想请一些著名的学者新写一些学术性和普及性兼备的小书，以满足读者日益增长的需求。

“大家小书”的开本不大，读者可以揣进衣兜里，随时随地掏出来读上几页。在路边等人的时候，在排队买戏票的时候，在车上、在公园里，都可以读。这样的读者多了，会为社会增添一些文化的色彩和学习的气氛，岂不是一件好事吗?

“大家小书”出版在即，出版社同志命我撰序说明原委。既然这套丛书标示书之小，序言当然也应以短小为宜。该说的都说了，就此搁笔吧。

既要讲政治，也要讲政治科学
——《政治的学问》导言

俞可平

论及作为一门独立学科的中国现代法学和政治学，不约而同地会提到钱端升，他是现代中国法学和现代中国政治学这两门学科公认的重要奠基者。无论是北京大学，还是清华大学和中国政法大学，都把钱端升视为这些高校中政治学和法学这两门学科的代表性人物。“政法不分家”在钱端升身上，得到了充分的体现。其实，钱端升于1919年从清华赴美留学，首先去美国的北达科他州立大学，就读的是政治学本科，后来去密歇根大学和哈佛大学攻读硕士和博士学位，主攻专业也是政治学。其博士学位论文题为“议会委员会：以英、美、法、德四国为主的比较政府研究”，属于典型的比较政治研究。若按照现在的通行学科分类，钱端升所受的专业训练，完全是政治学科的训练，他首先应当是一名政治学家。然而，正如钱先生自己所说：“政治学与法律，研究同一之事物，不同之点即研究者所用眼光异同；如政治学则从组织方面着眼，而法律则从权利方面着眼是也。然彼此之关系当然密切。”[①]在政治学与法学的初创时期，两门学科的关系之密切，几乎到了难舍难分的地步。钱端升在美国学的是政治学，回国后在清华大学、北京大学和中央大学，几乎同时任教于法学系和政治学系。在北京大学，钱端升既担任法学院院长，同时兼任政治学系主任。1952年，钱端升奉命筹建北京政法学院（中国政法大学前身），担任创始院长。

钱端升是20世纪的同龄人，他出生于1900年，今年是他120年的诞辰。北京大学是中国现代政治学的发源地，1899年京师大学堂开设“政治讲堂”，被学界公认为作为一门独立学科的现代中国政治学的发端。钱端升在清华任教时，就开始兼任北京大学政治系的教授，后来还担任北大政治系主任，在北京大学政治学科的发展史上，钱端升有着特殊的贡献。因此，在去年纪念北京大学政治学科诞生120年时，北大政府管理学院就决定要在2020年2月召开一个纪念钱端升诞辰120周年的学术研讨会，并重新编选一本钱端升的政治学文集，作为北京出

① 《政治学》，见钱端升著、钱元强编：《政治的学问》，文津出版社2020年版，第5页。

版集团“大家小书”系列之一出版。由于新冠肺炎疫情暴发，原定于2020年2月召开的纪念会只好推迟到了9月。所幸的是，钱端升政治学文集的编辑出版工作几乎没有受到重大影响，这本《政治的学问》从动议到出版，还不到一年的时间。编者独具匠心，把钱端升的政治学论述分为“政治学”“政党与政治制度”“中国政治”三个部分，收录的时间跨度从1925年他刚入职清华时的学术演讲，到1988年他去世前的最后一篇文章，涵盖了钱端升一生的政治思考，反映了他的代表性政治思想。

像其他一大批20世纪上半叶从西方国家学成归国的民国学者一样，钱端升也被称为法学和政治学的“学术大师”，是以北京大学、清华大学和西南联大为核心圈的学术群星之一。他们之所以具有崇高的学术地位，受到后人的高度评价和永久纪念，最主要的原因不在于他们的社会地位，甚至不在于他们的学术观点，而在于他们对各自所在学科发展的贡献，特别是对于在中国引进和创立现代学科体系所做的开创性贡献。钱端升对中国现代政治学这门社会科学基础学科的创立和发展，就有着这样的开创性贡献。这种贡献主要体现在政治学的课程设置、教材编写、学生培养、课题研究、机构创办和知识普及等方面，除此之外，他自己对一些政治学重大问题的研究，对推进现代中国政治学的发展，也有着独特的知识性贡献。这一点在这本《政治的学问》中就得到了明显的体现。

政治和政治学。在所有社会科学中，政治学与现实政治的关系最为直接，两者难分难离，以至于在漫长的传统社会中，这两者之间实际上并没有被明确加以区分。然而，将政治与政治学区分开来，这是作为一门独立的政治学得以存在的前提。人类的政治生活和政治现象是一种客观存在，研究人类政治生活和政治现象，从而揭示人类政治活动规律的系统知识，便是政治学。这也正是钱端升对政治学的定义，他说“政治学者，研究人类政治活动及其政治组织者也”[①]。政治学是一门独立科学，英文称“Political Science”，它是社会科学的基础学科之一。社会科学与自然科学之间有许多共性，例如，任何科学都旨在揭示现象背后的本质和事物的普遍规律，每一门学科都有自己的基本对象、研究方法、概念范畴和公理体系。但是，社会科学与自然科学之间有着重大的区别，自然科学具有更大的客观性、事物之间的因果关系更为明显、可以在相同条件下进行模拟实验、更容易定量化等等。钱端升尤其看重自然科学和社会科学的这些差别，并因此对包括政治学在内的社会科学持一种比较悲观的看法。他认为，若用自然科学的标准来

① 《政治学》，见《政治的学问》，第3页。

看，“政治学距科学尚远”。科学需要客观的态度，而政治学的主观性大，“因之政治学亦难成为科学”[①]。但从长远看，钱端升认为“政治学是一门重要的科学”，并且“有很大的应用价值”。[②]因此，他对政治学的前途秉持一种谨慎乐观的态度：政治学既有“学问之用途”，又“可谋政治之改良”，经过长期的努力，“政治学当不难就〔成〕为科学，而在学术中占一位置”。[③]

自由与尊严。近代以后，越来越多的国家，特别是西方发达国家，纷纷把民主政治当作最好的政治制度和唯一的政治选择，民主政治因而成为一种世界性潮流和评估政治制度进步与否的基本标准。民主政治之所以能够从少数政体变成多数政体，进而成为人类的普遍政治追求，其主要原因是，人类经过无数次的反复选择后，终于发现，只有民主政治才能最大限度地保障人类的自由与尊严。自由与尊严，是人类的本质和最高价值，民主政治并不是完美无缺的，但比较其他政治制度而言，它最有利于保护和增进人的自由与尊严。民主政治与个人自由的关系，就像市场经济与自由贸易的关系，离开民主去谈

① 《政治学》，见《政治的学问》，第4、5页。
② 《为我国政治学的发展进言》，见《政治的学问》，第58、59页。
③ 《政治学》，见《政治的学问》，第10、12页。

论自由，就像离开市场经济去谈论自由贸易一样不得要领。对于这一政治学的公理，钱端升不仅十分清楚，而且高度认同。在他看来，“争论的焦点只是自由的范围，而不是自由的需要与不需要”[①]。民主政治的实质，就在于保护个人的自由与尊严。强调人的自由和尊严的基本价值，把民主政治看作是实现自由与尊严的最好制度，这是钱端升最重要的政治思想之一。他说，“民权主义的基本观念是人格的尊重。因为尊重人格，故自由平等的观念与人人得以参政的观念随之而生。没有自由，人不能为人，不能异于牛马机械。不能参政则得不到自由或平等，故其人格亦得不到尊重。”[②]

民主与独裁。被钱端升誉为“政治学始祖”和研究政治“第一人”的亚里士多德把政治学当作“主导科学”，因为政治学事关城邦国家的“最高的善”，即公民的幸福生活。要实现公民的幸福生活，就必须有良好的政体。人类经过长期的艰难探索，到近现代后终于发现，民主政治最有利于保障公民的正当权益，从而是最好的政治制度。近代以后，人类政治进步的过程在很大程度上就体现为民主不断战胜专制独裁的过

① 《论自由》，见《政治的学问》，第117页。

② 《今后世界民权建设之展望》，见《政治的学问》，第126页。

程。与此相一致，所有进步的知识分子在政治上几乎都拥护民主而反对专制，钱端升也不例外。他清醒地看到，“20世纪初年，稍具进步眼光的人们几全体认为民主政治为绝对最良的制度。”[①]他本人也一样，“对于平民政治希望无穷，我们更断定凡背了平民而独裁的政治终将归于无成”[②]。在民主与独裁问题上，钱端升最鲜明的特点是，他认为民主不是万能的，而独裁也不是万恶的。在他看来，民主政治也有许多内在的弱点，导致它在西方国家遇到了危机，并“益见衰颓”[③]。在民主政治的众多不足中，钱端升尤其强调其经济职能的缺失。他认为，“民主国家之不能应付现代国家的经济问题，无法完成现代国家的经济职务，则实是民主政治难以补救，或竟不能补救的弱点”[④]。正是由于民主政治的内在不足，专制独裁便在20世纪上半叶应运而生。“平民政治最大的难关不意竟于此时相随而起，反民主的独裁政治竟相继发生，蔓延全球。”[⑤]

钱端升把他在20世纪上半叶看到的独裁政权分为两种类型，一是苏联的无产阶级专政，一是意大利的法西斯专政。他

---

① 《民主政治乎？极权国家乎？》，见《政治的学问》，第86页。
② 《德谟克拉西的危机及将来》，见《政治的学问》，第82页。
③ 《民主政治乎？极权国家乎？》，见《政治的学问》，第84页。
④ 《民主政治乎？极权国家乎？》，见《政治的学问》，第88页。
⑤ 《德谟克拉西的危机及将来》，见《政治的学问》，第65页。

说，“新流行的独裁政治，大别之，可分为两种：一为苏俄式的阶级专制，一为意大利式的独夫专制”，并认为苏联的阶级专制与法西斯专制有实质不同，后者才是真正反对民主的。[①]但两者都与“平民政治背道而驰”，都推行“统制经济”。在钱端升看来，正是由于专制政治在统制经济方面的优势，使得它们能够取代民主政治而大行其道。他说，“代民主政治而起的制度已实现者，一为苏维埃制，一为法西斯蒂制。我们认为这两种制度俱要比民主政治较适宜于统制经济。”[②]鉴于民主政治的局限和专制独裁的比较优势，钱端升得出了对于一名自由主义政治学者几乎难以想象的三个结论。第一，专制独裁的流行在世界范围内将是不可避免的，“苟只有独裁能增加民族的经济实力，则独裁便是无可幸免的制度”[③]。因为“民主政治的衰败及独裁制度的比较成功绝不是一时偶然的现象，而是近代经济制度所造成的一种必然的趋势”[④]。第二，只要有利于广大民众的福利，纵使专制独裁也未尝不失为一种现实的政治选择。他说，“大家对于独裁也不必一味害怕。若以大多

① 《德谟克拉西的危机及将来》，见《政治的学问》，第65—66页。
② 《民主政治乎？极权国家乎？》，见《政治的学问》，第95页。
③ 《民主政治乎？极权国家乎？》，见《政治的学问》，第98页。
④ 《民主政治乎？极权国家乎？》，见《政治的学问》，第94页。

数人民的福利而论，独裁也不见得不及民主政治”。他反问说：“然独裁既真能为大多数人（几乎是全体人民）增进福利，则又乌能因少数人的自由之被剥夺，而硬要维持谋福不及独裁的民治？”[①]第三，他明确反对个人独裁，但却主张在中国实行一党独裁。他认为，“中国所需要者，也是一个有能力、有理想的独裁”[②]。他十分肯定地断言：“至于就吾国的需要而言，我以为我们应努力培植一个极权国家，以图立足于世界之上。”[③]钱端升的政治逻辑非常清楚，要使国家统一和强盛，人民幸福和富裕，必须克服中国一盘散沙的局面，而将权力高度集中于统一的权威。正是本着这样的政治逻辑，钱端升在民国时期主张国民党一党统治，而在1949年后则坚决拥护共产党一党执政。

在论述民主与极权时，钱端升的思想其实充满着矛盾。一方面，他看到了民主政治的种种弱点，以及专制极权对于发展经济、改善民生、维护统一的明显优势，因而他并不反对极权；另一方面，他又看到专制极权必定会剥夺个人的自由与尊严，甚至导致国家间的战争，从而付出高昂的代价。他

① 《民主政治乎？极权国家乎？》，见《政治的学问》，第98—99页。

② 《民主政治乎？极权国家乎？》，见《政治的学问》，第100页。

③ 《论极权主义》，见《政治的学问》，第107页。

说："极权主义能使国家有大权，却忽视了个人的尊严，并引起了民族间人类间不断的残杀。"[1]而在维护个人自由和尊严方面，民主政治则有着极大的优势，是人类"迄今为止最进步的制度"[2]。特别是当他看到意大利的法西斯独裁和德国的纳粹极权对全人类的危害后，他又开始倾向于民主政治，而拒绝专制极权。他的最终结论是，即使专制极权大行其道，并对民主政治构成重大威胁，最终它也不可能取代民主政治。"极权主义即能消灭民主政治，仍不能代替民主政治"[3]。政治学家不同于空想主义者，在探寻人类理想政治状态时，更多的是从现实出发，以实际效果来评判一种政治制度。因此，在政治学家那里，几乎不存在十全十美的政治制度。亚里士多德如此，对于钱端升来说，恐怕也是如此。

一党与多党。遵循着上述思想逻辑，钱端升对于政党政治也持一种特别的态度。近代以后，人类的政治发展进入政党政治时代，国家权力主要通过政党得以组织和运行。经典的自由主义政治学理论认为，一党政治必然导致权力垄断，并最终导致个人专权；只有多党政治才能使权力相互制衡，防止专权

① 《浅说民权与极权》，见《政治的学问》，第115页。
② 《浅说民权与极权》，见《政治的学问》，第112页。
③ 《浅说民权与极权》，见《政治的学问》，第114页。

独裁；也只有多党政治才能使权力有序竞争，让人民有更多的政治选择。因此，正如钱端升看到的，对于流行的西方政治学理论来说，多党政治、代议民主和个人自由三者几乎是同义语。“就理论言，一个国家如果实行民主政治，非采多党制度，非容各党公开活动不可。”[①]但是，与经典自由主义理论不同，钱端升坚持认为，“一党制度与多党制度各有长短”[②]。随着代议民主国家爆发种种危机，多党政治的劣势也日益明显，“多党制度显已有代谢的趋势”。相反，一党政治的长处开始显现，并有日益取代多党政治的趋势，甚至在英美国家，“也必趋向以一党制代替多党制”。[③]在论及中国的政党政治时，钱端升更是竭力倡导一党制。他认为，从中国的政治传统和实际国情来看，“则一党制更有其客观的必要。从反面来说，多党政治是不可能的，也是不相宜的”[④]。在这里，钱端升用来论述一党政治的逻辑与其用来论证专制独裁的逻辑是一脉相承的，即一党制还是多党制，不过是改善民生保障民权的形式，两者各有利弊。究竟选择一党制还是多党制，关键

① 《论党》，见《政治的学问》，第149页。

② 《论党》，见《政治的学问》，第148页。

③ 《一党与多党》，见《政治的学问》，第158页

④ 《一党与多党》，见《政治的学问》，第162页。

在于哪种制度更有利于人民的利益。他的结论是，“如果有一政党能坚信民权，能尊重人类的尊严而普遍地谋增进其福利，能以大同思想及和平主义为民族相处的最高理想，则即使一党专政，也与民治不悖”①。

人治与法治。政治科学之所以有存在的可能和必要，根本的原因在于人类的政治发展遵循着某些普遍的规律。这些普遍规律不以人的意志为转移，也不因民族和国家的不同而变异。不断地从人治走向法治，便是政治发展的普遍规律之一。钱端升是最早认识到这一政治发展的规律，并积极倡导法治和政治制度化的中国先驱学者之一。从人治走向法治既然是人类政治发展的普遍规律，中国当然也不能例外。但中国有着几千年的人治传统，走向法治国家必将是一个十分艰难而漫长的过程，欲速则不达，不能一蹴而就，必须从中国的实际出发，一步一个脚印地走向法治国家。从中国实际出发，谋求推进法治的可行道路，是钱端升毕生追求的重要事业。钱端升看到，中国的政治传统是人治而非法治，即所谓“有治法而无治人”，但法治是人类政治发展的必然趋势，“法治究是近代国家所不可少的元素之一”②，中国也必定要走向法治国家的道路。

① 《一党与多党》，见《政治的学问》，第160页。

② 《政治活动应制度化》，见《政治的学问》，第182页。

要使法治产生积极的实际效果，就必须从中国的实际出发。钱端升尤其反对空洞的法治口号，“与其空言法治，而使人民对于法治失信用，毋宁在可能的范围内逐步推行法治。脚踏实地，步步前进，为实行法治的第一要着”①。在论及中国的法治之路时，钱端升提出了别具特色的“制度化”主张。在他看来，中国的法治建设应当先从制度化做起，对一些符合政治进步趋势的改革，先不急于立法，而是先形成制度，逐渐推行，等条件成熟时再转变成法律。他说，“如果立了许多法律而丝毫不见实行，使法律永失尊严，尚不如因事制宜，利用目前的形势而使之逐渐地趋于制度化，以作法治的张本。”②钱端升特别重视制度化在政治发展中的作用，他甚至认为中国传统社会中被人人称道的那些“太平盛世”，如开元之治、贞观之治等，其实都得益于制度化。他说，“国人但知贞观开元之治之盛，而大多不知此盛治之由于制度化。”③因此，对于钱端升来说，把制度化当作中国推行法治的切入点，其实就是从中国的实际国情出发，来探索行之有效的中国法治之路。

现代化与政治发展。钱端升早年追随孙中山，笃信三民主

① 《政治活动应制度化》，见《政治的学问》，第182页。
② 《政治活动应制度化》，见《政治的学问》，第183页。
③ 《政治的制度化》，见《政治的学问》，第191页。

义，把救国强国当作己任。与孙中山等民主主义者一样，钱端升把实现中国的现代化当作救国强国的根本途径。在“救国”“强国”口号响彻云霄的民国早年，钱端升不愿空喊口号，而更愿直奔主题：如何在中国加快实现“近代化”或“现代化”（英文均为“modernization”，汉译既可为“近代化”，也可为“现代化”）。他说，“怎样可以使中国近代化的问题几乎就是救国的问题。但我们不愿用‘救国’两个字，因为一谈救国，什么‘天下兴亡，匹夫有责’‘十年树木，百年树人’‘礼义廉耻，国之四维’那一套老话便随口而出。我们固不否认这些格言是有相当的真实；但我们现在急需近代化，能近代化才能救国。”[1]如何才能推进现代化？钱端升认为，现代化首先应当挣脱传统思想的束缚，是对传统思想的解放和超越，“所谓现代化者，乃指古代思想的解放”[2]。他主张改革创新，而不是一味地复兴传统。在他看来，对于中国的现代化来说，最重要的是强化民族意识和壮大国民经济。按照这样的思想，结合20世纪30年代中国的实际情况，钱端升认为当务之急有三点：一是有一个强有力的权威中心，二是起用具

① 《怎样可以促进我们国家的近代化》，见《政治的学问》，第216页。

② 《现代化》，见《政治的学问》，第223页。

有新知识和新技术的新人，三是统治阶层的勤勉努力。

作为一名政治学家，钱端升比谁都清楚，没有政治的现代化，整个社会的现代化就无从谈起。他认为现代化应当包括三个方面的基本内涵，首先是“哲理的”，即思想文化的现代化，其次是经济的现代化，其三便是政治的现代化。这三者缺一不可，缺少其任何一方面的内容，便不是真正的现代化。“所为现代化，必定要看它的哲理的背景、政治上的表现和经济上的表现如何而定。能够完全具备这三个条件，那么才有真正的现代化。如果欠缺其中一个，那么那个现代化一定是假的现代化，或者说是现代化不健全”①。关于政治现代化的具体内容，钱端升特别强调以下四个要素：人与人之间的平等、文化知识的普及、民主制度的推行和行政效率的提高。他说，“现代化表现在政治方面的有四种结果可见：一是平等，二是知识普及，三是民主制度，四是行政改革”。政治现代化的内容可能不止这四个方面，但在钱端升看来，这四点是政治现代化的起码要求，“如果缺少了其中任何一点，现代化的资格也就没有具备”②。

---

① 《现代化》，见《政治的学问》，第227页。

② 《现代化》，见《政治的学问》，第226页。

钱端升曾经明确说过，中国人极其重视政治，但“中国几无政治思想可言”[①]。他的意思是说，中国古代没有系统的政治思想和政治学的知识体系。中国要实现高度发达的民主法治，就必须有自己的政治科学。创建中国特色的政治科学，推进政治的现代化，实现中华民族的伟大复兴，这是钱端升这一代政治学人的历史使命，也是当代中国政治学人的使命。使中国人不仅重视政治，也重视政治的科学，既要讲政治又要讲政治的科学，这是历代中国政治学人的共同目标。中国现代政治学的诞生已经120多年了，讲政治的传统依然如故，而讲政治科学的传统则远没有形成。要达到既讲政治又讲政治科学的局面，还有很长的路要走，既需要政治学人的不断努力，也需要政治领导人和全体知识分子的共同努力。

2020年7月31日

于京郊九直园

① 《政治学》，见《政治的学问》，第6页。

目　录

辑一　政治学

辑二　政党与政治制度

辑三　中国政治

辑一　政治学

政治学 *

中国人研究西方传来之专门学问，往往因名词不易翻译之故，特别困难。政治学为社会科学之一，社会科学之名词，即在西文中亦未划一，故以中文讲政治学，真有难上加难之慨。然亦不能因噎废食，而不用中文也。余今分九节，以讨论政治学之大概。

一、政治学之名称及定义

为讨论便利起见，余即名今日我侪所讨论之学问为政治学，政治学之定义，人各不同，余之定义为："政治学者，研究人类政治活动及其政治组织者也。"政治学之名，在西文

* 1925年12月3日，钱端升在清华学校大学普通科所作的演讲。章熊笔记。——孙宏云版编者注

中亦不相同，英文有“Political Science”“Science of Politics”“Politics”“Political Sciences”等。而美国哈佛大学，更有“Governments”之称。法文有“Science Politique”“Sciences Politiques”等。德文有“Staatslehre”“Politik”“Staatswissenschaft”“Staatswissuschaften”等。就英文论，最普通者，当为“Political Science”。余以为此名尚不及中文“政治学”三字之妥当。因“Political Science”二字，有两缺点如下：

1.“Political Science”起自希腊文“Politeia”，此字之含义极广极混，尚不及“政治”二字之较有明显之意义。

2.有“Science”字在内。政治学是否为“Science”尚属问题，今直用之，似不相宜。

二、政治学是否为科学

科学家对于科学，皆不愿轻下定义；余非科学家，不敢下定义。不过余以为，凡科学当具下述之两要素：

1.有许多有因果关系之事实，可供吾人研究。

2.于此种事实中，吾人须能得到通律，用以解释相同之现象。

就以上两点观察，则政治学距科学尚远。有因果关系之事实，吾人纵已收集不少，然尚无从研究之而得通律也。欲求政治成为科学甚难，有数种难点，今举如下：

1.政治学中之名词多普通习用之名词，不易成为专门名词。

2.他科学可以试验而得结果，然政治之现状非同气压或重力可比，吾人无法可使之就范而作吾人之试验。

3.与政治学有关系之各种社会科学，尚未成为科学，因之政治学亦难成为科学。

4.研究科学须用客观眼光，而政治学则往往用主观眼光，发表个人意见，此为科学所最忌。

三、与政治学相关之学问

1.法律　政治学与法律，研究同一之事物，不同之点即研究者所用眼光之异同；如政治学则从组织方面着眼，而法律则从权利方面着眼是也。然彼此之关系当然密切。

2.经济学　政治学与经济学亦有密切关系，如一国之预算，在政治范围内，然征税之法则，必须合于经济原理，再必用法律手续通过之。于此可见法律、经济两学与政治学关系之密切。

3.历史　历史者，乃研究政治学之工具也。无历史知识，即不能会悟一时之政治现状，故不可不知之。

4.心理学　如近日北京民众暴动，为政治运动之一，然不知心理学，则不能测知群众之心理，故心理学亦须注意。此外如哲学、生物学等，皆与政治学有关，不必一一详述。

四、政治学之历史

政治学历史，与政治思想史无甚出入，因一代关于政治之著述，在后人观之，往往为政治思想也。

中国几无政治思想可言，盖中国人对于政治极为重视，《论语》中有许多政治思想在内，其余如《庄子》《荀子》，皆有政治思想在内。不过此等书籍，多半为著者之人生观，故不能承认其为政治思想专书。西洋关于政治思想史之书籍，古时以亚里士多德所著之*Politics*为最重要。亚氏首用比较方法，该书所论政体及政治组织，虽今人亦不能超而上之，其影响于后代政治思想者甚大。

希腊亡后讫13世纪，对于政治思想之供献，可得而言者，仅以下数端：

1.犬儒派[1] Stoles物我同与之说，犹如中国四海之内皆兄弟也之义。

2.罗马人之一天下主义Universality。

3.随基督教而发生之宗教与国家之冲突，由此种冲突，而发生之思想。

4.封建时代以小事大之思想。

以上所述种种思想，与亚氏之书比，诚有小巫见大巫之概，亦绝少科学精神。至13世纪，亚氏之书，由阿拉伯文传入欧土，亚氏之说，始得复活。Aquinas及Machiavelli受其影响不少。然中古时代，与之继绝于近代政治思想亦不无贡献。

15世纪民族国家（native state）之说盛兴。此说即一天〈下〉主义及教团冲突之反动，而天赋法权说（Junaturale），乃封建时代蹂躏人种〔权〕之反动也。及后法之Bodin倡主权论，英之Hobbes、Locke及法之Rousseau辈出，倡民约论。结果，一方促成英国民主政治，而又一方则鼓动美、法之大革命，遂成世界各国之政治制度。自19世纪以还，经济制度日臻复杂，代议制度及民权政治亦渐有不适现状之概；主权说亦时

① 似即“the Early Cynic School”，一般译作“犬儒派”。——孙宏云版编者注

遭反对，多元说逐渐通行，职业代表制及苏维埃制或为将来之最普遍者，亦未可知也。

五、政治学之现状

政治学一科，七八十年前，尚未自成一科。盖政治学大别之，不外政治思想、政治组织，及政治现状而已。思想为哲学之一部，政府之组织、政权等学则大概属于法律。19世纪欧陆大学分科，只有神、法、医、哲四科。政治学自成一科，自美国始，欧洲各国仿之不过最近数十年之事也。现在欧洲各国亦有专门研究政治学之学校，如英之“London School of Economics”，法之“Ecole de Sciences Politiques”，德之“Hochschale Fir Politik”是也。

六、政治学之分类

政治学之分类，可为表以说明之。

以上分类，如司法则亦在行政之内。主张三权分立者，当然反对；然余则认司法乃行政之一种，故列入行政中。以上各类为余个人之分法，乃聚欧美各大学之政治科目而分者，妥否

- 政治学
  - 甲、政府
    - 一、起源及发展——宪法史等
    - 二、组织
      - 宪法学
      - 比较政府
      - 某国政府
      - 联邦政府
    - 三、职务之执行
      - 立法
        - 议会法
        - 比较立法
        - 等
      - 行政
        - 行政法
        - 中央行政
        - 地方行政
        - 某机关行政
        - 司法行政
        - 比较行政
        - 等
  - 乙、政事（政治活动及原动力）
    - 一、舆论
    - 二、政党
    - 三、政治心理
    - 四、阶级制度
    - 等
  - 丙、国际关系
    - 一、国际法
    - 二、国际组织
    - 三、联邦
    - 四、外交
    - 五、帝国主义
    - 等
- 政治思想

尚待斟酌。

德国政治学者Jellinek，曾分政治学为两类，即：

1.Staatslehre。

2.Politik。

更分Staatslehre为普通及特殊二部，然此种分法，不能包含现在欧美各大学之课程也。

各科之偏重，在各国不同，大陆仍偏重组织方面，美国则偏重行政及政事。近年来，大陆各大学亦有注重行政及政事之趋向。

七、政治学之前途

一种学问，必有一种学问之用途，政治学亦然。今列其用途如下：

1.政治学可作一种知识研究之。

2.政治学可当作一种研究方法。学问不同，研究法亦不同。历史有历史研究方法，数学有数学研究方法，而政治学则有政治学之研究方法。此种方法，以时而异。在上古则注意想象，中古则往往为拥护当时之政制，至近世则偏重于福国利民之政治方式之研求。

3.实用。研究政治学，可谋政治之改良，医学及天文学皆能实用，政治学亦然。

八、研究政治之方法

政治学研究方法，可有下列各派，盖视辅助学科而分者也。

1.历史学派。

2.法律学派。

3.心理学派。

4.统计学派。

5.人种学派。

6.生物学派。

7.经济学派。

8.社会学派。

9.比较派。此派之方法自古即用之，Aristotle之*Politics*，Bodin之*Les six Livres, de la République*[①]，Montesquieu之*Esprit des Lois*[②]，Bryce之*Modern Democracy*[③]，皆自比较而得者也。

九、政治学之将来

政治学之将来，视其能否成为科学而定。盖学术可分为两种：一为艺术（Arts）；一为科学（Science）。政治学离艺术甚远，如能成为科学，则当可自成一家，在社会科学中，当可

---

① 应该是指Jean Bodin著的*Les Six livres de la République*，1576。——编者注

② 应该是指Montesquieu著的*De l'esprit des lois*，1758。——编者注

③ 应该是指James Bryce著的*Modern Democracies*，1921。——编者注

占位置。否则恐仍不免介于哲学与法律之间。政治学在今日之特点，则有下列数点：

1.比较方法，用之者日多一日。

2.忽视政体方面之研究，而重视职务方面之研究；忽视形式方面之研究，而重视运用方面之研究。

3.国际关系之研究，渐为一般人所注意。

4.分类繁多，日甚一日，如美国近年竟作市政之研究，更为之分门别类。然往往有轻重失均，舍本逐末之弊。

5.设置研究〈政治〉学为〔之〕特别机关。如德、法各国，皆有政治学院，中国近日亦有政治大学之设，而美国则设更多政治研究所。长此以往，政治学当不难就〔成〕为科学，而在学术中占一位置也。

（《清华周刊》第366期，1926年1月1日）

元强按：这篇短文算是近百年前较早地介绍政治学学科的一篇普及性文章。钱端升先生定义的政治学是“研究人类政治活动及其政治组织”的一门学科，他希望政治学未来能成为一种“科学”，通过研究能够找出政治中的普遍规律，从而解释社会中相同的政治现象，以谋政治的改良。中国历来就是一个政治大国，但未来更需要的是一个政治学强国。

介绍四部英文政治学名著*

一、亚里士多德《政治学》

亚里士多德（纪元前384至前322）生于色雷斯（Thrace）

* 1931年钱端升应商务印书馆邀约，为王云五、何炳松、刘秉麟主编的“社会科学名著选读丛书”选编英文政治学经典著作。钱端升一共选注了四本政治学经典著作，据中英文对照的版权页记载，这四种选注本分别是：1.《政治学》（*The Politics*），原著者希腊亚里士多德（Aristotle），英译者昭厄特（Benjamin Jowett），选注者钱端升，1931年4月；2.《霸术》（*The Prince*），原著者意大利马基雅维利（Niccolò Machiavelli），英译者利云（Luigi Ricci），选注者钱端升，1931年5月；3.《近代平民政治》（*Modern Democracies*），原著者英国布赖斯（James Bryce），选注者钱端升，1931年6月；4.《法意》（*The Sprite of Laws*），原著者法国孟德斯鸠（De Montesquieu），英译者纽真特（Thomas Nugent），改订者普立折德（J. V. Prichard），选注者钱端升，1931年9月。以上四种著作合订为一本，封面红白斑斓，上面没有任何文字，只是在红色封皮包住的书脊上印着“CHIEN FOUR POLITICAL CLASSICS ABSTRACTED”。钱端升为每种选注本撰写了中文“编者导言”，并附上与原著和著者相关的参考书目，以便指引读者进一步去阅读。这四篇“编者导言”体现了钱端升研究政治学的思想与方法，故全文录入。各篇标题为编者所拟，其中人名依现在通行译法，正文里译名遵原稿。——孙宏云版编者注

的斯塔斋剌（Stagira）[1]，在古希腊的东北极边，离希腊的文化中心极远，而距马其顿较近。他的先世业医，父亲尼古马克斯（Nichomachus）且为马其顿王的御医。幼年他尝随父至马其顿，耳闻目濡，所得之医学及解剖学之知识似亦不鲜。是时柏拉图正在雅典设立学院讲学，士子之慕其名者云集。亚里士多德于17岁时亦从柏拉图学，历时计有20年之长，且为柏拉图的得意弟子。柏拉图死于前347年，死后，亚里士多德即弃雅典，渡爱琴，而远适小亚细亚的一个小国，叫作亚他纽斯（Atarneaus）者，为国君赫密亚斯（Harmias）的入幕之宾。赫密亚斯本古希腊人所谓暴君之一，三年后（前344）国中有革命，暴君政治被推翻，暴君被杀，而亚里士多德亦不得不逃。当时他适届不惑之年。离小亚细亚后，他即应马其顿王腓力普之招，而为太子亚历山大的师傅。但亚历山大于前336年即位，亚里士多德即离马其顿而回雅典，且效柏拉图之故事，而设立书院（Lyceum）以讲学。他的学派有“伯理巴得的高斯”派（Peripatetikos）之称，意即行动者或走动者之谓。究竟因为他在台上讲学时前后不绝地走动而得名呢，还是因为他喜欢领了一班学生随散步随讲学而得名呢，则我们已无从复核。

---

① 今通译作“斯塔吉拉”。——编者注

前323年，亚历山大薨逝，仇视马其顿的雅典人诬亚里士多德弃教背礼，危及雅典的国运；于是亚里士多德不得不亡命而至马其顿势力甚盛之卡尔息斯（Chalcis）。次年（前322）他即寿终于此，苏格拉底枉死之惨事遂亦无从重演于亚里士多德之身。

亚里士多德的希腊早非盛世的希腊。希腊的武功文治以纪元前第5世纪之中叶为最可观，是时波斯侵略的危机已过去，而两败俱伤的伯罗奔尼撒之战（Peloponnesian War）尚未肇端；雅典复适当伯理克尔时期（Periclean Age），文物之盛一时无比，经伯罗奔尼撒之战（前431至前404）后，无论胜者败者皆有民穷财尽之苦，而雅典更呈衰颓的气象。当亚里士多德的壮岁时，雅典又稍获旧观，更一度和斯巴达及底比斯（Thebes）鼎立称雄，共执希腊的牛耳；唯马其顿不久即崛起于北方，先后战胜底比斯及斯巴达。雅典先则和腓力普媾和，继且臣服于亚历山大。亚历山大之帝国亡后，希腊独立的政治生活亦随以俱亡。故亚里士多德的希腊实为季世的希腊。

亚里士多德的著作极富：举凡生理、物理、解剖、数学、修辞、逻辑、伦理、政治、经济、诗学、玄学，无所不备，而尤以逻辑学、伦理学，及政治学为巨著。不幸全部著作都经过长时期的埋藏，出世后复经亚历山大里亚的学者、阿拉伯学者，及中古学者的辗转传抄，往复翻译，穿插窜改，考订注释，以致原文失传，而真面目无复可窥。它们（著作）虽经近代学者严格且科学的整理，然而残缺者仍无法弥补，矛盾者仍无法融通。《政治学》之形式不但不是例外，它的章句的凌乱或且甚于其他著作：各卷间无论如何排列总有不能衔接之苦，冲突重复之处更不一而足。著者在某处明说将在下文引申某事，而始终不见有何引申之例亦极多。

照最通行本，《政治学》共分八卷都百零三章。第一卷首述国家的意义及组成的基础；继及家庭经济，在家庭的基础；末论奴隶的性质及必要，财产的增置，及父子夫妇的关系。第二卷批评几个理想国，并叙述现存的几个最好国家。第三卷先论公民及公民团体，次及政体的分类，凡平民政体、寡头政体、君主政体，及后者各种不同的样式都有述及。第四卷论主要政体的变形，如何而可为普通情形下的最好的国家，如何而可为特殊情形下的最好国家，宪法又将如何而制定。第五卷论革命、革命的起因及避免革命之法。第六卷详论组织平民政体及寡头政体的正当方法。第七卷论理想国、理想国中个人及国家最完美的生活，及理想国应有的教育。第八卷续论理想国的教育，及音乐和体育应有的地位。上述的次序为通行的柏克（Bekker）版的次序，亦为昭厄特（Jowett）英译版的次序，然而上下不一贯之处仍所在皆是。我们所可自慰者，即据近代人知识之所及，柏克版中之《政治学》的大体必是亚里士多德的原意而已。

与《政治学》相关最密者有三书，即《伦理学》《经济学》《宪法》。《宪法》今仅存关于雅典的那部分，于1890年发现，其他百五十七国的宪法则已失传。《伦理学》讨论个人求完美生活之道，《经济学》讨论家庭求富裕之道，而《政治学》则讨论全社会求生活完美之道。三者中，《经济学》最不重要。《伦理学》及《政治学》为前后相接之书，承上启下，关联极密。凡想贯通亚里士多德的政治思想者，不能不兼读相关诸书。

然而要了解亚里士多德的政治思想，尤不能不先知当时的政治状况。希腊的国家向来是所谓城市国，一个城市连同附郭乡村，就算一国。最大的城市国，如斯巴达及雅典，人口亦仅二十一万至十二万左右。然而终希腊之世，这些小国从不肯合而为一，即遇外敌，至多亦不过相将联为同盟而已。城市国之人口本已极小，但奴隶又往往占半数以上，雅典在伯罗奔尼撒之战开始的那年，有奴五万五千，而斯巴达则有二十万左右。奴隶只有做工的义务，而无任何政治或物权上的权利。奴隶而外，其余的自由人民又往往有阶级之分。雅典的贵族、平民，及外地人固然到了后来一视同仁，都可参加政治；但在斯巴达，乡农及斯巴达人之界则始终不泯：乡农虽可自耕其地，且有相当的乡村自治权，但国家的政权仍为斯巴达人之独有物，而乡农始终不得染指。阶级观念而外，希腊人更卑视经商营利之业，凡经商者，纵其人为公民，亦往往为人所不齿。公民对于国家则关系异常密切，有如信教者之崇奉宗教，念兹在兹，而时刻不离。且政治生活可以包括一切生活。学校、家庭，以及宗教之生活俱和政治生活合而一，离了政治生活也没有其他生活之可言。所以希腊人——当然除了公民以外的阶级，如奴隶等——几无一不可说是政客；他们的政治经验也当然异常丰富。

希腊人的国家虽小，而各种政体几无所不经。在诗人荷马时，政体恒为族长式的贤君制度。在纪元前第7世纪时，城市国大都采用贵族政体，贵族辄为旧家子弟，而又可号召全族者。嗣后城市发达，文化渐进，智能之士初不限于旧家，于是重心离贵族，而豪杰之士辄独夫当国，是为专制或暴君政体，在纪元前第6世纪极为普遍。但专制之君与贵族势不两立，其始凌虐贵族，厥后更凌虐平民。贵族及平民群起而攻暴君，于是暴君不能不走，而政体又一变。暴君去后，贵族及平民势力之消长各地不同。贵族专政之国为寡头政体，而平民当权之国则为平民政体。贵族能为全民谋福利而行真正的贵族政体者则极不多见。希腊自有史以迄亚历山大帝国之成立，虽为期不逾四百余年，然政体上的变化诚有无所不包之概。亚里士多德所著的《宪法》中，搜罗各国宪法所以能达百五十八种之多者，虽云包含波斯等野蛮国在内，但城市国的花样繁多，亦于此可见。

亚里士多德论学的方法与前人不同。他和柏拉图为希腊的两大政治思想家，然师弟间之不同，莫过于方法之互异。柏拉图是专重想象的、综合的、推演的，而亚里士多德则偏重于比较的、分析的、归纳的。前者所富的是意象，意象之所及，持论由之而生，故语多暧昧神秘；后者所长者为观察，一百五十八宪法不为不多，从这许多五花八门的宪法中，自可归纳出若干的结论，辞句亦自可切实而不尚空浮。

在上古时，用比较及解析的方法以研究政治者，亚里士多德固为第一人，新方法之有裨于后世者厥功固亦极伟，然我们也不能张大其词，而承认亚里士多德的方法为科学的或历史的。他的归纳方法往往适和近代相反。科学的方法应从许多相关的事实中以探求真理；但他往往将自己所乐知的"真理"提出，然后以可以证明那真理的事实逐一胪列，即有反对方面之事实亦不过拉作陪榇〔衬〕，绝不让它们来推翻他的真理。亚里士多德尽可为逻辑学之远祖，而他自己论学时，逻辑的形式或者尚能维持一二，逻辑的真谛则相差还远，真正的科学方法更不用说起。

亚里士多德也不能根据历史以观察政治。他虽有百五十余个宪法可供比较，但对于各个国家历史上的过程或人类政治组织的演进，则他并不注意。雅典纪元前第4世纪之奴隶生活虽比前一二世纪为进步，但在亚里士多德的眼光中，奴隶终属奴隶，将万古长存。纪元前第4世纪之城市国家虽成强弩之末，但亚里士多德咬定了城市国为唯一适宜与〔于〕人类政治生活的组织；亚历山大尽管雄并天下，建立帝国，而他可熟视无睹，一若比城市国更大的政治结合终不能成立者。

亚里士多德之所以不能进而用历史的方法，我们要归罪——或者我们可说归功——于希腊的文化。希腊文化实在远出当时人所知之世界的其他部分的文化之上。在希腊人之宇宙中，只有希腊人是有文化的，而其他种族尽是鄙野的，凡是希腊人，尤其是出身望族的希腊人，自不能不衷心赞佩他们自己的文化，说来说去也脱不了希腊文化的范围。凡希腊人所视为当然之事，即亚里士多德亦难独异。国家的产生根据于自然或必要之说深有见地，但亚里士多德可说国家的产生乃根据于伦理观念。马其顿的膨胀，本城市国不济事的明证，但亚里士多德则可充耳无闻，一若城市国为永久不灭之国体。亚里士多德之所以不能放弃伦理说、城市国，且拥护奴隶制，提倡音乐教育等，实皆狃于希腊人的成法。主观太深，则客观的事实转不易生正当的印象。亚里士多德虽生长于希腊的季世，而他的言论思想不稍涉悲观，他的著作中我们也听不见一个亡国人或将亡国人民的伸〔呻〕吟声者，正因他是希腊人。也正因他是希腊人而不能采用历史的方法。

老实说，亚里士多德仍为富于理想的希腊哲学家，不过他的意象力远不如柏拉图浩瀚，他的直觉力远不如柏拉图的深邃而已。有人谓柏拉图的观察好像坐飞机者从云雾中俯瞩新地，只灼见地势高下之一般；而亚里士多德的思想则像一工程师在该地建筑道路。从这譬喻中，我们固可分别二人的不同处，但亚里士多德仍为一固守希腊成法的工程师，而所见之大则终不及柏拉图。

我们所知的宪法是逐渐演进的，而不是一旦可以创造的，所以凡主张宪法可以一手拟制者，每不易得我们的同情。但希腊人对于宪法的观念和近代的不同。希腊的所谓立法者实即医治国家的医生，他们可以将国家的宪法一手制成或变更，好像来喀古斯（Lycurgus）之于斯巴达或梭伦（Solon）之于雅典。亚里士多德著《政治学》的目的，本在供给立法者以一本完美的参考书。我们如认识了此层，也可少生许多的误会，或不应有的奢望。明乎此，则《政治学》当然不会脱了希腊人的政治理想，或背了希腊人的政治习惯。

然我们却不必因亚里士多德之言论思想脱不了希腊一般人的言论思想而若有所失。如果他的言论思想完全是代表一个超人的，而不是代表一个时代的，我们较不易看到希腊时代的政治状况；我们从《共和国》[①]中所可得知的希腊政治状况便没有像从《政治学》中得知的那样多，因为柏拉图虽然也是一个希腊哲学家，但超人的气味转要多些。

《政治学》中所见独到之处而令后世不能不心折者极夥，这是因为著者是一个熟知人情世故的人。亚里士多德的反共产理论，是垂久而未尝失效的。他论法治与人治的优劣亦历久而真理独存。他以贫穷者之反抗富有者为革命的原因，很得近代唯物史观的三昧。他所论六种政体的基础，如君主政体的基础为最高的德行等，与千数百年后孟德斯鸠所论各种政体的基础如出一辙，诸如此类，诚有不胜胪举之概。然希腊的政治社会和我们的政治社会完全不同；要望亚里士多德的思想能适合于近代的环境自是不可能之事。即他对于政体的分类及三权的分立，虽名义上与近代的政体及政权相若，然实亦不是

① 即柏拉图名著*Πολιτεια*，英译本作*The Republic*，今一般译作《理想国》或《国家篇》。——孙宏云版编者注

一物，若强以亚里士多德之说准绳近代的国家，转有牵强附会之憾。

亚里士多德的长处，本不在一言一事所见的独到，而在根本的贡献。第一，他是政治学的始祖。希腊的哲学家固然都脱不了政治，柏拉图的思想几全是政治思想，苏格拉底的思想也杂以政治，但他们的所谓政治，仍可说是伦理的一部；政治与伦理绝难分离。亚里士多德的《政治学》虽然和他的《伦理学》紧接，但在他的思想系统中，政治学毕竟已有独立的地位；不但不是伦理学的附庸，而且隐隐然为讨论到人类活动最基本的学问或智识伦理学中之政治学必注重于何者为最善的政治生活，但真正的政治学则必须顾到何者为可能的政治生活。亚里士多德固脱不了希腊的伦理观念，但《政治学》确为唯一能兼顾到事实之政治名著。此层实非《共和国》之所能比拟。第二，《政治学》开宗明义就说人类是政治的动物，以明示人类的活动不能离了政治。如果马克思的唯物史观足以使劳工阶级不自馁，使他们能深信将来的世界是他们的，则亚里士多德的人类政治动物观亦足以使人类益知政治之莫可忽视，而益注意于政治改进之方。这种绝对无误的观念很足以促进政治学成为一种重要的、独立的学问。对亚里士多德的方法固然不能恭维得太火，但我们亦哪能不承认他有创立政治学的大功呢？

亚里士多德尚有两种教训绝不受时代及政制的影响。一为他的理想主义，二为他的中庸主义。亚里士多德对于政治动物的人类是乐观的，所以他把政治也看作人类实践最高理想的场所。人类应有理想，应照理想做去，不以理想为最后目标，则政治终无向上的途径。其他的主义，如后世的功利主义，或实体主义等，都不能使人类在政治上得到最后的满足。所以后世之言理想主义者，一直至最近的格林（T. H. Green），仍以亚里士多德为圭臬。他的中庸主义与他的理想主义相附而行。理想是亚里士多德政治的目的，而中庸是亚里士多德政治的方法，一则由于内心的信仰，一则由于实际的观察。他主张阶级间贫富不相差太远，平民政治（穷民的）及寡头政治（财阀的）应调和，自由及服从应两不相悖：凡此种种皆为万世不泯的真理，并可为近今推行极端政治者之当头一棒。

综上所观，《政治学》之所以能成为千数百年的巨著，良非偶然之事。我国向来的政治，固绝对和希腊的城市国家不相类，然和中古的帝国及欧西近代的国家亦不类似。希腊人之重市民而轻农工商，尤轻商民，则与我国向曰士农工商的观念如出一辙。如果西方人的政治学说有足以供国人观摹之处，则《政治学》也必居那种学说之首乘无疑。

二、马基雅维利《霸术》

马基雅维利（1494[1]至1527）生于意大利的佛罗伦萨（Florence）。父族母族俱为本地贵族；父业律师，家道亦宽裕。他的幼年适当佛罗伦萨的全盛时代。文艺之隆，一时无比；少年贵族的生活，亦可想见一斑。至于他少年求学的详情及其他一切，则已不甚可考。我们只能从家世以断定他曾受当时最高的教育；从他训儿的信札中以测知他为好学不倦者；从他的著述中以看出他曾熟习拉丁文并熟读古拉丁作品。前人恒以为他不懂希腊文，关于这点，现有的证据尚不能让我们下肯定的断语。古希腊的作品，则从原文或从拉丁译文，他确曾读不少。

美地奇罗棱操（Lorenzo de Medici，即所谓宏伟的罗棱操Lorenzo the Magnificent者），于1492年嗣后，美地奇家的势力大衰；卒于1494年被佛罗伦萨人所放逐，要到1512年才得恢复。此十八年为佛罗伦萨共和国名实俱行共和的时期，亦即马基雅维利学优而仕的时期。中古意大利城市共和国的组织本极复

① 误。马基雅维利生于1469年。——孙宏云版编者注

杂，在此期中，佛罗伦萨的组织则为最能尊重自由而接近人民者。人民的代表机关叫作“众议会”（Grand Council），而行政的最高机关则为“政府”（Seigniory）。“政府”于行政时更须得“八十参政会”（Council of Eighty）的同意。“政府”之下有各院以分掌行政事务，就大员之多少，而以名其院。当时有所谓“十人院”者，盖即管理“自由及和平之十人”（Ten of Liberty and Peace）之院，而第二署（Second Chancery）实属之。“十人院”及第二署所掌的职务即外交及军备，故曰“自由及和平”。马基雅维利初为第二署的一个书记官（1494至1498），至1498年始被擢为第二署的署长（Chancellor），兼“十人院”的秘书长；至1512年，因美地奇的复辟而去职。在此时期中，虽“十人”屡易，而马基雅维利则继续为外军二政的主脑。

马基雅维利最大的外交工作即为折冲樽俎。1499年他首次奉政府之命出使至化李伯的太夫人（Caterina di Forli）处；自后更以次至波耳查彻萨来（Cesare Borgia）的营中，巴黎路易十二世处，罗马教皇朱理斯二世（Julius Ⅱ）处，音斯浦路克（Innsbruck）神圣罗马帝马克西米连（Maxi Milian）处。他奉使至巴黎有四次之多，至彻萨来处亦有三次。至意大利各小邦的零星使命则尤更仆难数。他的使命目的不一，或则为请求强邻的援助，或则为缓和他们的要挟，或则为联络感情，或则为破除敌人的联合：因为佛罗伦萨为弱国，所以马基雅维利诚有坚苦备尝之概，然而所得的经验亦独多。

外交以外，马基雅维利尚负有缮修军备以捍御国家的大任。他须招募兵卒，或佣雇客军；他须补充军实，且修置防事。佛罗伦萨和比萨（Pisa）之战，他且身与其役。他以佛罗伦萨的军队懦怯无用，故于1506年训练国民军以资御敌，然于1512年时，法兰西的友军既被西、德、瑞三国的联军驱逐离意后，教皇军队竟能助美第奇家入据佛罗伦萨，而马基雅维利六年训练的国民军竟不战而即逃亡。于是美地奇家复主佛罗伦萨之政，而马基雅维利的官运亦于此告终。他一身的政治事业可说是一无所成。

1512年至1527年为马基雅维利的退居及著作时期。马基雅维利为富有政治兴趣者，他固无时不想东山再起，为国驰躯；无如复辟的美地奇家总不肯授以官职。在他固不得不以著作自娱，而在后世转因之而得伟大的遗传。

美地奇家初回时，马基雅维利以有谋叛嫌疑，被下入狱。获释后，他虽托友辗转关说，冀为美地奇家所用［当时美地奇氏不特主佛罗伦萨之政，即罗马教皇利奥十世（Leo X）亦为美地奇］，然在政治上其终无立足之地；故出狱不久，即卜居（1513年8月）于离城不远的圣卡气亚诺（San Casciano），而过着闭户著书的生活。他的两大巨著，《霸术》（*Il Principe*完成于1513年，出版于1532年）及《李维首十卷书后》（*Discorsi Sopra la Prima Deca de T. Livio*，李维曾著《罗马史》，《书后》即就《罗马史》之首十卷加以发挥。《书后》开笔早于《霸术》，而完成较后，出版于1531年）即产生于此地。自1518年起，他重又走动于佛罗伦萨及意大利其他各地，间为佛罗伦萨商人的对外代表。1519年，他受美地奇之命而条陈恢复“众议会”的方式。1520年至1525年他受大主教美地奇朱理斯（Giuliano di Medici）之命而著《佛罗伦萨史》，书成时，朱理斯已为教皇［即克力门七世（Clement Ⅶ）］，于是他赶至罗马献呈，教皇且命他整饬军备。然不久法兰西在意大利的势力被神圣罗马帝查理五世倾覆，美地奇家在罗马及佛罗伦萨亦无可立足，而一一被逐。1494年至1512年的共和制度重又恢复于佛罗伦萨。马基雅维利赶回故国，颇希望能复为“自由及和平之十人”的秘书长，但此职终归他人，而马基雅维利亦于1527年6月病殁佛罗伦萨。

马基雅维利的著作极富，诗文小说多且佳，而戏剧尤为可观。有人谓他如无政治著作，则必将以文艺复兴时代的戏剧家闻于后世，此言洵非虚语。然马基雅维利所以成名，则全赖于政治性质的著作。就中尤以上述的《霸术》《书后》，及《佛罗伦萨史》为有名。在《书后》中，他以古罗马共和国为根据，而纵论（一）国家的观念及组织；（二）国家的防护及扩大；以及（三）国家盛衰的原因。欲彻底明了马基雅维利的政治思想，除《霸术》外实非兼读《书后》不可。从《佛罗伦萨史》中，我们亦可以得到许多补充的知识，对于著者的政治观念有所旁征。此外《战术》（*Libro Dell'Arte della Guerra*）一书亦有相当价值，因它可以使我们了然于著者的军国思想，且补充《霸术》中论武备的一部分。

近来颇有人推崇《书后》，且举为马基雅维利的首要巨著，此层实未免过甚其词。《霸术》对于后世的影响不特远非《书后》所能及，即以内容而论，他之能为马基雅维利思想的反照，他之能为马基雅维利方法的例证，亦绝不会落在《书后》之后；所以我们仍不得不以《霸术》为马基雅维利的主要作品。

何者为马基雅维利的思想？何者为马基雅维利的方法？要明了这两点，我们先得知道文艺复兴时思想家及学者们对于中古耶教社会的反动。中古时，耶教的势力绝大，举凡制度、思想以及文艺，俱受耶教的羁绊。因此，凡论政治者，很少能脱离中古博学派（Scholastics）的思想，或放弃他们的方法；说来说去，总逃不了神道设教的范围，及拘泥引征的刻板方法。到了他们的手中，连亚里士多德的学说也变成万物神为主的学说，方法也变成死的。文艺复兴本是反抗中古生活及思想的一种大运动：彼得拉克（Petrarch）之用意大利文乃反抗中古教会之用拉丁文，但丁（Dante）之著《君权论》（*De Monarchic*）乃反抗中古教皇之主政治，薄伽丘（Boccacio）之著《得坎麦纶》[①]（*Decameron*为一故事集，辞多淫靡）乃反抗中古教会之尚清贞，米开朗琪罗（Michelangelo）之雕《大卫》（*David*为一富有邪教气派的人像）乃反抗中古艺术的拘泥教旨，马基雅维利之著《霸术》又何独不是反抗中古之并政教为一谈？我们须知马基雅维利实为文艺复兴时代的人物，深得文艺复兴的精神；他虽私人道德甚佳，而他的思想则绝不受中古虚伪教会的拘束，而已回复古希腊、古罗马的自由及非教的精神。

马基雅维利所用的方法与博学派绝不相同。他的方法实近似亚里士多德。两人的立身处世虽不相同，而见闻之广及经验之富则如出一辙；因之两者俱极重视实际的观察，俱能采用归纳的方法。在希腊早世，伦理及政治本是不易分离的，亚里士多德实为分离两者的第一人。但在中古时代，不特政治与伦理

① 今通译作《十日谈》。——编者注

无可复分，而政治且浸浸为宗教伦理的附属品。博学派之论政治者，必不能摈弃宗教及伦理而不谈，且往往玄而又玄；即但丁的《君权论》亦未能尽脱此种恶习。但马基雅维利则深恨教皇之有政治权；他以为国家及政治是世俗之事，不应与宗教混为一谈。故他的《霸术》不涉宗教及伦理的观念，亦从未一引宗教法（Canon Law）或一及自然法，更谈不到耶教《圣经》。在此处马基雅维利与亚里士多德亦有异曲同工之妙。

然马基雅维利的方法之所以为新，我们只能说是消极的而不是积极的。他只是和中古的不同，却没有能开始采用比较的或历史的方法。他在《书后》中固然也曾提倡历史的方法以研究政治学，但他自己却没有一些历史学的精神。《书后》固以《罗马史》为根据，《霸术》中虽亦时采古罗马的例证，然他自己早已胸有成见，初不受历史材料的拘束。至于比较的方法也说不到。他只引了许多15世纪的事变以充实他自己的主张，但并不藉无偏的事实为比较以得到客观的结论。

就内容论，《霸术》只论及为政之术，专为治人者设想，而从不为被治者设想，范围的狭小亦于此可见。但这是不足奇异的。马基雅维利本是政治家，而不是政治学家。他写《霸术》的原因，乃欲以经验及观察之所得，贡献于有志统一意大利的雄主，他并不求于政治原理有所立说。《霸术》的组织诚亦无系统可言。大别之则全书可分为六部分。第一部分（一至十一章）论君主国的大概，就得国的性质及方法而加以分类。第二部分（十二至十四章）论军备。第三部分（十五章至十八章）论治国的要道。第四部分（十九章至二十五章）论愚民及自利的小技。第五部分（末章）鼓吹意大利的一统。就组织而言，《霸术》诚不及《书后》之有系统，之有头尾。

然《霸术》为马基雅维利思想的结晶。他的思想完全是实际主义的。他的目标是统一的意大利，而统一的工具则为强有力的意大利君主。阿奎那斯（Thomas Aquinas）曾主以教皇统一意大利，而但丁则望神圣罗马帝〈国〉合破碎的意大利为一国。这两种思想完全是中古式的。马基雅维利则能破除一切成见，而以统一之重任归诸意大利君主。要统一成功，则必须强而有力。为成功起见，为取得及保持强力起见，则举凡一切合纵连横的雄略，欺世盗名的技术，皆为必须的，无所谓善，亦无所谓恶；而道德及宗教上的考虑则可以置之度外。只消目的是正当，则手段可以不择：这就是马基雅维利的教训，而为后世所诟病者。

马基雅维利所提倡的手段，固尽波谲诡诈之能事，然我们亦不能遽以此而厚责马基雅维利。马基雅维利为爱国者，爱意大利者，这是无可疑义的。意大利当时，大者有那不勒斯（Napoli）王国，米兰（Milano）公国，佛罗伦萨，威尼斯两共和国，及教国，小者更不计其数。意大利实为地名而非国名。当时的欧洲则近代国家已逐一代封建而兴。英经亨利七世，法经路易十一、十二及查理八世，西班牙经斐迪南，而俱成统一的强国。即庸凡的马克西米连亦且以从萎靡的神圣罗马帝国中建立一个近代国家为务。这些国家之所以兴，和雄主之所以成功，俱逃不了诡谲的手段，此固马基雅维利之所熟知而无疑者。路易十二及马克西米连，他且亲自见过。还观意大利则四分五裂，而为列强角逐之地。马基雅维利以观察所得而发为言论，希冀忧国（意大利）之君起而实行，以收统一之功；他之不能忘情于上述的手段，自亦当然之事。我们如果以近世的标准衡量马基雅维利的立说，又哪会对著者有公道？且近代国际的关系尚为强凌弱、无公理、无信义的关系，此正和马基雅维利所说的一致。然而后人弃实际的状态不管，而专以理想的、不实在的标准来攻击古人，更哪是公道？

我们觉得马基雅维利立说的大部固不足为后世训，然我们不应以后世的眼光来批评前世的是非。誉宁（Dunning）说：马基雅维利只是不管道德而没有不道德，只是不问宗教而没有反宗教；这最为中肯之言。《霸术》本是专论治术之书，与宗教及伦理俱无关系，马基雅维利又何必狃于宗教及伦理的观念而忽视实际的状况？马基雅维利的私德是很好的，然而于政治中，他尽可只问成功不成功，而不管道德不道德。

有人以《霸术》提倡专制而谓马基雅维利亦信仰专制，此亦莫须有之事。《霸术》论人君治国之法，以君为主，故他主专制；但于论古罗马共和国之《书后》内，则他又显然左袒共和及自由。于此可见，他是专以强有力为重，而不问专制或自由的。亦有人谓《霸术》乃迎合美地奇家心理之作，而藉以自显者。此亦肤浅之言。《霸术》虽献给美地奇（初欲献给Giuliano dé Medici，继则献给Lorenzo di Piero dé Medici），然持论一出著者本心，毫无不诚不实之处（自大主教Reginald Pole起以至Alberigo Gentile，至诋《霸术》为虚伪作品者甚有其人）。如果像许多人所说，马基雅维利著《霸术》的目的在乞怜于美地奇家，故故作迎合之言，则他于《佛罗伦萨史》更绝不应有同情于自由及共和政治之表示。《佛罗伦萨史》乃奉美地奇之命而作，他更应歌颂专制，以邀美地奇的恩宠。我们须知马基雅维利的主旨在意大利的统一，而统一则非有强有力的意君不行。所以他于《书后》及《佛罗伦萨史》中随处流露对于共和及自由政治的同情，而为16世纪有志统一意大利的人君方面着想，则仍不取专制途径不可。我们如谓《霸术》中所示的方法是专制的则可；如谓马基雅维利根本就笃信专制则不可。我们尤须认清在事实上，《霸术》虽献给予美地奇罗棱操彼得，而推著者之意，则在献给一个不定的君主，一个能以统一意大利为职志的意君。

《霸术》对后世的影响固然极坏，枭雄的教皇、君主，以及大臣，如教皇克力门七世，皇帝查理五世，法后美地奇喀德邻（Catherine de Midici），法王亨利三世、四世，法相黎塞留（Richelieu）等，无不奉《霸术》为圭臬，而施其谲诈的权术。我们固无取于这种权术，我们也绝不能纵容《霸术》中的立说，然我们又乌能以后世的谲诈尽归罪于马基雅维利？普鲁士的大腓特烈于未即位前亦尝著《反马基雅维利》一书痛斥《霸术》，然他即位后的施设又无一不与《霸术》若合符节。于此亦可见政治上的恶浊正时势使然，未可集众矢于马基雅维利。

在政治思想史中，以人而论，卢梭为最受攻击及最被误解之人；以书而论，则要推《霸术》。我们如果明了16世纪的政治状态，尤其是意大利的，更认准了马基雅维利的主旨，则著者提倡的诈术殊不能使《霸术》减色。而著者爱意大利的热诚及所指示的统一意大利的方法，则实不能不令人佩服其识见的远大。他更有助长政治学成独立学问的功绩；此层我们更不能不感激《霸术》的著者。有人谓马基雅维利结束中古，而开启近代，亦良以《霸术》能脱离中古的旧习，而与近代的崇实精神相贯通。

三、孟德斯鸠《法意》

孟德斯鸠（全名作Charles Louis de Secondat，Baron de la Bride et de Montesquieu）于1689年生于法国基恩（Guyenne）的一个小地方，叫作拉不勒德（La Brède），离波尔多（Bordeaux）极近。父族为法兰西旧家，跻于外省贵族之列，母族亦属于加斯科尼（Gascogne）及英吉利贵族。孟德斯鸠既系出名门，且生长于堡第（château）之内，其舒适自然，读书问字之幼年生活可以想见一斑；即他的心平气和的态度和处境或亦不无多少关系。1715年他和一新教徒结婚。这亦值得我们的注意，因论宗教时，他每以新教为宜于自由主义的。他家既为基恩的望族，在本省的政治势力自亦不小。他于1714年即加入波尔多法院（Parlement de Bordeaux）[①]为法官（Conseiller）。他的伯父本为法院院长（Président à

① 法国大革命前各省省会俱置Parlement，为当地之最高法院，国王所颁之法令亦须经Parlement的登录方生效力。就中以Parlement de Paris的势力为尤大。

Mortier）[①]，1716年去世后，他即承继为院长，且为爵位（男爵）及产业的承袭者。院长地位崇高，收入可观，而事务不繁，故孟德斯鸠益可致力读书，而无衣食不足之虞。

《波斯人手札》（*Lettres persanes*）为孟德斯鸠的初作，出版于1721年。是书初版时本不署名，然著者之名仍不胫而走，文豪的地位亦即确立而不移。18世纪的法国社会本以“沙龙”生活著名，在《波斯人手札》中，孟德斯鸠虽假借漫游法土之波斯人之口以讥刺法国的政教社会，然他的辞旨谑而不暴，故能深合“沙龙”社会的口味。《波斯人手札》既能博“沙龙”的激赏，孟德斯鸠自亦不难一跃而为大作家。《波斯人手札》出版后之第四年（1725）他即被举为法兰西大学院（l'Académie franéaise）学士，徒以不能住居巴黎之故，选举旋又宣告无效。孟德斯鸠的旨趣本在文章而不在政治；为与文艺界接触起见，困守波尔多良非得计，因此，他于1726年即依当时封建社会的习俗，把官职转卖于人，而卜宅巴黎。自此而后，他往来于巴黎及拉不勒德之间，所见所闻不复限于一省。不逾二年（1728）他重复被举入大学院，俨然为四十闻人之一，而与华尔泰及狄德罗等济济一堂。

① Mortier本指石臼，院长所戴之帽如臼形，故名。今法兰西最高法院的法官仍戴臼形帽。

但孟德斯鸠非书蠹一类人物。博览尤贵广见，故入院后，他即周游列国；所至之地有奥大利[①]及德意志其他各邦，匈牙利、瑞士、意大利、荷兰，及英吉利。他在英吉利逗留最久，计自1729年10月至1731年8月，他足迹不离英伦几有二年之久。威斯敏斯特（Westminster）国会逢开会时，亦时见有此法国旅行家之旁听。孟德斯鸠到巴黎后即有著书论法律精神的志愿，旅行本为补书籍所不及；二年英土生活对于《法意》（此本严复的译名，以在国内习闻已熟，故依之）的影响，我们可以想见，而况在未到英国之前，著者早有尊崇自由政治的倾向？自英回后，他常居于故乡拉不勒德，其花园构造一如英式，而生活状态亦多模仿英吉利的乡绅。在此充满英吉利派头的环境中，他即埋首著书，虽然他也常去巴黎走走。

《法意》完成于1748年，《法意》以前，《波斯人手札》以后，孟德斯鸠又写了一部《罗马盛衰的原因》（*Considérations suv les causes de la grandeur des Romains et de leur décadence*）。此书出版于1734年，适居上述二书之中，以内容及文笔而论亦居二者之中：不像《波斯人手札》的清爽，也没有《法意》的沉重；不像前者的拉杂闲谈，也没有后者的布置周详。他著此

① 现通译作“奥地利”。——编者注

书的用意，或者即在给读者们以一种预告。读了《波斯人手札》以后，即读《法意》不免有突如其来、出其不意之慨；先有一书以居中间，则当时好读辞句爽利，主意尖刻之法国文人或者不至以《法意》为呆板而不读。

自1743年至1748年的五年中孟德斯鸠专心一意，从事于《法意》的著述，稿亦屡易。以比马基弗利亚[①] 之于数月内完成《君论》不啻有霄壤之别。然《法意》犹不止五年的心血。上面已经说过，孟德斯鸠早年即为书以论法律精神之意；他在旅行时，以及回住梓乡时，盖无日不在搜辑材料，悉心研究。即在著《罗马盛衰的原因》时，他的心绪亦未尝一日离开预备中的巨著。故《法意》一书实代表二十年的工作。著者用心之专于此可见。《法意》完成之后，付印之前，孟德斯鸠曾召集友朋数人，征求他们对于它的意见。他们大都不以它的出版为然，因为它不和法国当时的政治思想或政治习惯沆瀣一气。然孟德斯鸠则思之有素，胸有成竹，故不顾友朋的劝告，而毅然于日内瓦出版（亦不署名）。固然一出版后，《法意》即风靡一世；不到二年即出了二十二版之多，而著者亦成为自由政治及有限制君主政体之代表者。

① 原文如此，排版误，应为马基雅维利。——孙宏云版编者注

孟德斯鸠的余年亦安稳地于学者生活中过去。《法意》虽遭僧侣们的攻击，然而毕竟反对者少而欢迎者多。他于1749年且著《法意辨》（*Dé fense de l'Espirit des lois*）以自辩，且解除误会。美中不足的，就是他的近视。因为近视太甚之故，末了五年他几成半瞎状态，读书著述的工作亦难以进行。他死于1755年。临终时，耶稣教会人犹劝他忏悔，劝他撤回诋毁旧教的狭窄语调，但他仍无动于衷，死时仍为信仰自由、坚持自由之大儒。

《法意》的范围极广。社会间的诸种关系既尽为法律之所及，则当然亦《法意》之所应问。《法意》的范围与其说是和我们所知的政治学相若，不如说是和孔德的社会学，或和希腊人的政治学相同。《法意》盖纳法律、政治，及经济于一炉者，不过因政治的一部分影响较大，故后世辄以之为与政治学有特殊关系而已。我们可于章卷的排列略知《法意》的范围。《法意》共分三十一卷，每卷又分为若干章，但孟德斯鸠之所谓卷实等于我们之所谓章。全书实可分为六部分。第一部分（首八卷）论法律的普通观念及政体。第二部分（九卷至十三卷）论军备、租税等。第三部分（十四卷至十九卷）论风俗习尚及它们和气候土壤的关系。第四部分（二十卷至廿三卷）论经济诸问题。第五部分（廿四卷至廿六卷）论宗教。第六部分（末五卷）分论罗马法、法兰西法，及封建法。由上亦可略见《法意》的范围。

讲到《法意》的方法，我们就不能不联想到马基雅维利在《君论》中，及亚里士多德在《政治学》中所用的方法。三人都重事实的观察，而不尚理想的空论；都偏向于比较的及历史的方法，而都不能完全脱离主观的成见。三人都和当代的政治思想家不同其法。但三人所用的方法亦有程度不同的分别。我们如把亚里士多德和柏拉图相比，马基雅维利和但丁相比，孟德斯鸠和卢梭相比，我们会因他们（亚里士多德、马基雅维利，及孟德斯鸠）之迥异于同时之人，而惊奇他们之彼此相同。然我们如把他们三人所用的方法细细比较，则彼此间的不同又可以立见。

孟德斯鸠本为博闻强见之绩学士，但并非意想超群的理想家，所以他论《法意》重实验而不尚理智。事之当否，或制度之善否，须视古今中外之事例之所指引，而不必问理智之所昭示。18世纪的哲学本理智主义派（rationalistic）的哲学，孟德斯鸠独能另辟途径，而以实验为依归，异军突起正不亚于亚里士多德及马基雅维利。论政而恒凭一己的理智，则总是主观的，客观的方法自必循实例之所指引；故以实验为重者不能不采用历史的、比较的及归纳的方法。不追溯过去的事迹，且征引外邦的成法则事例有限，而无实验之可言；不将已有的事例归纳起来，则真义隐而不见，有失探求之目的。孟德斯鸠之旁征博引，溯古追今，诚深合科学的精神。但孟德斯鸠亦未能完全脱离主观的见解。即以气候和社会之关系而论，他本有自由宜于寒地，热地易产专制之论，然此论与亚洲尽专制之说显然不能相容，因亚洲亦有寒带；于是他不惜强词夺理，勉以亚洲的河流（十六卷）及中部的高山（十七卷三章）为解释。此正不啻先有结论，再找理由，与归纳方法相径庭，而与实验主义亦不合。所以致此之故，则先入为主之成见作祟而已。且孟德斯鸠的方法，亦尚不能算为真正的历史的或比较的方法。关于古事方面，他重视罗马的历史，关于近事方面，他侧重英国的制度。他对于古今中外事例并不兼收并蓄，一律看重。所以致此之故，则因罗马共和国及英吉利君主国之制度最足以证实他的得意学说，他的制衡为自由的保障之学说。此层亦诚如马基雅维利因狃于欲统一意大利非强有力之君主不可之说，故一再从古罗马及波尔查彻萨来（Cesare Borgia）的经验中寻找物证以自圆其说一样。即亚里士多德亦往往为成见所狃，而不能给各个事证以同样的轻重，同样的价值。不过三人虽同蹈不离主观之弊，而程度之不同则已不可以同日语。以马基雅维利和孟德斯鸠比，则不特立说的道德观念完全不同，即著作的精神亦相差相远。两人的立说虽同根据于经验，但马基雅维利的主旨在代某种行动找出相当的前例，而孟德斯鸠的主旨则在寻觅事物的公律及理由。有人谓孟德斯鸠和马基雅维利一样，他也专找相当的事例以掩护他所欲发挥之议论（Barthélemy Saint-Hilare 在法译亚里士多德《政治学》的绪论中即有此意），此则未免厚诬《法意》的著者。以亚里士多德和孟德斯鸠相比，则两者虽同为所知极广、引征极富之人，然城市国及希腊伦理观念对于前者之影响，尤比自由说及分权论之束缚后者为尤甚，故前者所采的方法离真正的历史方法更比后者为远。因此种种，孟德斯鸠等三人的方法虽大致相同，虽俱有不足，而孟德斯鸠的则已比较的最合科学的精神。

《法意》的势力绝大，此层在下面我们当更有所论及，然就孟德斯鸠的学说而言，我们殊不见有多少特殊之处。他在《罗马盛衰的原因》及《法意》中俱主张历史有不断的倾向；历史是渐进的、向前的，而不是偶然的，偶然的事变则不过如昙花一现不足以牵动根本的倾向。此本历史哲学之一种，而历史学之所由起，但意大利人维高（Giambattista Vico）在《新科学》（*Principi di una Scienza Nouvà*，1725）中早已发为此论。且历史不是偶然之说，亦与事实不尽符。基督不生于耶路撒冷而生于北冰洋，则欧洲或非今日之欧洲，光绪而有明治之才，则中国或亦非今日之中国，此则有非历史渐进说之所能解释者。孟德斯鸠又主张物质的环境（如气候、土壤、面积、地带等）及居民的性质和社会的制度有密切的关系。此固确切不易之论，且为后代社会学的要律，但布丹（《共和论》，1599）及维高亦早有是言。孟德斯鸠特未及参考，故《法意》的卷首语且以我说无所师承（“Prolemsine matre natam”）为言。

于政治之本体方面，孟德斯鸠为拥护自由者，所以他于反对奴隶制度及宗教上的不容异己时，一改其冷静的态度，平和的口气，而尽嬉笑怒骂之能事。他之主张改善刑罚制度，其目的亦在保障自由。但关于自由方面，他的最受后世称道，而影响亦最大的学说，厥为分权及制衡之说。从他的观察所及，英国为最自由的国家，它不特有自由的宪法，人民亦享有自由之权；推原其故，则胥出于分权及制衡之赐。实则分权之说，亚里士多德早已倡之于前，而洛克之说，尤为孟德斯鸠所习闻。洛克的三权即立法、对外、执法（legislative，federative，executive）三权，孟德斯鸠论分权时（十一卷六章）初尝沿用洛克的分法，因有立法权、执行国际法之权、执行国民法之权之说，而不转瞬间则已易为立法、行政、司法（législative，exécutive，etdejuger）三权鼎立之说。然孟德斯鸠的所谓行政权仍只洛克的对外权，仍只管和战及外交之事而已。由此观之，孟德斯鸠的分权说实非新论。至于制衡之说，则尤与英国当日之事实不符。

然而观察尽管不准确，而影响已绝大。不特美国之制宪者及法国初革命时的国会几奉分权制衡之说为格言，即英国人自己亦以孟德斯鸠为能见英国人之所不能见，且深信三权分立为英国之所以得为英国之原由。即大法律家布拉克斯吞所著的《英国法律评议》（*Blackstone's Commentaries*）亦奉孟德斯鸠之言为圭臬。此风一起，世人但见英国之分权，而不见英国三权之相混；但见各机关之互相牵制以为善，而不见内阁之统领各机关以共同执政。凡此种种或非孟德斯鸠本身之能梦想得到。

然我们之为上说，并不是对于孟德斯鸠有所小视。他的长处即他的短处，他的短处亦即他的长处。他是改良家而不是革命家，所以他的立说缓和而近实际，且不难实行。但因为他的目的在相当的改良，而不在暴烈的革命，所以他的立说也不骛新奇，即偶有所见亦往往为前人所先见。他在当时之成名本非难事，一因批评政治之风已有佛乃龙、圣比埃尔及华尔泰（Fénelon，Abbé de St.-Pierre，Voltaire）等预为前驱，孟德斯鸠之言不足以悍当时之社会，二因《波斯人手札》已替孟德斯鸠博得倾听的群众，故《法意》易为人所注意。然我们绝不能以其成功之易，而遂轻其书。著述之重要与否，本不全恃著述本身之优劣以为衡，要以视著述对于后世之影响以为定。若论影响后世之力，则政治学中大于《法意》之书已不多见。而况以范围的广大，内容的复杂，主张的富有进步思想，方法的稍具科学精神而言，《法意》正亦不是一部平常泛泛之书?

四、布赖斯《近代平民政治》

布赖斯（James，Viscount Bryce of Dechmont，原名James Bryce，1838至1922）生于伯尔发斯德（Belfast）。他的先世本居苏格兰，奉苏格兰的官教（长老会）。祖父为长老教士，以不能泥守官教之故，始移居于北爱尔兰，但仍以讲教为业。父（父及祖父俱名James）为格拉斯哥（Glasgow，英格兰四大学之一）大学教授，为名地质家，兼精算数之学。伯父约翰为牧师兼教育家。母为厄耳斯德（Ulster，即苏格兰长老教徒，在17世纪时移民于北爱尔兰而所建之殖民地）人，好学多读。父族母族既皆为厄耳斯德苏格兰人，所以数世皆强毅有为，乐善能勤，且俱寿登耄耋；布赖斯子爵一生德业的根苗盖早已种于先人的遗传及家庭的环境。他幼年即以聪慧著，博闻强记，有如神童。1846年随父至格拉斯哥，遂入当地的高级中学。1852年复奉父命返伯尔发斯德，入伯父约翰所主持的伯尔发斯德预备学校。1854年至1857年三年间，布赖斯读于格拉斯哥大学，所习以希腊古文为主。此后，他入牛津之屈林尼特学院（Trinity），初仍致力于古文学，继则博览法律及历史之书。在屈林尼特五年中所获荣奖极夥，实为牛津之高材生。1862年卒业（相继得学士及法学博士两学位）后，他即开始收受生徒，继复被举为奥里埃耳学院（Oriel）的研究员。次年（1863）他肄业于德之哈德堡大学（Heidelberg）者又一学期。

自1862年起，布赖斯既为牛津的研究员，又兼在林肯法律馆（Lincoln's Inn）学律。治学为他的素好，而法律又为进身政治之阶，故两者兼顾而不悖。1864年他迁居于伦敦后，仍以时至牛津不少衰。1867年他取得律师的资格，三年后（1870）政府又擢他为牛津罗马法教授。嗣后以政治活动之故，教授不得不辞（1893），律业亦不得不辍（1882）；然牛津及林肯之关系则终身垂而不断，感情亦异常美满。1914年林肯法律馆且举他为董事。以教育事业而论，除了牛津之外，布赖斯又曾任奥文大学（Owen College，即日后的Manchester University）的法学教授（1868—1874），学校调查委员会之助理委员（1867），及中等教育委员会的主席（1894）。他于讲学之事尤所热心，日后在驻美大使任内，在美国各大学及各会社之讲演几时有所闻；良以他虽为名著作家及名政治家，而最近本性者则始终为大学生活。

在希腊城市国家中，政治为全体公民所与闻之事，在英国，则凡贵族子弟及受过高等教育者亦辄以政治为自然的归宿；布赖斯以学者而思染指政治，正亦同此心理。英国之政治入门厥唯国会，故他于1870年即为自由党之候选人，但不幸失败。1880年自由党得胜，布赖斯始代表伦敦东部某区而入下院。自1880年起至1905年的大选止，他七次膺选，直到1907年奉使美京时始退出下院。他在下院中不能称为所谓“下院人物”，为下院议员者须能适应环境，机变多辩，方能得下院的推崇而为政党的首领。布赖斯的书生气积染太久，不能完全脱除，故始终不能为最成功的议员。然他亦不失为重要人物之一。在格拉兹吞（Gladstone）第三次内阁（1886）内，他佐洛斯柏里（Rosebery）为外交次长。他加入格拉兹吞的第四次内阁（1892—1894）为兰卡斯忒公士大臣（Chancellor of the Duchy of Lancaster），洛斯柏里内阁（1894—1895）为商务部长。英国的阁员不见得一定要和部务发生多大关系，况布赖斯在职又不久，故除了在国会之政治工作以外，他三任的行政工作倒绝少表现。他所任最重要的职务厥唯在坎柏尔·班涅曼（Sir Campbell Bannerman）内阁时的爱尔兰大臣（1905—1907）。爱尔兰问题本为英国前数十年最麻烦的问题，在英国没有肯让爱尔兰自主以前，所有的解决方法及和解方法都是劳而无功的；因此，布赖斯在年余之爱尔兰大臣任内，亦难有何种成绩可言，他徒感受种种的不快而已。

布赖斯的六年（1907—1913）出使美国，在他的政治生活中，虽不是最重要，而倒是最有结果的几年。他在使美之前已七次去过美国，又为《美国平民政治》的著者。他去新大陆不啻是英国人民派往美国人民的代表，声誉既佳，友朋又多；美人早不把他看作外国人。六年之内，外交的成绩固非常可观，而周游演讲，又能博得美人之好感，缔结盎格鲁-萨克森两大族的精神。此层关系于世界史者极大，如果英美两国不接近，则欧战之结果及今日之世界或竟完全变色亦未可知。布赖斯自美回后，不久即被封为子爵而入贵族院（1914）。时他已为七十余之老人，此后除了在院内外发表意见，及主持两种特设委员会（1914年之调查德军暴行委员会，及1918年之改良上院委员会）而外，他专心于著述，而不复参加直接的政治工作。

政治生涯而外，布赖斯的游人生活亦值得注意。古今学者或政治家之以旅行著称者，我们几找不出一个匹敌的人来。春秋战国时的政客好游，孔孟亦曾周游列国，但边荒之地则不见他们的足迹。希罗多塔斯（Herodotus）好游，然希腊时之世界极小。布赖斯自幼好游历，年方十岁，乃父即携之游山玩水，稍长更酷嗜游历，凡山水人物，花草鸟兽，矿岩地质，俱可引起他的兴趣，而社会的制度尤不能逃了他敏锐的观察。兴味既浓，所至之地自广。他尝八至美国（不计在大使任内的赴任回任之数行），两游檀香山；凡冰岛（1872）、印度（1888）、南非（1895）、北非（1896）、南美（1910）、海洋洲（1912）、远东（1913），俱有他的足迹，欧洲各国及近东各地则更常去。他好爬山，而浮水之癖亦大。世界大海洋中他曾游其一十有五。此亦诚非常人之所可望其项背，而著述所受游历之影响诚亦不足奇异。

布赖斯著作范围之广，正如其人之多能博学，举凡自然历史、教育、游记、传记、历史、法律、政治，无不有他的著作，而关于政法之书尤夥。他最著名的著作要推《神圣罗马帝国史》（1864），《美国平民政治》（1888），《历史及法理论丛》（1901），及《近代平民政治》（1921）四书。《神圣罗马帝国史》初为得奖的一篇论文，屡经增易，遂蔚为今日的巨书。书中所包极广，然而著者一手写来，大有鸿罗天下、席卷万象之感，诚为一艺术作品。《历史及法理论丛》系择二三十年中许多演稿及文著中之出色者汇订而成，其中对史法两学之贡献颇多。然《美国平民政治》及《近代平民政治》实为布赖斯之代表作品，它们可以表示他的人格，可以显出他的治学方法，更可以看到他的精神所在。

我们兹所介绍者虽为《近代平民政治》，然此书与《美国平民政治》间相像之处极多，故我们于后者亦不妨略加论列。此书成于1888年，在此以前，布赖斯固已三度游美，熟知美之人物制度，故六之五的材料皆自亲身的观察，及私人谈话通信中得来，虽则各种有关册籍当然不会有所遗陋〔漏〕。以六七十万言之大书，而所采材料能以个人直接得来者为主，自希罗多塔斯著《历史》（亦赖游历观察得来的直接材料）以来盖尚未有过。布赖斯又为极忠实、极忍耐的学者，《美国平民政治》之公平准确遂冠绝一时，诚可当1888年北美民治之一幅摄影而无愧。且公平正直，本著者之特长。论政治本不易屏除私见；常人即欲无私亦须努力而后克成，而布赖斯则可毫无费力而维持其不偏不倚的态度（见布赖斯致母氏信，1889年2月24日）。这并不是因为布赖斯对于政治制度缺乏善恶的主观，而实由于他根本不主张以己意罩在读者的头上。这种治学的态度，他于《近代平民政治》序言中曾特地声明，实则早已行之于写《美国平民政治》时代。

布赖斯在《近代平民政治》及《美国平民政治》所用的方法根本是一致的，他的方法是客观的。他和友人论《近代平民政治》书中（1920年2月25日致Charles W. Eliot函）亦自言著书之目的为客观的。因此，他立意只叙事实而不创理论，只给读者以问题而不代为答复（上函）。他曾说："历史家之责任在将真正的事实和盘托出，并加以说明；如在写史时先有一种理论存在，则他势必于不知不觉之间偏重利于那种理论的事实。"（见布赖斯为Helmolt的《世界史》英译本所作之序中）他所责于历史家者如是，他之自责者亦如是。他所采的事实则务求详尽而公正，知之为知之，不知为不知，毫无丝毫假饰（例如《近代平民政治》二卷，第399页，注二所云）。因求公正之故，大不列颠虽为最重要平民政治之一，而布赖斯则避而不论。他以为以不列颠人而论不列颠的政治易流主观；于此更可见著者律己之严。

《近代平民政治》的方法又是比较的（一卷，第17页）。比较方法的长处在于能从许多同样的原因中测知同样的结果。如用之得其道，而又无一种先入之理论以破坏客观的比较，则此方法实为社会科学中最近似科学方法者。布赖斯既深知比较方法的优点，复能于事实所无轩轾。他比较的范围大要固限于法、瑞、美、加、澳洲及纽西兰六国，然古今其他民主国的制度亦往往多所论及，故历史的方法，在《近代平民政治》中亦可稍觇一二。所谓历史的方法，本即比较的方法，不过所比较者涉及历史上的事实而已。

治政治学的方法细别之本种类甚多，然大别之则仅两种：一种偏重主观、直觉、抽象、理论、演绎；他一种则偏重客观、事实、归纳。前者我们不妨叫作玄哲的方法，而后者是科学的。就希腊学者而言，我们可以柏拉图代表前一种方法，而以亚里士多德代表后一种。两者间的差别本是比较的，而不是绝对的。重理论者不能完全不以事实为根据，而重客观者亦未必能尽扫一切的主观。所谓科学的方法即比较的方法，比较而完全能不受主观的拘束，则尤合科学的精神。自亚里士多德开其端后，凡马基雅维利、孟德斯鸠，以至布赖斯俱可属于后者的一派，因为他们彼此间的程度虽不同，而在比较方法之同一路上则可以断言。若就四人彼此互比，则布赖斯的方法尤为近似科学的方法，因为他的比较最公正而彻底，而他的主观则最薄弱。然于不知不觉之间，布赖斯亦不能完全不受主观的支配。他是自由党人而又为中等阶级之代表者，所以他的立论总也脱不了中等阶级的口气，正如亚里士多德及孟德斯鸠因为贵族之故，立场总多少和贵族的利益有关。布赖斯在《近代平民政治》中希望平民政治成功，而又深惧新兴阶级的猖獗；这种态度充分显出同情之所寄。然而这种偏见——如果我们可以这样说法——即比布赖斯更能合乎科学的人也是免不了的，不然社会科学真可变成自然科学，而人类亦不能称为万物之灵了。

布赖斯尚有许多出人头地之处。亚里士多德等虽都游历甚广，但总远不及他。亚里士多德论波斯，而实未至波斯；孟德斯鸠论中国，而实未至中国；但布赖斯所论之六国则俱为亲身到过之地，美之四十八邦无邦不有他的足迹，瑞士则成书前且特往一视（1919）。亚里士多德之能得诸书籍，孟德斯鸠之能得诸传说者，布赖斯则可得诸目见耳闻。《近代平民政治》的材料因此亦多半基于亲身所见所闻之材料（见序文），此远非《政治学》或《法意》之所可及。讲到取材之审慎，疑问之追求，以及政治作用的细察，则《近代平民政治》亦远非他书之所得望其项背。不过有利亦有弊。我们如果以为著作应有一定的主观或理论，则《近代平民政治》诚有平淡无奇之感，而孟德斯鸠的分权论，马基雅维利的雄主之义，以及亚里士多德的理想主义足以相形而益彰。

《近代平民政治》分三部。第一部分（一至一五章）论和平民政治相关的各种概念。第二部分论法兰西（一八至二六章）、瑞士（二七至三二章）、美国（三八至四五章）、加拿大（三三至三七章）、澳大利亚（四六至五二章），及纽西兰（五三至五七章）六民主国，兼及希腊之雅典（一六章）及中南美诸共和国（一七章）。第三部分乃结论：首（五八至六八章）考问并批评六国的政治，次（六九至七二章）述全世界各民主国通有的现象，末（七三至七八章）则从各种民治政体的方式、变化，及倾向，而推论民治的现在及将来。兹书以限于篇幅之故不得不全删第二部分，而仅从首末两部分节录若干，虽则第二部分实为《近代平民政治》的主体。

布赖斯在《近代平民政治》中所描写的社会本不是1921年的社会，而是欧战前的社会；犹之亚里士多德在《政治学》中所论述的政制是马其顿未盛以前的政制。我们总觉得《政治学》离实际甚远，因为我们已经有了亚历山大帝国的印象。我们之读《近代平民政治》亦有类似的感想。我们固可以布赖斯著书的情形以解释我们所以会得到那种印象之故（著者于1904年即蓄著书之意，自后即从事搜辑材料，故所述者大抵为欧战前的情形，徒以欧战中多事之故，致不能及早著成，在1918至1920之三年间，始得专心著述），然平民政治在欧战中及欧战后数年间所受之剧变，即著者亦不能熟视而不惶惶于中。且著者于自序中，更明言从经验得来之悲观须得克制，是者著者虽屡以希望勖后世，而自己却不免时作悲观之思。所谓进步者是否仍一定可期？而所进者是否仍为布赖斯的平民政治？布赖斯的所言是否不为过去世纪最后有力的呼号？凡此种种，有心人尤其立场和布赖斯不同之人，实不能不加以疑问。

然而怀疑不是能令人舒服的一件事。我们也希望可以附和布赖斯而曰：“没有信仰，则一事不能成，而希望又实为信仰之所由寄……平民政治在希望未泯以前亦绝不会消灭的。”

元强按：钱端升先生1931年受王云五之邀主编“社会科学名著选读丛书”，他选注了四本英文政治学经典名著：亚里士多德的《政治学》、马基雅维利的《霸术》（也称《君主论》）、孟德斯鸠的《法意》和布赖斯的《近代平民政治》。

钱端升将亚里士多德视为政治学的始祖，认为读《政治学》时也要读《伦理学》和《宪法》，这才能认识到为什么《政治学》是研究政体和政治组织的巨著。

马基雅维利以“只要目的正当，可以不择手段”的名言而知名。钱端升认为马基雅维利是政治家，而不是政治学家，他的著作是“供献于有志统一意大利的雄主，并不求于政治原理有所立”，他不写《霸术》或许他会以戏剧家闻名，所以钱端升给马基雅维利正名，认为他是“专制”的代言人不妥，如读他论古罗马共和国的《书后》，他又是共和及自由的袒护者。

钱端升认为亚里士多德和马基雅维利与孟德斯鸠三人研究学问的方法大致相同，但孟德斯鸠的《法意》则最合科学的精神。对布赖斯《近代平民政治》的述评也是钱端升一生推崇治学方法的映照，钱端升治学“偏重客观、事实、归纳”。另外，他对布赖斯的推崇，也显示了钱端升对虽然抗战时提倡行政“独裁”，但仍对平民政治有着信仰的期待。

为我国政治学的发展进言

现代政治学是先从西方发展起来的。最早诞生于英国，美国继之，再后法、德两国也逐步开展起来。我国是在西方政治学发展到一定规模以后才传入的。由于当时的历史条件，政治学发展在旧中国有一定局限性。建国初期，院系调整，政治学系被撤销，从此政治学在中国中断了三十年。党的十一届三中全会以来，才逐步恢复发展起来，但仍与我十亿人口的社会主义大国的地位很不相称，需要大力扶植。

政治学的发展与法学是难以完全分开的，这两门学科相互依存、共同发展。法国近代大法学家里昂·狄骥，就是一位研究政治学卓有见地和贡献巨大的学者。像狄骥这样既是法学家，又是政治学家的著名学者，在法、德两国是颇不乏人的。他们提出许多新的论点，启发了大家的政治学思考。可以这么说，哪个国家法学发达，哪个国家的政治学往往也比较发达。

由此可见，学习政治学，不能不学法学。政治学不仅离不开法学，也同样离不开历史学、社会学。也许有人要说，学习政治学，又要学法学、社会学、历史学等其他学科，岂不是面太宽、分散精力了吗？其实不然。学习上述相关学科，能够扩大视野，为学习政治学打好基础，绝不是白费精力。何况现代科学发展的趋势，更是各学科互相交叉、互相渗透，形成了许多边缘学科。

我国的社会主义现代化建设要两个文明建设一起抓，这是具有远大政治眼光的见解。发展政治学，是社会主义精神文明建设的重要组成部分，不能忽视。社会主义现代化建设，需要脚踏实地，循序渐进，欲速则不达，急躁病犯不得，这一方面历史教训是不少的。对我国政治学的学科建设，态度应该是积极的，要下很大的力气，但也不能操之过急，基础要扎实。这样说，绝不是慢条斯理地踱方步，或得过且过，停滞不前，而是要在康庄大道上阔步前进。

原先，在我国一些文理科专业设置比较完备的综合大学里，政治学有一定地位，他们普遍设政治学系，政治学是公共课程。1952年撤销了，十年内乱期间更被“砸烂”了。这是很大损失。直到现在还有不少人（其中包括一些领导干部）对“政治”和“政治学”有误解，他们不知道政治学是一门重要的科学，更不知道政治学有很大的应用价值。为今之计，国家教育委员会应该对全国大专院校进行统一调查，凡是原先有基础、现在又具备一定条件的大学应尽快恢复政治学系（或专业），过去没这个专业设置的也应创造条件，尽快设立政治学系（或专业）。课程设置则应从实际出发，从少到多，从不完备走向逐步完备。凡师资、图书等条件较好的课程应先行开设。这几十年新出现的课程，只要对我国有用，也应积极准备条件，争取早日开设。可以邀请客座教授，购进图书资料，派遣留学生，让青年学者早日走上讲坛。这样，能在尽可能短的时间内，使政治学的课程设置完备起来，教学工作面貌一新，为我国培养出一批第一流的政治学学者专家，为我国社会主义现代化建设和改革事业贡献力量。

（原载《政治学研究》第1期，1986年2月）

元强按：政治学恢复五年后的1986年，钱端升先生在年近九十的高龄前再次发文为中国的政治学发展提出建言，他认为在新时代交叉科学融合之际，修政治学者一定要和法学、历史学、社会学等学科结合，开阔视野，方能有所作为，同时大学也要将政治学变为公共课，提升大学生的人文与科学素养，国家的现代化才会有合格的人才去实现。

德谟克拉西的危机及将来

一

从古希腊一直到现今，“德谟克拉西”向为当国者、论政者及学者们讨论最详密频繁的题目之一；关于它的论著文字，无论为释义的或阐理的，为叙述的或历史的，为赞扬的或贬斥的，为辩护的或怀疑的，诚有册帙浩繁，不可卒读，亦不可尽数之概。然距今四五十年以前，所有的著作大都是阐释或纪实的，很少贬斥或怀疑之辞。这是因为我们和柏拉图、亚里士多德一样，把德谟克拉西看作一种政体，当作平民政治讲，则我们要自法国大革命后始可看见平民政治的渐次通行。制度不行则弊不著，贬斥怀疑自亦无从发生。最近半世纪以来，民治政体较前通行，流弊渐著，于是诋斥德谟克拉西的文字亦日见繁多；即世所公认为信仰平民政治最坚决的布赖斯（Bryce），在他的《近代平民政治》中，亦不敢侈陈平民政治的美德，而隐讳它的短处。布赖斯的书虽出版于世界大战终结之后，而实作于大战开始之先；采用民治政体的各国，所遭因大战而生之打击，布氏多半未遑论及。至于近数年来盛行的独裁政治则发生于书成之后，布氏更无从前知。设天假以年，而布【令】氏能于独裁政治盛行以后[①] 有订正《近代平民政治》的机会，恐怕他对于平民政治一种悲观的、失了把握似的论调，比原版中还要加甚，即使他仍不至于绝望，仍不至于怀疑它的将来。而且近二十年来批评德谟克拉西的文字实在太多了，实在会使一般人寒心。就如在崇信德谟克拉西极坚的美国，十余年前批评的文字还是绝无仅有，而且为公论所不容。[②] 但近来批评的文字也成了司空见惯。这种变迁也是布赖斯在写《近代平民政治》时所没有见到的；他的心目里尚以美国人为十分满意于平民政治的。

---

① 布赖斯（Bryce）殁于1922年正月，在意、土、西等国建立独裁政治之前。当时苏维埃独裁的真相也没有十分正确表露；*Modern Democracies*出版于1921年。

② W. G. Sumner在1907年出版的*Folkways*中（第77页）曾说："德谟克拉西（在美国）是不容置喙的。你可把它捧得高高的，赞美它，颂扬它，但不能据实分析它，或评论它，好像你可以分析或评论别种政体。如果你真去分析或评论它的话，不但没有人会听你，而且你会受辱骂。"布赖斯也说过德谟克拉西在美国和加拿大差不多是不受批评的。《近代平民政治》，一卷，第23页。

那么，德谟克拉西究竟是好的还是坏的呢？仍旧有望呢，还是因为责言太多，我们便可宣告它的末日将至呢？在这篇文章中我打算要把德谟克拉西在晚近所以遭人怀疑、轻视，甚或唾弃的原由及言论，解析讨论，从而推测到它的将来。这些原由及言论是十分庞杂的，我现在所讨论的，当然只能以重要的，及我所知道的为范围。

二

德谟克拉西的意义先得说明。

德谟克拉西有广义狭义之分。就狭的说，德谟克拉西（Democratia）是一种政体，是平民主政的一种体制，“德谟”（Demos）在古希腊时本为平民，而“克拉西”（Kratia）即治理，治理团体，或治理阶级之意。就广的说，德谟克拉西是一种理想，是深信常人或凡人俱可以达到某种完美的生活的一种理想。理想不是事实，而是希望能成为事实的一种目标。德谟克拉西的目标在建立人人自立、人人平等的社会。合起来说，在理想的德谟克拉西的社会中，社会是大家共有的，大家对于社会的关系也是一样。或者照杜威所说：“人人能感觉到共同生活的各种涵义，就是德的〔谟〕克拉西的真观念。”[①] 分开来说，人类照德谟克拉西的理想而生存时，社会生活的各方面，以及各种组织俱得德谟克拉西化。政体须采民治，固不必论，即经济团体、宗教团体，以及其他一切团体的组织也须以平民平等参加为基础。政治经济的生活固须平等，即文化理智的生活也须有向上的共同标准。

广义的德谟克拉西实是可虚可实的一种观念。它是哲理上、论理上一个空想，它也是社会组织的一种体制和人类活动的一个原则。狭义的德谟克拉西则仅是政治组织的一种体制和政治活动的一个原则。广狭的悬殊也于此可见。

我们并不采用广的意义，一来因为广的范围太泛，缺乏一定的意义，也不是一篇短文所能照顾得到的；二来因为理想往往根据于主观而生，不易作客观的观察。我们所欲讨论的是狭义的德谟克拉西，即平民政治。

然而平民政治究当怎样讲呢？林肯“民治、民有、民享”的定义实在没有定什么意义，因为“民”是什么，“治”“有”“享”作什么讲，都没有确定。马祭尼的定义，“因全体（人民）在贤明的领袖之下，一致努力，而全体得以上进”

① John Dewey，*The Public and Its Problems*，第148页。

则更空泛，不着边际。只有布赖斯的定义较为准确，他主张凡是全体人民（或全体人民四分之三以上）所票举的政府就可叫作德谟克拉西。严格地说起来，他的定义也有很欠妥当的地方。未成年的儿童不算在全体人民之内尚有可说，但成年女子哪能不当作人民看待？如果把女子算作人民，布氏所列举的法、意、葡、比等国[①]，又哪一个能合四分之三的条件？哪配称平民政治？幸而我们也可不必过分拘泥于女权问题。成年女子什九是成年男子的妻室，夫妇间的利害又什九相同，在一般的国家，女子有没有政权本不能对于政治发生多大影响。[②]

三

平民政治在近百年来诚有某教授所谓所向披靡、无往不克之势。[③] 有时即发生一些打击及障碍，终不能中止它的前进。在前世纪上半叶只有美国及瑞士可说是民主国，到了前世纪终则法国及西欧多数的小国，南美洲几个较先进的国家，英国和

① 《近代平民政治》，一卷，第22页。

② 选权的扩张对于政体有很大的影响，例如19世纪中英国三次的选举改革。但英德美准女子有选权以来，政治上因之而生的变动极少。

③ John Simpson Penman，*The Irresistable Movement of Democracy*，1923.

它的许多自治殖民地俱已由君主政治、贵族政治，或军阀政治进而为平民政治。欧战时协约各国的口号之一即使平民政治能安全存在于世，所以欧战结束后，许多向非民主的国家，甚至向来反对民治最力的国家，也一一采用民治政体。若以数字而论，欧战后的一二年要算民主国建立得最多的一个时期。

然而“泰极否来”。平民政治最大的难关不意竟于此时相随而起，反民主的独裁政治竟相继发生，蔓延全球。当梅特涅的复辟政策弥漫欧陆期间，德谟克拉西的火焰固然也曾稍戢一时；当卑斯马克的军国主义震慑中欧的时候，平民主政的呼声固然也遭重大打击；然而平民政治在那两时期中的挫折还是浮表的、局部的，平民政治的潮流仍在不断地滔滔前进。近几年来则情形与前不同；不但反民主的独裁制风行一时，且人民似有厌倦德谟克拉西的样子。究竟近几年来的变动仅是过程中的一种挫折，还是新趋势的一种肇端？要答复这个问题，我们先得详考独裁制的内容和性质。

新流行的独裁政治[1]，大别之，可分为两种：一为苏俄式的阶级专制，一为意大利式的独夫专制。两者俱与平民政治背

---

① *American Political Science Review*，1927，第537页有一文论欧洲的几个独裁政治。又*Revue de Droit Public*，1928，第584页也有一文论平民政治的危机。这两篇论独裁制颇详，可参见。

道而驰。还有第三种国家，政体恒为共和，而实则由拥兵领袖互为消长，政权得失不由票决而以武力，比如南美、中美许多国家，和波斯、阿尔巴尼亚等。但这种国家可以略而不论，一因它们的政象是百年来常有的，不是近几年来新的现象；二因在这些国家，投票向来是假的，所以照布赖斯的定义，它们也从未入过平民政治的途径。

苏俄式的独裁政治起于1917年，于1918年曾一度推行于匈牙利。意大利式的独裁政治起自1922年。西班牙仿效意大利所为，自1922（年）起亦采用独裁制，亘六年余之久。它如土耳其、希腊、波兰、尤哥斯拉夫等国亦相继树立独裁政治。它们的独裁者虽未必定以墨索里尼为张本，但独裁的精神则并没有多大分别。

意大利的独裁，常人恒视为与苏俄相反，一即所谓极端右倾的独裁，一即所谓极端左倾的独裁。两者间不同的地方固然很多，但我们如把经济思想的背境弃而不论，则它们实在是非常相似，尤其从平民政治方面去观察它们。俄的独裁，凭借一党的势力，意的独裁也是这样。

俄意的政治俱是以武力为基础的。在民主国家，官吏须由人民选举（间接或直接），法律须得人民同意（间接或直接），在俄意，则政权的取得由于武力，政权的维持也由于武力。选举可以威胁，法律可以漠视，举凡民主国家所视为神圣的名器，俄意俱可以一扫而尽。

俄意的起源也是相像。十月革命所以能爆发，能成功，是由于克伦斯基政府的软弱；1922年10月，法西斯蒂党人能入据罗马，能迫国王命墨索里尼执政，也是由于先前的政府失了统治能力。在乱世，在国家危急之秋，人民所希望的就是强有力的政府，而所谓平等自由转居次要的地位。这种象征在欧战中早已充分表现。鲁意乔治及克莱蒙梭的政治都是比较专制的，前于他们的政府都要比较尊重德谟克拉西些，然而英法的人民反而欢迎他们的政府。美国人民也是酷爱自由平等的，然而威尔逊的战时政府也可忽视民权而不遭抵抗。这都是因为人民在危急时求安全比求德谟克拉西还要热切。所以根据晚近的经验，我们也可说：除非平民政治在国家危急时能和别种政体一样，或比它们更要有力，则国家纷乱时，反平民政治的各种政体，像俄意等国的独裁制，极易应时而起。这一点是凡关心平民政治者不能不十分注意的。

在事实上，或可以说是设施上，俄意两国固然十分接近，然在理论上，或可以说是形式上，两者间也有不同的地方，而法西斯蒂主义尤为德谟克拉西的大敌。共产主义者只仇视所谓中等阶级的德谟克拉西，却没有反对德谟克拉西本身。但墨索里尼则公然自夸他的主义为世界新主义，为绝对反对德谟克拉西的新主义；德谟克拉西为1789年法国人的旧主义，法西斯蒂主义为意人今日的新创作。[①]共产党的理想在化全体为劳动者，再建立平民政治；墨索里尼则根本不信平民应共同参加政治，他信只他自己有执政的能力，他去后的政权应归何人行使，则他从未明言。

因为共产及法西斯蒂两党对于政体的观念根本不同，所以俄意的政治组织也不相同。实际上苏俄政权也操于很少数人之手，但理论上它是委员制最发达的一个国家。共产党的组织采委员制，政府的组织，甚或行政各部政组织，亦采委员制。法西斯蒂党及意政府离开了墨索里尼个人，便会不成为党或政府的；党的评议会（Grand Council）及政府的内阁实不过是墨氏随便拉拢而成的团体罢了。而且墨氏不仅是事实十分有权力的首相而已。他的官职虽叫首相，像英国或法国一样，但他的地位连欧战前的德国宰相也不能比拟。英法的首相是对于国会负责的，德国旧日的宰相至少也得向德皇负责；墨索里尼则不但不对国会负责，也不向意王负责。他是唯一的独裁者，法律上和道义上都没有制裁之可言。我们用一句粗的话，他真是

① 见墨氏1926年4月7日在罗马的演说。*Revue de Droit Public et de la Science Politique*，Annee，1928，第597页。

以“替天行道”自命者。因此，俄意间还发生了一种次要的区别。在苏俄只是各权相混，无论立法行政，俱集中于苏维埃的中央机关，而意大利的政府则只见有行政机关的独雄，而不见立法及司法机关的并立，因为后者俱处于无足重轻的地位。

共产党和法西斯蒂党对于各个人民行使政权的见解也不尽同。苏俄的投票权是属于个人的。投票权未被剥夺的人民，人人有投一票之权。在意大利则不然。当国会讨论新选举法时墨索里尼曾亲向下院宣言：“我们今日（1927年5月26日）将虚伪欺世的民主普选制度永葬地下。从明日起，我们的下院应由全国的社团组织（Organisotions corporatives de L'Etat）选举代表充任。”[①]这里所谓社团组织实即生产团体（Syndicat）。照意国1928年颁行的新选举法[②]，下院议员的候补人概由这种生产团体选出，由法西斯蒂党的评议会加以抉择，再由人民投票赞同。所以在实际上下院确为这种生产团体的代表机关。个人只有赞同权[③]，没有选举权；选举权不在各个人民的全体，而在生产团体。但所谓生产团体也并不是凡从事于生产者即可平

① 参见Edmondo Rossoni，*La Portée du Syndicalisme Fasciste*。

② 关于选举法的内容可参见*Amerzican Politcal Science Review*，1920，第139页，本文未便详叙。

③ 事实上只可赞成而不容反对。

等参加的团体，只有法西斯蒂党人所主持的团体才能得到政府的承认，而少数党人所把持的某种生产团体又可代表全国从事那种生产的人民。所以我们可说，在苏俄凡劳动者俱可有选举权，而在意大利则选举权根本不是可以由个人行使的。

俄意对于地方政府所采的态度也不相同。俄采苏维埃制，所以政策可集中于中央，而执行则分散于地方。意大利向为中央集权的国家，自法西斯蒂党专权以来，向心的倾向较前尤著，各城市各地方的民选议会及长官也一一废止，而以中央委派的官吏为替。这也为苏俄所无之制度。[①]

俄意而外的独裁政体，只有土耳其及尤哥斯拉夫[②]应当稍有说明，其余的都是俄意具体而微的，可以略而不论。即如现已成陈迹的里夫拉独裁制（Riverism），也不过是法西斯蒂独裁制的化身而已。

土、尤的独裁在精神上和拿破仑的相近，土总统克迈耳和尤王亚历山大俱以能代表全国民意自命，唯采用的方法则不尽相同。克迈耳假国会以实行独裁，国会是他的假面具，土耳其国民党是他的工具。亚历山大则解散国会及一切政党而实行独

① 地方自治向被视为平民政治基础之一。参见Adolphe Prims，*De l'Esprit du Gouver-nement democratzque*。

② 今通译作“南斯拉夫”。——编者注

裁。[1] 土、尤与意大利相同的地方都是个人独裁，相异的地方是对于平民政治观念的各异。墨索里尼根本蔑视平民政治，而克迈耳及亚历山大，无论他们的用心如何，尚以“筹建真正平民政治”为号召。

就近今各种独裁制比较起来，我们觉得意大利的尤为德谟克拉西的大敌，与德谟克拉西不能相容。第一，在理论上，法西斯蒂主义是要根本推翻德谟克拉西的，墨索里尼根本就瞧不起平民。第二，墨索里尼自视他的独裁政治为一种进一步的政体，是可以日臻完全的政体。除此而外，第三，尚武力不尚法治。第四，独裁为无力政府的归宿，则为各种独裁制共同的流弊。

从理论上说起来，独裁制的根据本极薄弱。意大利的独裁制就是专制政治之一种，而专制政治之不相宜早已成为定谳；苏维埃的独裁政治则自承为过渡的局面，非平民政治的仇敌。从施政上说起来，即使俄意现今的政治能比独裁以前的好些，那也不过是独裁和无力政府间的比较而已。若以俄意和平民政治确立的国家，如英如美相比，就连俄意的当国要人恐也无可白得。

① 参见*American Political Science Review*，1920，第449页，“The Dictatorship in Ju–goslavia”。

我们不特不能因独裁政治的盛行而遽疑平民政治的不行，且不能因而视为平民政治推行的障害。独裁的所由起，固然由于政治的纷乱和权力的微弱，但我们再一细考纷乱微弱之所由起，则我们绝不能归罪于平民政治。现今采用独裁政治的各国，以前俱没有入过真正平民政治的康庄大道。独裁以前的政治，不论帝俄，回土，民族庞杂的尤哥斯拉夫，政变迭起的波兰、希腊，军阀贵族交争下的西班牙及匈牙利，都不能说是平民政治；独裁政治也不是替代平民政治而起的。只有1922年前的意大利要算比较的民主，然而我们又哪可因一个孤例而遽以独裁政治为平民政治的归宿?

而且独裁也不是最近的现象，历史上甚多独裁的例证。细考独裁的前因后果，我们可推得下列的变化：政治太窳败或太专制则生革命；革命的政体往往倾向民主；人民因不习政治之故，革命的政府往往乱而无力量；人心厌乱，强有力的独裁政府因之而起；但独裁是独裁，无论治安方面怎样可靠，而专制必达于极点；人民因回想到初革命时之自由，终必采纳一种能维持革命时的权利而又不过于激烈的政体，这种政体往往是一种缓进的平民政治。[①] 以上所说的各种步骤固不能视为分毫不

① 参见Joseph Barthelemy论代议政治的危机，*Revue de Droit Public et de la Science Politique*，1928，第598页。

爽，但试以解析历史上各种独裁政治则几一一吻合。英国17世纪的革命及克伦威尔（Cromwell）的专政，法国大革命及拿破仑的称帝，墨西哥革命及第亚士（Porfilio Diaz）的秉国，西班牙的纷乱及里夫拉的独裁，凡此种种的前因后果，几无不与上述过程一一符合。历史的悬拟固然不易准确，但墨索里尼既不能长生不老，则意大利亦总有脱离墨索里尼执政的一日，将来的意大利谁也不能否定它会归于平民政治的途径的。

照上所说，平民政治遇到不能应付之严重时局时，固然有发生独裁的可能，但平民政治并不因独裁而会一蹶不振。且严重的时局本不易应付。欧洲大战时所产生的局面，英法等民主国家固不见得应付裕如，然俄、土、德、奥等国更呈应付不灵之态。所以我们只能说，平民政治尚不能防止独裁的发生，但我们不能说它是酿成独裁的原因。

且就事实而论，独裁的盛行也并没有中止平民政治的进展。在意西等国，独裁者最专制之时亦即宣传平民政治最得力之年。裴勒洛（Guglielmo Ferrero）及易柏南（M. Ibanez）虽流亡在外，不为墨索里尼及里夫拉所容，然而意西人民转因这两人领袖的大声疾呼而对于平民政治有较深刻的印象。在没有独裁制的国家，则平民政治更进展无已。日本素称反动，然选权亦一再扩张，逐渐普及。至于女权的取得尤为西方各国普遍的行动。我们尽可不必因独裁制的横决，而闭目不见民主制的前进。

四

独裁的盛行足以使平民政治减色，且丧失信用，非议的文字也因而日见其多。此外，还有一种原因也足以减少世人对于平民政治的热望及关心。大凡政治的措施都是有为而发，平民政治即补救君主政治、贵族政治，及先前一切政治的积弊而成立的。狡兔死，良弓藏；平民政治推行既久，旧日的弊病困难既一一解除，而新的弊病困难则与时俱生；于是常人对于平民政治的热忱因而锐减[①]，于是反面的文章也乘时而起。王权神圣之说为前几世纪攻击的目标，而民权神圣之说则为今世纪攻击的目标；平民政治本未必为理想上完美的制度，实行上更未臻尽善尽美之境，表示不满的批评又哪能幸免？怀疑、批评、诋斥平民政治的言论可分作五种讨论。

（一）第一种的议论根本由于轻视平民。因为怀疑平民的道德，小视他的能力，鄙薄他的智识，所以便不能相信他的政

① 参阅Bryce，*Modern Demoracies*，一卷，第41页。

治。前辈如梅恩、勒岐、大希带耳、法给，近人如柏诺意、克拉姆、马罗克、衮歇[①] 等也不过是无数人中的代表而已。他们觉得平民政治多变动而缺乏恒性，只顾目前而不计将来，无知无能者居上位，而贤者远蹈，执政者又懦怯，又贪鄙，凡此种种，他俱归罪于平民的劣根性。实则这种观察殊欠公允。平民固没有像潘恩（Tom Paine）或杰斐逊（Thomas Jefferson）所夸赞的尽善尽美，然哪一种人一定是更善更美？无恒性，无远谋，不勇敢，不廉洁，既非他种政治之所能免，亦非平民政治之所独有，梅恩及法给的书中固然举了许多实例，然而吹求过甚的例子哪足以举一而反三？

而且现今的政治根本和昔日的不同。昔日的是消极的，人民除了守法度日外，几不会与政府发生关系。现代的是积极的，政府的威权几无时无地不临到人民头上来。平民如不参加政治，或政治不是以平民为对象，则为政很少有成功的可能。

---

① Sir Henry Maine, *Popular Government*, 1886; William E. H. Lecky, *Democracy and Liberty*, 1899; Eugène D´Eichthal, *Souveraineté du Peuple et Gouvernement*, 1895; Charles Benoist, *La Crise de l'Etat Moderne. De l'Organisation du Suf frage Universel*, 1897; Emile Faguet, *Le Culte de l'Incompetence*, 1910; Ralph Adams Cram, *The Nemesis of Mediocrity*, 1917; William H. Mallock, *The Limits of Pure Democracy*, 1918; Alphonse Seche, *Le Dictatur*, 1924.

墨索里尼之所以能收一时之效亦因他能以为民谋利为号召。但独裁者当权愈久，则离平民亦愈远，纵令极精明强干之能事，亦终必因不能和平民调和而归于失败。[①] 有人谓近代国家的职务在调和通行的法律和人民的德行及生活。如果此说富有根据，则除了平民政治外，更有哪种政治可以完成国家的职务？

（二）另有一种人则以不文不雅诋毁平民政治的，他们都是感情用事的人。他们以为近人的文物礼貌，不如古人，而退步的缘故，则由于平民主政。[②] 有人甚且诋平民政治为缺乏浪漫性。然这类批评诚不值一驳。我们不能因朝廷或贵族生活之繁华而鄙弃平民政治的质朴，犹之，我们不能因农用牛车的富于浪漫性而漠视汽车的功用。且文物礼貌嗜好等大部本属主观问题。谓昔时的一定比今时的好，除了迷信古代的人们外，实无人敢作此语。古今间最大的不同就是古时参差性大，而今则

---

① 参见L. T. Hobhouse，*Democracy and Reaction*，第186页，及Delisle C. Bums，*Democracy: Its Defects and Aduantages*，第189页。加富尔统一意大利后，有一歌功颂德的议员尝同他说：“如果在专制政治之下，你的成功必更易而速。”加氏大不谓然。加氏曰：“我之所以能为首相，且为成功之首相，完全因为我生长在宪政之下。专制国家之相只能命令，但我以劝导得来之服从，其力量弥大。最坏之议会政治尚优于最好之反议会政治。”（见M. Paleologue，*La Vie de Cavour*。）加、墨两氏的态度颇值一比。

② Emile Faguet，*Le Culte de I'Incompetence*，第九章，Nicholas Murrey Butler，Trne and False Democracy，1907；Henri Chardon，*L'Organisation d'uve Democratis*，1921。

举世皆同。今日之雷同（或称标准化），本由于交通便利者多，而由于平民者少。[①]且参差未必是美德，同亦未必不好。古代的贵人固以斯文著称者，然其对奴仆之残酷，或酗酒时之粗戾，宁是今人能梦想所及？今人无论贫贱富贵类，皆具有相当的礼貌及审美能力，又岂是古人所能比拟？所以感情作用的批评，实是抹杀事实而已。

（三）老实说，发为上述两种论调的人都是未能忘情于君主或贵族生活者。最近更有一班人则想从心理及生物上来证明人类的不平等和平民的低下。[②]如果人类根本不相等，劣等的人，无论本身或子嗣，总不能改良，则政治天然亦不应公诸大众，而平民政治亦顿失立足之地。然这点迄今尚无可靠的证明。[③]历史上许多闻人固然出于闻人之家，但也尽有平民的子

---

① D.Delisle Burns则以为文教（Culture）的衰落由于宗教、学校及报馆的因循旧习，没有革新精神所致。见*Democracy: Its Defects and Advantages*，第189页。

② 参见G. Le Bon，*La Revolution Francaise et la Psychologie des Revolution*，1912；William MeDougall，*Is America Safe for Democracy*，1921；N. J. Lennes，*Whither Democracy*？，1927。Le Bon及McDougall从心理学，Lennes从生物学，极言人类之不等，如平民主政，则政治文化将每况愈下。照McDougall的见解，天赋甚高的人在上等社会中所占的成数要比在中下等社会中为多。

③ 参见A. A. Tenney，*Social Democracy and Population*，1907；Franz Boas，*The Mind of Primitive Man*，1911；P. A. Means，*Racial Factors in Democracy*，1918。Tenney研究的结果，以为生物学上的事迹并不和平民政治不相容。Boas及Means则否认种族间有天生之优劣，所以亦可共同主政。

弟登峰造极而领袖全民者。

（四）上述三种论调大都流于浮泛，而缺乞〔乏〕客观性。还有两种批评要比较实际些。一种是因为发现平民政治组织或搆〔构〕造上的缺陷而产生。第一，民主国家一定少不了政党，而政党政治的倾向总是少数人操纵一切，实际上造成头目政治（Oligarchy）。[①] 所以有些人虽不根本反对平民政治，却要提议改组政党，甚而主张废除党见甚深的政党（Partisan Parties），而代以因故特设的政治集合或团体，事毕即解散另组。我们固希望政党的组织可以改善，头目政治的倾向可以取消，我们不必为它们辩护；但我们也不能因政党没有改善，头目政治的倾向没有取消而即谓其他政体可优于平民政治。平民政治是多党政治，所以即使政党尽为头目所把持（这也未必尽然），至少人民还可以从多个头目政治中挑选一个来主持国家的大政。但在非平民政治的国家，无论为君主政治，或是独裁政治，人民连挑选的自由也没有了。近代国家不论采用哪种政体，大都须以民意为后盾，得民者昌，失民者亡。然人民的程

① 参见M. Ostrogorski，*La Democratie et l'Organisation des Partis Politiques*，1903；Robert Michels，*Les Partis Politiques. Essai sur les Tendances Oligarchiques des Democraties*，1914；W. H. Mallock，*The Limits of Pure Democracy*，1918；Henry Ware Jones，*Safe and Unsafe Democracy*，1918。

度还不够产生真正的民意，所以在比较民主的国家，民意都是由政党的领袖制造出来；而在比较专制的国家则由政府制造。在多党的民主国家，人民还可挑选一种造成的民意而奉为己意；在无党的专制国家，或一党的独裁国家，则人民只有接纳唯一的所谓民意。由此以观，政党政治纵易流为头目政治，然多党的平民政治总还胜于他种政体。

还有人以为平民政治和频繁的选举是离不开的。选举的官吏往往不是专家，所以行政不良为平民政治的通病。因此有人主张，平民政治的救星在任用专家员吏，而减少选举。[①] 然平民政治本和专家行政不相冲突，选举制度也尽有改良之可能，近20年来选举的效率已比从前增加不少。选举又安足为平民政治的隐忧。

（五）平民政治运用的不良也给人以许多批评。自由本为平民政治的目标之一，但事实上则有平等便无自由，平民政治的结果使庸者跻于能者的地位，有群众的妄同而无贤者的自由。[②] 微弱无力本不必为平民政治应有的现象，但事实上每因各机关间相互控制之故，平民政治几等于无力政治。不满意

① Arthur George Ledgwick在*The Democratic Mistake*书中痛斥选举太多之妄，而提出“Good civil service”为救济平民政治一切弊病之方。

② 见Sir Henry Maine，*Popular Government*。

于平民政治者每把欧战时英、法、美诸政府的行动的滞笨归罪于平民政治。实则政府是否强而有力或软弱不堪，由于国土的广狭，民族的异同者居多，而由于政体者居小。瑞士守中立之难，不亚于作战，然瑞士政府并无软弱之迹；反之，俄帝国非平民政治，但俄政府之不济事尤甚于英法等国。至于自由也不是在民主国家为独少，自由本是主观的一种观念。偏向贵族政治的梅恩固觉得在民主国家不自由，但在君主或贵族政治的国家平民更会觉得不自由。

再者，平民政治免不了选举。选举应推贤者能者。不满意于平民政治者颇以当选者之庸碌为非议。法给谓人民所选的代表必和人民一样无识无知，卓越的人不易当选。[①] 这也许是确的。不过我们也可答辩。平民政治以平民为基础，平民的程度高，则所当选的代表也高，人民程度低，代表也低。平民政治目标之一即在提高人民的程度，所以当选者即不能高出于选者多少，也不足为患。且代表的知识高卓固然极好，而尤贵能见信于选者，能为选者所了解。苟仅智识卓绝而不为人民所信所好，则政策将难以推行，而政局立见解体。所以民主国家主政者人物之平庸未必就是不好。

① Faguet，*Le Culte de I'Incompetence*，第一章。

五

在平民政治的构造及运用上固然有许多弊病，许多缺点，但评判一个制度应采比较的标准，应和相替的制度比较，不应单从理想；更应就大体立论，不应就局部吹毛求疵。近年来批评平民政治的文字固然多至不可卒读，但一大部分尚脱不了德人所谓“倾向书”（Tendenz-werke）。一大部分的作者先有一个厌弃平民政治的目的，然后再找些破碎的事实来充实他们的立论。梅恩、法给等本是学者，但狃于成见，对于平民政治的观察已失公允，次焉者更不必说。还有些人，则因为发现一二坏处而攻击到平民政治的本身。[①] 他们也是不合逻辑。我们如用比较的眼光以论平民政治的得失，殊无失望的理由。英、美、法、德为今日实行民治的四个大国。我们如以大多数人的安乐，财富的平均，穷困的累减及救济，民智的普及及女子的

① 如E. Giraud，*La Crise de la Democratie*，1925；James A. Wood，*Democracy and the Will to Power*等。如将近十年来关于德谟克拉西的书列举起来，赞成方面仍比反对方面的要多。

自立——姑举数例——为政治善良的标准①，前代的英、法、德能不能与现代的英、法、德比美？前代的大国，如罗马帝国，中古帝国，能不能与现代的大国比美？即向以诋毁所谓中等阶级的平民政治为能事的共产党人亦且承认它（中等阶级的平民政治）比君主政治和贵族政治进步多了。② 所以我们和布赖斯同样的对于平民政治希望无穷③，我们更断定凡背了平民而独裁的政治终将归于无成。

一九，二，十八，南京

（《国立武汉大学社会科学季刊》第1卷第1号，1930年3月）

① 杜威在*Reconstruction in Philosophy*书中（第186页），尝言德谟克拉西最大的意义在使政治上及实业上的措施务以发展全体人民的整个生活（all-round growth）为依归。在这里德谟克拉西的含义本不只平民政治。今特采取难的标准。更可参见Henry Wilkins Wright，*The Moral Standards of Democracy*，1925，藉知平民政治是否在向相当的标准前进。

② 列宁在*The Proletarian Revolution*中（第28页）说："Bourgeois democracy，while constituting great historical advance in comparison with feudalism，..."列宁等把君主政治和贵族政治都看作封建。

③ 见*Modern Democracies*，二卷，末页，参见Alfred Zimmern，*Prospects of Democracy*；C. Deslie Burns，*Democracy: Its Defects and Advantages*，1928；Georges Guy-Grand，*La Démocratie et l'aprèsguerre*，1922。

元强按：“民主政体”为现代社会中先进阶层的一个重要政治奋斗目标，但20世纪30年代前后，德国、意大利、苏联、土耳其和西班牙相继转变为独裁政体，形成了对民主政体和平民政治的最大威胁。钱端升先生就是在这样的背景下，撰写此文以阐述民主的危机，但他坚信历史的潮流浩浩荡荡，独裁政体凡是违背了民众的利益，最终还是难以获得历史的认同。

民主政治乎？极权国家[①]乎？

近十余年来，为了种种不同的缘故，民主政治益见衰颓，而与民主政治处相反地位的各式独裁制度，则转获相当的成功。我自己于三四年前尝写过关于民主政治的危机及将来的一文，在归结时我尚“对于平民政治，希望无穷，我更断定凡背了平民而独裁的政治终将归于无成”。我现在对于以平民为主体的政治固仍有无穷的希望，而对于漠视平民利益的独裁制度固仍丝毫不减其厌恶；然对于有组织、有理想、能为民众谋真实福利的政治制度，纵是独裁制度，我也不能不刮目相看。[②]

我于这篇文章中将先论民主政治的衰颓，次及现代各种比

① “极权国家”为“Totalitarian State”一词的试译。

② 见拙著《德谟克拉西的危机及将来》，《国立武汉大学社会科学季刊》第1卷，第25—50页。

较成功的独裁的内容。从两者的比较中，我将探索在最近将来或可流行的制度，从而更推论及中国应采的制度。

一、民主政治的衰颓

民主政治在西文叫作“德谟克拉西”。“德谟克拉西”本应专指政治上的一种体制。然常有用以表示经济上、社会上，甚或礼仪上的一种状态者，而美国式的社会学家尤喜作广泛无定之论。我们今所论的民主政治是指一班通认为民主国家，如英美法瑞比荷等国的政制，是指具体的、现实的一种制度，而不是指抽象的一种理想，或实现无期的一种希望。[①]

那么，英美等民主国家有哪些共同之点呢？第一，在这些国家中，各个人民，无论是挟资亿万的大地主大资本家，或是贫无所有的农民工人，在法律上是一概平等的。第二，国家的权力有限，而个人保留着若干的所谓自由权；国家如欲伸张其权力或限制人民的自由，则须依照一定的制宪程序，所谓制宪

① 我于《德谟克拉西的危机及将来》的一文中尝以“平民政治”译德谟克拉西。如政治而真能由平民主持，且为平民谋福利，恐反对者将世无一人。然英美等国的政治既不是真正的平民政治，故我不用“平民政治”一词，而用比较中立的“民主政治”。

程序者，大概都含有人民直接对某事表示意见之意在内。[①] 第三，人民有一代议机关，依个人平等的原则选出，较富有阶级操纵较贫穷阶级的事实则法律一概不问。第四，议会中同时有两个或两个以上的政党存在，互相监督，且轮替执政。第五，为保障人权及限制国家权力起见，政府采分权制；没有一个国家机关，无论立法、行政或司法，能独揽国家一切大权。

上述固不能算是民主政治的定义，但民主政治的重要精彩实不过此。本文所论列的民主政治即是这样的一种政制。

20世纪初年，稍具进步眼光的人们几全体认为民主政治为绝对最良的制度。凡未采用民治的国家，其统治者且常带多少心虚及自惭的口吻。所以当大战后期威尔逊总统以“使民主政治得安全存在于全世界”为号召时，无论是协约方面的帝俄，或是中欧方面的帝德，皆表示可以商议的态度。然欧战的结局实为民主政治最后一次的凯旋。欧战终结而后，已经民主的几国在形式上虽仍回到战前的常态，新兴的国家虽几乎一致地采用民主宪法，但民主政治的基础则已早因苏俄革命的震荡，及各国战时政府权力无限的膨胀而受暗伤，1922年墨索里尼的法西斯蒂主义在意大利获得胜利后，则民主政治受到更严重的打

① 英国无成文宪法，因之宪法与法律之间无分别。但重要的政制及人民的自由权有变更时，也必经过民意直接的表示，故在事实上英国与别国无分别。

击。俄国本不是民主国家，在民主政治者的眼光看起来，只是以暴易暴。意大利至少在形式上，也是民主国家，故法西斯蒂的勃起对于民主政治更有深刻的影响。然共产独裁及法西斯蒂主义初时仅是一种革命的现象，既无成绩可言，也无持久的把握，故拥护民主政治者尚可不太悲观。到了1930年左右，则形势又大变，两者不特均有持久的趋势，且在施政上亦有显著的成绩。而此成绩者不特优于俄意曩日之所有，即以比所谓民主先进国家的造诣亦无逊色。这样一来，不特民主政治自身的缺点暴露无遗，且代替民主政治的制度之堪采用也得了事实上的证明。这实是民主政治空前的大打击。然拥护民主政治者尚有说焉。他们可诋俄意民智未开，工业不发达，故独裁易乘，而民治难行，至于先进国家则固仍以民治为最良政体。[①] 但1933年希特勒主义之披靡于人民政治能力素号发达的德国，则更为民主政治之致命伤。政治制度之为物，本不能凭好恶为取舍，而应凭其实际上的表现为从违。民治制度的弱点既未减，而代替民治的制度则转能表现其优长之点，又何怪民治制度已动摇到了近年为更烈呢？

民主政治衰颓的最大原因，自然是无产者阶级意识的发

① 有好些人向以为民治在工业国较易实行，而在农业国则独裁易于持久。日内瓦大学校长W. E. Rappard即持此说。

达，及国家经济职务的增加。马克思派的社会主义者一方提醒无产阶级的阶级意识，一方则痛诋民主政治的虚伪，及无产阶级之无权问政。姑无论马克思派之所指摘者是否事实，但大多数国家的无产阶级对于民主政治因而发生一种根本上的不信任则为事实。暴烈者以打倒民主政治为职志，如入国会，则专以捣乱为能事；温和者亦从不肯尽政党应尽的义务。[①] 故民主政治的失败，无产阶级的不合作实为重大原因。

然无产阶级的不合作，不能即算是民主政治本身的弱点；犹之我们不能因拿破仑三世之称帝而遽为第二共和病。如果有人能祛除无产阶级的误会，而且在实际上确予无产阶级以握政权的机会，则民主政治仍不会因无产阶级的存在而失败。然民主国家之不能应付现代国家的经济问题，无法完成现代国家的经济职务，则实是民主政治难以补救，或竟不能补救的弱点。现代的国家已不复是一个警察国家，所以国家的经济职务繁而且重。而且现在又是经济的民族主义澎湃时代，国与国间的经济战至为剧烈，故国家常有采取敏捷的处置的必要。然在民主国家，则国家权力有限制，而个人的自由受保障；议会虽号称

① 无产阶级所组织的政党，其能完全接受民主政治者不多见。德国近十余年的社会民主党即此中的一个。然它卒因此而致有今日的毁灭。参见Heinrich Strobel，*Die Deutsche Revolution*，*Ihr Ungluck*，*und ihre Rettung*。

代表人民，但与国中生产的组织无关；且议会中的各个政党又复互相牵制，使议会不能为敏捷有力的决议；议会即有决议，行政人员亦未必能实行。因此种种，民主国家的生产及消费乃不能维持其应有的均衡，而生产力的增加亦至极迟缓。除了上述的二者而外，民主政治尚有其他种种崩溃的现象。工人的骚动足以影响国家的治安；党争的剧烈足以减少法律的尊严；行政权的增加及立法机关的退让足以破坏两权的平衡。然此种种，直接间接殆皆由前述两大弱点所引起、所酿成，故不必细说。

二、现代的独裁制度及极权国家之诞生

近年来采用一党或一人独裁之制度者甚多，意大利的法西斯蒂主义，及土耳其的凯末尔，德国的希特勒主义有成功的模样。这些制度的详细情形非一篇短短文章之所能尽述。本篇之所要述及者，仅是这些制度有异于民主政治的方面。

因为意、土、德等国的国家权力是无限的，所以它们在经济及文化上的设施也和民主国家有南辕北辙的悬殊。它们变法极易，而对于人民的强制力亦较大。国家可以经营民主国家所从未经营的事业，国家也可以限制民主国家所绝不敢限制的个

人权利。结果它们对内可以消除各职业及各阶级间无谓的纷扰及自相抵制，如罢工、停业及竞卖等，而对外则可以举全国的力量以应付国际间的经济斗争。固然诸国之间经济、社会及文化上的努力，也不能谓为已得到完全的成功，但以比民主国家，则确有指挥若定的好处。

意大利是法西斯蒂党的独裁。法西斯蒂党的各种党员约有四百万人。党虽也有执行会及评议大会，但党魁墨索里尼有发号施令之全权；他在法西斯蒂党内的地位尤高出于斯大林辈在俄国共产党内的地位。

意大利在形式上虽仍奉行1848年的民主宪法，但实则已变成所谓“会社国家”。在这新国家中，只会社有地位，而个人则没有地位。意大利一切生产的人民就其所事的职业而分隶于七种不同的会社。这七种职业即自由职业、工业、农业、商业、海空运输业、陆地及内河运输业及银行业。除了自由职业无劳资之分外，其余六种，劳资两方皆分别组织。自一地一场所推而及于全国，自下级而上级，七种职业皆有系统完整的组织。是以全国从事工业的各种工会联合而成全国工业联合工会，全国从事工业的企业家则联合而成全国工业协会。各业联合工会复合组成全国总工会。然这些联合工会及协会俱是法西斯蒂党的工会及协会，受法西斯蒂党的指挥。各地各处劳资两方的组织又根据平等的原则合组“会社”，以便依照法律，解决劳资间的纠纷。[①] 中央又有会社部[②] 及全国会社会议之设。[③] 会社部为行政各部之一，职在联络并统率劳资两方面的各种组织。会社会议则（因全国会社的组织尚未完成）暂由全国各联合工会，及全国各业协会推举代表组织，职在讨论关于生产及其他经济问题。国会虽依旧存在，但国会议员的候补者，由各业的全国联合工会及协会分别推出，选举等于这些团体所举的代表的批准。国会议员仅是会社的代表而不是数千万个人的代表。而且经济的法律须先经会社会议的讨论，故会社的重要益形显著。

简单言之，法西斯蒂党是意大利的统治者，而会社则为国家执行其职务时的工具。

因有法西斯蒂党的独裁，劳资自相残杀的冲突已不发生。生产的效率亦远过于1922年以前。私产虽无限制，但劳工的状况也已大有改良。且国家如欲限制私产亦无不可。法西斯蒂主义为世诟病的地方也是私人无政治上的自由。

土耳其的宪法是民主的，但实际上则是国民党的独裁，而

---

① 1926年4月3日《劳工关系法律制裁法》。

② 1926年7月2日《会社部法》。

③ 1930年3月20日《全国会社会议法》。

凯末尔则为唯一的党魁。土耳其固然也有国会，也有选举，但别的政党既不能存在，则国会直接是国民党的集团，而间接则是凯末尔的工具。

意大利尊会社，即德意志也有所谓中心思想，土耳其的国民党则除了致力于国家的独立及人民的近代化的工作外，并未牢守一种经济上的主义。但国民党既握有军权、政权及组织人民团体之权，国家的权力自然也无限制。政府如欲将一切生产事业收归国家经营，它也是有这权的。

凯末尔独裁一方面已使土耳其脱离了帝国主义的压迫，另一方面提高了土耳其人的文化。教育发达，迷信破除，女子解放，交通便利，凡此俱为凯末尔独裁几年来的成绩。这些我们认为独裁的成绩，因为如不独裁，则这些富于革命性的设施是不易，甚或无法实行的。

德意志民族社会党的独裁尚未满一年，故不易言其成绩。不但成绩难言，即其政策有时亦欠鲜明。然它多少和法西斯蒂主义相似，则是可以说定的。第一，希特勒自称为“领袖者”，这和墨索里尼之自称为“首领”[①]是一致的。第二，德国的劳资团体虽未能如意大利的组织整齐，但比别的国家也向

① 墨索里尼称“Ⅱ Duce”，希特勒称“Der Fuhrer”。

来高出一筹，故国社党在所谓“同治”[1]政策之下，也将全国一切生产会社，如德意志商业协会等，置于民社党人领导之下；其过去历史和民社主义相差太远者，如社会民主党的工会等，则一律勒令解散。第三，根据同样的理论，民社党将德国一切的政党或则归并于国社党，或则禁止其存在。因此种种设施，德国的宪法虽尚未变更，而国权则已统于一党。国会为民社党一党的国会。国会既可修改宪法，伸张国家权力，限制人民自由，民社党自可无须形式上的革命或流血的革命，而取到无限制的威权。无论为政治的，或为经济的。民社党人本以造成所谓“极权国家”为号召。“极权国家”者，盖即指国家权力无限之意，而此无限的权力则寄于民社党。[2]

希特勒独裁的成绩，在经济方面尚无具体的表现，但在政治方面则已消灭了一切的党争，并已提高了德意志的国际地位。它被人訾议的理由与别的独裁相同。但它之反犹太主义则更为世人所一致攻击。

---

① “Gleiehsehaltung”一字不易解，更不易译，应作一切受同一的管理，且通力合作之意。

② “极权国家”一词在意德为流行的名词。俄之共产党及土之国民党固不以此自称其国家；但俄土两国的权力既无限，它们自然也是一种极权国家。

三、何者为适宜于现代的制度

民主政治的衰败及独裁制度的比较成功绝不是一时偶然的现象，而是近代经济制度所造成的一种必然的趋势。据我的推测，近年来民族主义的空前发达也将使民主政治更站不住，而独裁制度更盛行。

民族主义自欧战以后确比从前更见普及，更趋浓厚。国际间的组织及合作在欧战以后固也大有进步，但民族主义并不因之而见缓和。而且在最近的将来，它只会更盛而不会衰减。现代民族主义的表现有二，一为国家经济力量的增进，一为军备的注意。两者本是相连的，但前者尤有基本的重要。因为工业发达，而生产力量伟大的国家不难于短时期内增加军备，而工业不发达、生产力量不大的国家，即有比较完整的军备亦难持久。工业化本是近代社会的自然的倾向，再加上民族争存的需要，在最近的将来，工业较不发达的国家势必求于最短期内发展工业，而较发达的则势必求维持它们向有的比较优越的地位。在这种尖锐化的竞争的过程之中，凡比较敏捷不浪费的制度将为大家所采纳，而比较迟钝浪费的制度将为大家所废弃。不论在哪一个国家，统制经济迟早将为必由之路，因为不采用统制经济政策者，其生产必将落后。

如果经济的民族主义并不十分发达，民主国家本不妨维持其向有制度，而徐图改善。但经济的民族主义既如今之发达，则没有一个国家敢长取一种放任的态度。为增进其生产力或维持其向有的优越地位起见，任何牺牲亦将为各民族所忍受。由上面的比较我们认为，民主政治是不宜于统制经济的，故民主政治的衰败将为必然的趋势。

代民主政治而起的制度已实现者，一为苏维埃制，一为法西斯蒂制。我们认为这两种制度俱要比民主政治较适宜于统制经济[①]；但这并不是说，除了这两种制度外，他种代替物别无存在的可能。我的意思刚是相反。我以为英美一旦变更现在的生产方法，而采用统制经济时，其所采的政治制度大概不会是意大利式的法西斯蒂主义，更不会是俄国式的共产主义。穿了制服，拿了短棍，在街上示威，多数英美人不会做；开宗明义就将私产取消，多数英美人恐怕不肯做。英美所赖以实现统制经济的制度或将为一种智识阶级及资产阶级（即旧日的统治阶级）的联合独裁，但独裁的目的则在发展民族的经济，且不自私地增进平民的生活，而不在为资产阶级自己谋特殊的享受。

① 严格地说起来，意大利并无统制经济，但会社会议是能担负这种大事的。

我所以有此推测者，因为英美的统治阶级是最能见机而作的。但这种推测当然很有错误之可能。[①]

我以为阶级斗争之说虽有马克思的辩证法为后盾，但在民族主义的高潮之下，或将无从实现。上一次的世界大战已证明了民族主义的势力可以打破阶级的观念。在下一次世界大战时，恐怕也只有民族之争而无阶级之争。纯粹的共产主义应无疑的包含阶级斗争及世界无产阶级的大联合。但苏俄现行的共产制度已专注重于民族经济的发展，而忽略于无产阶级的世界革命。我深疑今后继民主政治而起的制度，无论自号为共产，或为社会主义，或为会社主义，其注意之点将为民族的经济实力之如何培养，而从前尝引起剧烈争论的革命理论，如阶级斗争或小资产阶级反动说等，则将置于脑后。

英、美、法等民主国家终将采用何种制度，是无法推测的。不要说英、美、法，即现行的独裁制将演成何种的最后制度，我们也难悬拟。我所敢言的只有三点。第一，民主政治是非放弃不可的。这点我认为已有充分的说明。第二，紧接民主政治而起的大概会是一种独裁制度。第三，在民族情绪没有减低以前，国家的权力一定是无所不包的——即极权国家。

---

① Lord Eustace Percy为拥护民主政治甚力之一人，但他今所主张的议会政府是须采用意大利的会社观念，且出以牺牲自己的精神的。

何以独裁是少不了的一种过渡制度呢？因为独裁是一种最有力的制度。苟不用独裁，则民治时代一盘散沙式的生产制度将无法可以纠正过来。今举一例以明我说。英国一班基尔特社会主义者总以基尔特社会主义为实现工业民治的理想制度。然基尔特社会主义即能实现，亦不能收统制民族的生产能力之效。它缺乏一种强制力，它无法令全国合作，只有独裁能纠正民治时代的散漫，而强迫人民服从以全民族的利益为目的的经济计划。

就独裁而论，一党的独裁自比一人的独裁为优。因为一党的独裁不发生继承的困难，而一人的独裁则独裁者的死亡易发生重大的变动。或者我们可以这样说：在党内独裁之下，即发生继承问题，也不至如在一人独裁制之下那样严重的。

我应当声明，这里所谓的独裁当然不是指普通一班人的所谓独裁。这里所谓独裁一定要独裁者——无论是一人，或一群人，或一党——能有组织、有理想，能为民众谋实际的福利，能对现代经济制度有认识，能克苦耐劳，先天下之忧而忧，后天下之乐而乐。我们上面所述比较成功的独裁，无论是墨索里尼，或是凯末尔，或是希特勒，其中有的对经济制度的认识尚显薄弱，但其他各条件，大都是具备的。

独裁的最大危险之一即是极易引起国际间的战争，而民主政治则比较足以阻止战争的发生。这种看法容许是不确的。上次的大战，俄德等国固然乐于一试，即英法等国亦何尝踌躇？而且现在的俄意等国亦并不太乐于作战。即使上说是确的话，也以为与宏旨无关。第二次的世界大战总是难以幸免的。独裁及统制经济之所以深得民心者，正因它们之较便于备战。故我们可说备战是因，而独裁是果。

有人也许要问，如果独裁、统制经济、民治的放弃等皆为预备民族间的斗争而起，则何不索性将根本问题予以解决？何不想法根本消除民族斗争的原因？我的答复是，人类的计划多少须和今生有关，而不能过远，或过重理想；过远过空便失了实际的意味。我们尽可痛惜民族主义之太趋极端，民族间的大战，距今一二百年之人尽可视为人类最愚蠢的举动，但民族主义的澎湃在今为一种难以阻止的巨浪，求民族的自存为我们当今的急务。苟只有独裁能增加民族的经济实力，则独裁便是无可幸免的制度。

而且大家对于独裁也不必一味害怕。若以大多数人民的福利而论，独裁也不见得不及民主政治。上述国家的独裁者，虽对于少数人取缔极严，如德国之于犹太人，然它们之能为大多数人谋福利，则是不容否认的事实。选民（与未有独裁前的选民大致一样）皆尝以绝大多数来表示对于独裁者的信任。

赞成民主政治者一方提倡个人自由，一方又声言，民治为大多数人福利的保障。然独裁既真能为大多数人（几乎是全体人民）增进福利，则又乌能因少数人的自由之被剥夺，而硬要维持谋福不及独裁的民治？

政治制度是一最现实的东西，不能永久地为我们的感情所牵制。我们的感情，因为过去的习惯及环境的关系，对于新制，尤其是索缚自由的新制，总不免有一种热烈的反感。我们反对极端国家的最大理由，仍是个人之无自由。① 然我们于推重个人自由时【我们】常不免过分重视个人对于事物之标准或价值。实则个人的估价离了社会的估价是无意义的。② 卫生的设施，如隔离及检查等，对于社会有益而对于健全的个人则为害。独出心裁的一件衣服对于个人似为一得，然往往耗费许多物料及人力，转不如服一制服之为佳。在极端国家，个人的价值固有降到零点，而社会价值成为一切估价的标准之势，然这绝不是文化的退步。所以人类的成见迟早总须加以改正。

---

① 同样理由，西班牙数年前的独裁当然还不及民治。

② 这类我所说个人估价及社会估价即“individual values”及“social values”之意。

四、中国将来的政制

说到我们中国，我们是除了所谓旧文化——古董式的文化——外，一切落后，尤其是经济落后的国家。我们第一个急务是怎样的急起直追，求为一个比较有实力的国家，庶几最可怕、最惨酷的世界大战到临时，我们已不是一个毫不足轻重的国家。关于这一点，国人几乎是全体一致的。不过关于达到这目的的方法，则说者各异。有的以为应从平民教育着手，有的以为应从增进人民健康着手，有的以为应从开放党禁、提倡民治着手，有的以为应从分治合作、不再内战、埋头建设着手。但我以为我国应经的途径是和别国无异的。无论是增进人民的智识及健康也好，或增加人民生产能力也好，没有一个强有力的政府，必绝对无成的。欲有一强有力的政府，则提倡民主政治不但是缓不济急，更是缘木求鱼。欲求达到英美那样的民治，即在最佳的情形之下，也非十年二十年所可办到。而且即使得到英美那样的民治后，国家也是弱而无力，不足以与别的民族作经济上的竞争。

我以为中国所需要者，也是一个有能力、有理想的独裁。中国急需于最短时期内成一具有相当实力的国家。欲使全国工业化，绝非一二十年内能够做到，但在一二十年内沿海各省务须使有高度的工业化，而内地各省的农业则能与沿海的工业相依辅。只有这样，我们才能于下次世界大战时一方可以给敌人以相当的抵抗力，而一方又可以见重于友邦。欲达到工业化沿海各省的目的，则国家非具有极权国家所具有的力量不可。而要使国家有这种权力，则又非赖深得民心的独裁制度不为功。

这样的独裁制度本不是国民党的三民主义所不能容的。三民主义中的民权本不是我上面所指的民主政治，而民生主义则本是为民众谋福利的政策。所谓党治、训政及一党独裁，从最后的解析说起来，本是一件东西。所以如果国民党能独裁，一方铲除破坏统一及阻碍中国近代化的阶级，一方则偏重于大多数人民的利益，则这种独裁的结果必定可以增加国家的权力，增进民族的经济地位，并得到大多数人民的赞助。

像中国这样一个一盘散沙、民智落后、能力微弱的民族，我们尚望其能进而成为一个近代国家，则国民党中兴，国民党能成为有力的独裁者的希望自然也不是没有。不过像它过去那样地缺乏能力、缺乏目的，则它当然不能成为独裁者，更不要说是成功的独裁者。

究竟国民党是否有独裁中国的可能，如果没有，何人或何党将为中国的独裁者，这些是本文范围以外之事，故不必再予推测。我所要重复说的是：中国需要生产上极敏捷的进步，而要达到这目的，则最好有一有力而又以全民族的福利为目标的独裁。为早使这独裁能实现起见，我们再不要耗费精力于永不易得到，且得到了也无实力的民主政治的提倡；我们更要防止残民以逞的独裁之发生。

一切的制度本是有时代性的。民主政治在五十年前的英国尚为统治阶级所视为不经的、危险的思想，但到了1900年以后即保守党亦视为天经及地义。我们中有些人——我自己即是一个——本受过民主政治极久的熏陶，对于这些反民主政治的各种制度自然看了极不顺眼。但如果我们要使中国成为一个强有力的近代国家，我们恐怕也非改变我们的成见不可。

（《东方杂志》第31卷第1号，1934年1月1日）

元强按：这篇文章是钱端升先生在20世纪30年代学界争论“民主”与“独裁”时的一篇代表作。争论一方是胡适、张奚若推崇民主，另一方是丁文江、钱端升和蒋廷黻赞成独裁，这场争论不能抽象地看，要放在当时的历史背景下来解读。

钱端升本来对民主政治充满信仰，但当时日本侵华，国难当头，反观德、意、苏、土的独裁体制，其经济上都有不俗的表现。他分析认为：由于国家间的经济竞争开始加大，无产阶级和民族意识抬升在行政体制中都已有体现，无产阶级专政会使一个党或一个阶级形成独裁；民族主义的抬升也会有一群人（或一个党）的代表要求实施独裁，阶级专政（或民族主义）和“独裁”应是孪生体。

钱端升认为抗战在即，国难面前，只要这个人（群或党）能有组织、有理想，能为民众谋实际福利的话，即使短暂实施“独裁”，还是可以接受的，民权政体如斗不过极权，还不如以暴制暴，毕竟一个民族的生存权比民主权在当时要更为优先，亡国面前还奢谈民主是不现实的，他认为当时只有“独裁”才可能将中国快速建成一个强有力的近代国家，避免在新的世界大战来临之际，整个民族或再次受到蹂躏，甚至亡国。

论极权主义

最近几年来，欧陆流行的两个政治名词实有一为介绍的必要。一个是“权力国家”（Authoritarian State），又一个是“极权国家”（Totalitarian State）。前者于二十年前即已见诸著述；后者则为法西斯主义勃起后，一个簇新的名词。前者的意思是指一个富有威权力量的国家；后者乃指一个权力广大、一切权力皆为所有的一个国家。两者多少是指一物而言的，但极权国家一词比权力国家一词有更精确的含义；而且就名词而言，因为极权国家是新起名词，所以也绝少有与别物相混淆的可能。

极权主义当然是对于民治主义的一种反动。何以见得？先让我说明民治的为物。我在去年元旦《东方杂志》所载《民主政治乎？极权国家乎？》一文中，尝说现代民治国家有五个共同之点，即：

第一，在这些国家中，各个人民，无论是挟资亿万的大地主大资本家，或是贫无所有的农民工人，在法律上是一概平等的。第二，国家的权力有限，而个人保留着若干的所谓自由权；国家如欲伸张其权力或限制人民的自由，则须依照一定的制宪程序；所谓制宪程序者大概都含有人民直接对某事表示意见之意在内。第三，人民有一代议机关，依个人平等的原则选出，较富有的阶级操纵较贫穷的阶级的事实，则法律一概不问。第四，议会中同时有两个或两个以上的政党存在，互相监督，且轮替执政。第五，为保障人权且限制国家权力起见，政府采分权制：没有一个国家机关，无论立法、行政或司法，能独揽国家一切的大权。

以上所述固不能算是民治的定义，但大家所公认的民治国家则无不具有上述五点。我们所以认极权主义为对于民治的一种反动者，即因极权主义之所表现者在推翻上述各点。在极权国家中，人民既不平等，亦无自由，亦无代议机关。政党只有一个，而分权的制度也不存在。在民治国家所认为天经地义者，在极权国家绝不能存在。

不特从内容方面说起来，极权主义是民治主义的对端，即从历史方面说起来，极权主义也是民治主义的反对者兼替代者。现今，自称为极权国家的有意、德、奥数国。他们的制度都是反民治的法西斯主义。法西斯蒂固然也同时反对社会主义或共产主义，但其主要的政纲之一即如反对民治及一切附带于民治而生的制度。墨索里尼反对民治，希特勒也反对民治，即奥国的现当局也反对民治。他们全是愿藉法西斯主义以推翻民治的。要是不以推翻民治为目的，则法西斯蒂便或不会存在。

自命为极权国家的意德固然是极权国家，共产的苏联及独裁的土耳其也是极权国家，因为它们的政制虽和意德不同，但其反对19世纪欧洲的民治制度则与意德如出一辙。它们全是反对民治国家及民治国家的一切制度的。

将极权主义与民主政治比较起来，孰优孰劣固然不能一概而言，但我相信极权主义绝不是一种肤浅的理论。在这里，我们应辨别极权主义与独裁的异同。

现有的极权国家——意、德、俄、土等国——固然全采独裁制度，不是一人独裁，便是一党独裁，最普遍者则为一党的党魁独裁，但我们不能反过来说，我们不能说一独裁就可以成为一个极权国家。我们须知极权主义包含着国家的权力应有极度的发展，而这无限制的权力国家又有敏捷且便利的方法以行使的意义，而独裁则仅为行使这权力的一种方法。前者固然必包含着后者，但后者则绝不能与前者有同样广大的意义。如果一个非极权国家而行使独裁，那不但没有必要，而且流弊甚大。一个极权国家一则不能不用独裁，再则独裁也不易成为一夫自私自利的专制。墨索里尼及斯大林等，专制则有之，如说他们自私自利，则恐怕太不公平了吧！

所以仅仅提倡独裁诚不免失之肤浅，但为极权而主张独裁则又是一件事情。为先决问题自然是在现代潮流之下，民治较为合式呢？还是极权主义较为合式？关于这个问题，我的见解偏向于后者。我的理由已详于《东方杂志》的那篇文章。民治已经有深长基础的国家，固然不必太急急于改制，但民治尚未实现的国家尽可向极权主义的道上走去。欲实现极权主义固是不易，但凭空建筑民治其困难更大。如果为应付现代国际及经济局势起见，极权主义较宜于民治，如果美国亦尚且有倾向极权的趋势，则一般国家又有何种理由不以极权主义为鹄的呢？

至于就吾国的需要而言，我以为我们应努力培植一个极权国家，以图立足于世界之上。我们不必抄袭民治的陈义，以自陷于无力量的低下地位。即就民权主义而言，民权主义本非民治，且与极权主义又并无不可相容之处；只有旧时的所谓独裁才不相容。

我相信国家的权力愈大，则独裁的需要也愈大，但所谓独裁不一定就是一人的独裁，一党同样可以独裁。究竟一党独裁与一人独裁孰佳，我国此时尚无这种问题发生，我国现时需要者即大家先应认清极权国家的必要，而不枉费时间于民治的提倡。

我在《东方杂志》一文中有下列一段话：

> 我以为中国所需要者也是一个有能力、有理想的独裁。中国急需于最短时期内成一具有相当实力的国家。欲使全国工业化绝非一二十年内能够做到，但在一二十年内沿海各省务须使有高度的工业化，而内地各省的农业则能与沿海的工业相依辅。只有这样，我们才能于下次世界大战时一方可以给敌人以相当的抵抗力，而一方又可以见重于友邦。欲达到工业化沿海各省的目的，则国家非具有极权国家所具有的力量不可。而要使国家有这种权力，则又非赖深得民心的独裁制度不为功。

上面所谓独裁当然不一定是一人的独裁，更绝不是旧时的所谓独裁。所以反对旧式独裁的理由绝不能援以反对我所谓的独裁，旧式的独裁我自己也可举出很多的反对理由。至于工业化先应在沿海各省实施，抑应在别地实施，则我也可以随专家的意见为转移，但无论如何决定，俱不足为推翻我主张极权的理由。

最近讨论独裁不独裁的文字颇多，而对于极权国家的意旨则转多忽视。我深愿国人先集中视线于极权国家的善成。至于应否有一人独裁的制度的问题，则暂时转没有讨论的必要。在制度上，我们早已有了一党的独裁。到了一党的独裁有改为一人的独裁的必要时，自可再予讨论。

（《半月评论》创刊号，1935年2月1日）

元强按：钱端升先生此文将“民权”“威权”“极权”三个概念作了比较分析。中国当时的现实，是暂时要先往“极权国家”推进，就是通过沿海工业化与内地农业化的相辅相成来实现国家实力的迅速提高。他认为新独裁与旧独裁是不同的，他的思想这时似乎有马基雅维利的影子，希望祖国快速强大起来，民族存亡之际，即便是一党独裁，也不能使中国在这次中日之战中惨败或亡国。

浅说民权与极权

目前的世界正值民主政治与极权政治作殊死战的当儿。全世界比较重要的国家，不是已经加入，便是将要加入。唯一的例外是苏联，即是苏联也不见得能永久置身事外。

这个大战绝不是短期内所可结束。德国自战胜法国后，已成了欧洲大陆的霸王。他又有意日及西班牙等若干小国做伙计。将他打败，需要长期的斗争。反过来，德意能否打败英帝国根本就成问题。即使有了日本的协助，可以打败英国，尚有美国有待于解决。而且无论英美胜或德意日胜，胜利的一方总须使苏联不站立在对峙的地位，才可以建设新的世界秩序。这当然也将使战事的最后结束多延长些时间。

在这个大战中，我国能发挥的力量可以大，也可以小。如果我们认清了这是真正的世界大战（1914至1918年的战争只是欧洲英帝国及美国的战争），认清了这大战是民主国家与极权国家的火并，认清了我们不在这边，定在那边，没有骑墙徘徊的余地及余暇，因而以最坚决的态度，协助甚或领导民主国家，打倒极权国家，则我们所可发挥的力量可以极大。我们容或可以一举而贯彻三民主义于整个的世界，我们容或可以一举而建设三民主义的新的世界秩序。如果我们不承认欧战及亚战会合而为一，不承认民主国家与极权国家会有严整的分野，一方面虽抵抗极权化快要完成的日本，一方面于欧战的双方却又不肯有所抉择，徘徊歧途，多所矛盾，则我们在这大战中所可发生的力量，必然小而又小。甚至于打败了日本，还是不能独立自主。

我们对于民主政治与极权政治间要有所抉择，不能稍存惰性，也不能丝毫投机；不能因为我们讲了民治已有三四十年之久而不敢毅然放弃，也不能因为德国最近有空前的胜利而趋炎附势。我们的抉择不但应以民族的利益为前提，而且更应以人类的将来为前提。我们所处的时代是大时代，我们应有的气魄是大气魄。

民主政治在西方已经有了六七百年的历史，一二百年的流行。无疑地，他代表一种进步，他给了个人以尊严，使个人脱离了贵族及君主的桎梏。数百年来，民主政治的怒潮所及，贵族政治与君主政治无不披靡。数百年来，只有民主政治代替贵族政治与君主政治，尚无君主政治与贵族政治代替民主政治的事迹（短期的复辟等等当然不算）。由此可见，在人类文化演进的过程中，民主政治是迄今为止最进步的制度。

但是，民主政治——迄今为止——也有两大问题未能解决。民主政治在18世纪本喊着自由、平等、博爱三大口号；当时，也确曾谋过这三个口号的实践。不幸到了19世纪工业文化降临后，自由与平等间发生不可融洽的冲突。如尊重自由，则资本家与劳动者间的不平等愈是尖锐化。如实行社会主义以消灭社会上的不平等，则企业自由必受限制。先进的民主国家，如英美等国，狃于习用的自由，既不肯放弃企业自由，更不愿任政府负担向为私人所负担的职务；于是平等的原则从无实现的可能。美国罗斯福任总统（1933），推行“新政”，稍稍往平等的方向走去，则又为国人多方牵制，迄今也未有太大的成就。

民主政治第二个大失败是迄今未能建立一个博爱的世界秩序。1920年的国际联盟是民主政治关于这一方面的最大贡献。但因民主国家本身缺乏理想及决心，以致国联成了一个历史上大失败之一。世界秩序既未建立，于是极权政治以及与极权政治不可分离的独给经济（Autarchy）随之而生。民主政治既未能防止极权政治的产生，迨产生而后，又不能与之作经济上战备上（二者是不可分的）的竞争，于是乃有英法之败，德国之胜，与美之恐慌。

极权政治，无疑地，产生在民主政治缺点之上，而且对于民主政治将有极大的影响。如果极权国家能战败民主国家而消灭其势力，民主政治或将永不存在。法国最近的经过即此种变化的前奏。即极权国家失败，民主国家胜利，民主政治亦必将发生若干重大的变化。何以故？第一，极权政治既因为民主政治有重大缺点而产生，则为根本消除极权政治的复萌起见，民主政治本身不能不有一番重大的更张。第二，因为在抵抗极权国家的过程中，民主国家对于其政治及经济的制度也得有一番的调整，才有应付极权国家的力量。

极权政治对于民主政治虽将发生重大的影响，但无代替民主政治的可能。假设极权国家获胜，民主政治消灭，极权政治也不能长，极权主义只是在破坏方面有贡献，而在建设方面无贡献。极权主义建设在战争之上，以战争为美德。就令民主国家一一毁灭，极权国家之间仍须互战。就令德国能征服意大利与日本，尚有苏联有待于征服。是以极权主义必将与战争共终始，极权主义一天不消灭，战争也一日不停止。在此情形之下，世界与人类只有往毁灭的道上走去；世界秩序绝无建设起来的可能，其可能性且远比在民治主义之下为小。人类为自存起见，也总得起来扑灭极权主义。

这是就族与族的战争而言，就个人的生活而言，极权主义也是百无一可。德国固然因极权化而强盛了。但强盛的德国并不能增进德国人民的福利。强盛德国的目的在征服邻国，征服世界。德国愈强盛，则德人愈须在战争中过生活，直至全世界征服为止。就令全世界俱为德人所征服，全世界成了一个组织，全世界其他种族俱在德人领导之下生产消费，再没有战争或内乱发生，这社会也必是强凌弱，大欺小，有阶级，不平等的社会。德人自是统治民族，但德人之中也有阶级之分。至于个人的自由及尊严则更说不上。在民主的社会之中，虽无平等，尚有自由。在极权的社会之中，自由平等将两俱难存。

由上以观，可知极权主义即能消灭民主政治，仍不能代替民主政治。民主政治消灭而后，人类仍须另觅出路以谋自存。在中国的历史上已有前例可援。春秋战国的制度固然有种种缺点。因为有缺点，所以秦能消灭六国统一天下。但秦始皇的暴政却不能永久存在。消灭战国的制度者固是无制度有力量的秦，但代替战国的制度者却是有制度的汉。我们人类目前最重要的工作就是如何使六国直接进为汉，而避免有秦一代的残酷毁损。我们不否认这工作的困难，但我们却不能不有此勇气。

实行三民主义就是人类当今的生路。西方民治国家能尊重个人的尊严，却未能使国家有充分的权力，也未能使社会主义有满足的发展。极权主义能使国家有大权，却忽视了个人的尊严，并引起了民族间人类间不断的残杀。苏联的制度颇能实行社会主义，却也未能充分注意个人的自由。只有三民主义可以补救民治的短处。民权主义尊重自由精神本与民治主义一致，但在制度方面则目的在藉国家的权力以实现平等的原则。民生主义是社会主义，但民生主义的社会主义不以阶级为出发点，因之不妨害个人的尊严与自由。民族主义的最后目标在建设各民族互相尊重的合作大同世界，所以大可补救民主政治未能建设世界秩序的缺点。

一说到三民主义，读者易有老生常谈八股文的感觉。其原因则由于自来一般论三民主义者每忽视孙中山先生创此说的背景，与其所要达到的广大目的，而反偏重于孙先生关于三民主义的本文。孙先生的本文本不精深，而孙先生的看法却极独到，目的却极宏大。世人不于孙先生独到及宏大之处着眼，而只斤斤于疏简的本文，于是三民主义乃大失其色。实则三民主义却从未因解释者的浅狭而失其伟大。

我们处此民治与极权作恶斗之日，务须认清极权主义的毁灭性与民治主义之可以改良，务须以三民主义救民治之短，务须从速建立三民主义的中国，并进而感化民治国家及苏联，使之仿效我们，同时则以全力协助甚或领导民治国家，击毁极权国家，使人类元气得以多所保存。

因为我们是在一个重要而危急的时代，我们不但应知我们所应采的态度与所应任的工作，而且应积极组织我们的力量以担任所应担任的工作。我们应悉心悉力拥护建设人民有权政府有能的民权国家，我们应悉心悉力抗日，我们应与民主国家保存最大限度的合作。

（《读书通讯》第9期，1940年9月1日）

元强按：钱端升先生在1940年经过多年对法西斯德国和意大利的观察，深刻认识到虽然“极权政治”暂时战胜“民权政治”，但无人身自由和尊严的“极权政治”无法建立起一个自由与平等的世界新秩序，他认为“民权政治”制度目前还是人类最好的制度，显示了他对民主政体的最终信仰。

论自由

自由一词在西方本久成争论，但争论的焦点只是自由的范围，而不是自由的需要与不需要。西方的国家只有两种，一种是拥护自由的，又一种是根本反对自由的。这两种国家俱有坚强的意见，或是要自由，或是不要自由，他们都不讨论要不要自由的问题。只有在法国大革命的时期，“自由”一词尝被各方滥用。不知自由真谛者以为自由即放任，于是许多罪恶俱假“自由”的名义以行。反对自由者，因在自由的潮流之下，不便明白反对，于是极力攻击误解的“自由”，藉以破坏真“自由”的声誉。但自法国革命以后，在西方，因为弄不清自由的真义而狂争，或是故予自由以错误的意义，再力加攻击，已是百余年不见之事了。

用最简明的说法，“自由”有两点意义。第一，从人群的本性及人类的进化史上，我们发现成年完好的人须有若干种必不可少的行动及思想上的自由。有了这几种自由，他才觉得生活是值得的。有了这几种自由，人群才能产生并增进文明。第二，因为这几种自由是人所必不可少的，所以人群的最高权力所在——国家——不但不应据为己有，而且应力予保护，使人民（即国家之下的人）能充分享受这些自由。

自来学者们及法律上所说及的自由不一定是人类所必不可少的。例如美国人大多数迄今仍视财产为神圣必不可少的自由。在18世纪之末，社会中分了许多阶级，一般人民不能对于他们所耕的土地或他们所赖以操作的工具享有完全的自由权。于是就各个人民言，虽工作而不一定有收获；就社会整个言，生产的质量数量俱极低微。在那一种的时代，将财产权的享受列为自由权之一，使国家不能偏袒某一阶级，自是一件好事。我们甚可说在那个时代，财产自由权成了人所必不可少的自由。我们如果在大革命以前的法国，而又不属于僧侣贵族的阶级，我们一定也会感到财产自由是需要极了。但是到了现代，在大多数的国家内，财产权却不是必不可少的自由。现在旧式的阶级制度早不存在，在新兴的阶级中，资产阶级即是好言财产自由的阶级。国家保护财产自由，即等于助资产阶级积聚更厚的资产。这显然与人群好平等的本性相反。且大革命时代，人民尚不知有社会主义的思想。现在，国家可借社会主义的生产制度以均人民物质上的享受。故财产权的保护也失了必要。不特财产自由因时代的进化而不复是人群必不可少的自由，即职业自由、工作自由，等等，不是已经失了必要，也快要失了必要。何以故？因为在昔时，国家如不保障这些自由，则弱肉强吞，社会上的有力分子一定会欺凌软弱分子，使从事后者所不愿而于前者有利的工作及职业。在现时，则国家权力有增加，体力及智力的测验有进步，且国家又需要大规模的生产，如国营企业、集体农场、托儿场所之类。在这情况之下，国家如有权指定人民的职业及工作，自可求相当之平，且亦尽可不生强凌弱之弊。

自来学者们及宪法所公认的自由中，其关于经济生活者，殆俱无永久的绝对的必要性。如果社会进步尚未至相当程度，则保障这些自由可以减除社会上的不平等，也可以促进社会的进步。如果社会进步已到达某种程度，则保留这些自由不但没有必要，而且有时还可妨碍国家作有计划的较大规模的社会改造及建设。

但是有若干种与经济生活无关而与精神生活有关的自由，则不论社会情况如何变迁，总是于人类为必要的。这些自由俱与意见有关，如言论自由、思想自由、出版自由、集会自由、结社自由，等等。人为万物之灵，其所以灵者，乃因人类兼富于共同的本能及个别的本能。人各有本能，人与人亦各异，如果无此个别的本能，则人与人间观摩参考改进的可能将不存在，而整个人类的文明将无增益的可能。同时，人类亦有共同的本能。自原始至现代，人类个别的本能，其宜于为全人类所共有者，积长时期而后，每成了人类整个的本能。人类如缺乏这同化及吸收的力量，则绝不能凌驾万物之上，而产生控制大自然的力量。保护意见的各种自由，而使之充分发展，即所以使人类能一方表现其个别的天赋，又一方增益其共有的文明。如意见一受限制，或是国家只准其人民有某一种固定的意见，罔论人民未必能历久容忍而不图抵抗；即使人民能甘受此种限制，其结果亦只是使人类个别的表现日趋贫乏。历久而后，人类且失其灵觉。坐视人类整个的文明亦将因滞着而逐渐退化。

现今英美瑞士等国，因为其统治阶级尚未能超脱资本主义，故对于我所说关于意见自由的主张虽表同意，而对于我所说关于经济生活的自由的主张则未能表示同意。至于极权国家则反是。他们视统治人民的一切生活为当然，故对于我所说关于经济生活的自由主张表示同意，而对于我所说关于意见自由的主张认为落伍。实则民治国家对于其国防的需要不能早日满足，对于其人民富力之不能相当平均，即犯了维持财产自由及职业工作自由（甚或连不工作自由在内）之过。极权国家人民之只知有国家而不知有人类，只知贪侵略作战的便宜而不知和平所能给予人类的幸福，只知有告密互杀清党而不知有和平讨论及感化，即是犯了不尊重意见自由之过。两种国家各有其短处。我人为国图谋，良应舍两种国家之短而取其长。

论中国人的民族性，意见自由亦为历代流传的美德。文字之役在西方为专制时代的流行病。因为流行，故英国之首倡意见自由成了西方政治史上的一件大事。在我国，文字之役及类似的风波为例外之事。因其为例外，所以文字之役在中国政治史上被史家所大书而特书。中国人本性好和平，讲理性；相忍成了民族的美德，消极抵抗高压成了民族特有的武器。这种好意见自由的性格，善导之，可以使民族日趋文明；高压之，则必使民族丧失了灵魂，无所措手足。

论中国今后的需要，意见自由更不可少。我已经说过，我们需要一党秉政的政治制度，而这一个党应为中国国民党。国民党如要负起这样大的责任，则必须吸收全国的英才，以实现三民主义为己任。而要吸收全国的英才，则必须让全国有思想的人士，有充分的意见自由。能于自由的空气中显出三民主义的优良与适应性，方能真正做到党外无党的止境。如国民党单凭武力以铲除异党，则即使服从，也不是心服，而况是否可以有永久服人之力也成问题。

论国民党的党义，不特三民主义中无仇视自由的言论，而且孙中山先生之拥护自由是毫无问题的。中山先生在民权主义六讲中所以反复申言中国革命无须提倡自由者，并非说自由可以不要，乃因中国向重自由，故提倡并无急需。中山先生又痛斥学生罢课而美其名曰自由，军阀抗命而美其名曰自由。这里中山之所痛斥者是罢课与抗命，而不是正当的自由。正当的自由，中山先生固亦十分重视。观其所述西方民治发达史中自由与平等两说所居地位的重要，又观其所发实行三民主义即所以保障真自由、真平等的议论，可见中山先生心目中对于自由的重视，固丝毫不亚于一班民治论者。又观其手定的《国民党之政纲》对内政策第六条亦有“确定人民有集会结社言论出版居住信仰之完全自由权”之语，更可见中山先生对精神自由之绝对重视。

中山先生以后的国民党人，尤其是近数年的国民党人，往往对于自由表示仇视态度。有许多人往往混自由与放任为一谈，以攻击放任者攻击自由。又有许多人将个人自由与民族自由置在极端不相容的相反地位，以为要有民族自由便不能有个人自由。实在不知自由为何物而妄加攻击者，或尚可原其愚。如知自由的真义，而有意加以排斥者，我以为实在对不起中山先生，对不起三民主义，更将使中国国民党不能成为网罗全国英才以实现三民主义的政党。如果这些排斥自由之人是崇拜极权主义者，则他们应受纠正；其不受纠正者应被排斥在国民党之外。如果这些排斥自由之人是由于无知，则他们应多读中山先生的遗教；其不受教者，亦不是国民党应予继续容纳的党员。

但保障与精神生活有关的自由是一事，而保障与经济生活有关的自由又是一事。前者应受绝对的保障，后者则不必在保障之例。我深觉中山先生以后的国民党人对于前者未能够普遍地尊重，而对于前者后者之间又未能为充分的分别。《训政时期约法》第二章中，对于前者称“自由”，而第四章中对于后者也大都称“自由”。《五五宪草》对二者已作较显的分别，但论者仍常将二者并重或并轻。

反对自由的人或将曰，中国今正在作战时期，凡逢作战时期，即西方民治国家人民所享自由亦受限制。我的答复是：今之反对自由者大都是根本不要自由，而不仅是抗战期内不要自由。而且在民治国家，即在作战时期，人民自由的限制亦仅以不妨害作战为限。我绝对赞称在作战时期，国家限制可以妨害作战的各种自由，如通讯自由，或反战言论等。限制的法律不妨求其严，但滥用法律的可能则又务必求其小。我们国人，尤其我们国民党人应自己检点一下，我国今日所施行的各种限制自由的办法固全是为作战而限制的呢，抑或有许多是为限制而限制的呢？为求国民党能网罗全国英才起见，为求三民主义能为全国人民所理解深信起见，为限制而设的限制是否将生缘木求鱼的结果呢？这实在是当今的重大问题之一，这不仅是一个抽象问题。

（《今日评论》第4卷第17期，1940年10月27日）

元强按：钱端升先生将“自由”归为人类进化和进步后所具有的基本特质，“自由”和人的尊严有关，人们行动与思想的自由也是人类追求的基本目标之一，它和“放任”不能混淆，两者根本上就是南辕北辙。自由是平等和民主的基础，没有真正的自由，就不会有真正的民主、科学与法治。

今后世界民权建设之展望

我可以想象，距今百年或更远的史家，追溯到1920年至1970年这五十年的世界史或是政治制度史的时候，会将此时期当作民权发达过程中空前绝后的危险时期，而同时也是一个最光荣的时期。

自1922年法西斯党在意大利取得政权，一直到1940〔5〕年希特勒主义及大和主义最后崩溃，这二十余年间，无疑地，民权主义遭逢了空前的大危机。反民权的极权主义本不能长久存在，也不能通行全世界；它自身所含着的极端毁灭性必定得极端地毁灭了它本身。但在它本身毁灭以前，它尽可毁灭民权主义，毁灭人类文化，甚或毁灭人类本身。极权主义好比一种醇酒，它可以毒杀人，但它也有麻醉力。我们如回忆到当极权主义澎湃全世界之时，即使在像民权最发达的英美等国内，也泛滥着这种主义的毒流，我们便不难认识民权主义所遭遇的灾难。

危机是大得空前，幸而这也是绝后的大危机。经过这一次民权与反民权的大斗争之后，我以为民权主义将永不再遇到凶暴的敌人或是严重的威胁。

民权主义的基本观念是人格的尊重。因为尊重人格，故自由平等的观念与人人得以参政的观念随之而生。没有自由，人不能为人，不能异于牛马机械。不能参政则得不到自由或平等，故其人格亦得不到尊重。从人格的立场来观察，古代的君主专制或贵族政治与今代的领袖主义（德人称为Führer-prinzip）或一党专政均是民权主义的敌人。这些政体无一能尊重人格。而在这些敌人中，无疑希特勒的极权主义是最蔑视人格者。希特勒最看不起人。不特非德意志人他看不起，即使德意志人他也看不起。不特非国社党的德意志人他看不起，即使国社党的德意志人他也看不起。他所看得起者只有他自己。他的主义实在集了一切反民权主义的大成。他的领袖政治的专制甚于古代君主政治的专制，而他的党徒之擅作威福，凌虐平民，亦甚于古代贵族之擅作威福，凌虐平民。我所能想象的愚民反民的理论，或反民权的制度，实不能再过于希特勒主义之登峰造极。自今以后，民权主义纵然在若干国家仍可遭遇敌人，逢到挫折，但就整个人类社会而言，民权主义再不会遭遇像过去二十余年中所遭逢的威胁。所以希特勒主义的败灭即民权主义对于其最大可能的敌人的胜利。所以我说，将要过去的危机是民权主义永不会再逢的大危机。

民权主义能战胜其最大可能的敌人是一种光荣。但民权主义的光荣尚不止此。民权主义与希特勒主义作殊死战时也遇到了不少严重的问题，受到了不少宝贵的教训。这些教训将使民权制度内部起着数百年来所未有的变化，而这些变化于最近二三十年内可以得到大体上的实现。1920年至1970年这半世纪之所以可望为民权发达史中最光荣的一页者盖在此。

下列五个问题有待解决，而且必定可以得到满意的解决。

第一个问题涉及人民代表之如何产生。关于此事，民主国家于大危机发生以前本有许多争论，争论的焦点为如何可以使代表机关真正反映民意。亦有许多改善的建议，其重要者有二：一为比例选举制，其目的在使大小政党得到比例于党员数额的代表名额；二为职业选举制，其目的在使代表者，可以代表各种职业或生产团体。比例选举在两党制的国家本无多大需要，而在多党制的国家则产生了增加民意分歧，减少国会力量的趋势。职业代表在民主国家从未有过试验，而在反民主国家，如意大利，如战前的巴西，则反成了独裁者的一种工具。战后民治的最大敌人既告消灭，而求善之心又极殷切，无论仍就比例选举及职业代表两制加以改善，或另拟新制，以增加代表机关的代表性，其实现的可能自必大于过去。

第二个问题涉及人民与其代表间的关系。研究国家学者对此问题本有两个相反的见解。第一种见解以为代表是人民的领导者，一经选出，代表可以凭良知为主张，不受所代表者的意见的拘束。第二种见解以为代表为人民的喉舌，人民如何主张，代表便如何主张，不容巧立己意。第二种见解不易成为事实，而第一种见解有违代表意愿，两者均有变通必要。现代报纸发达，交通便利，如采第二种的理论，而辅以人民得有创制复决之权，自较近情合理。然创制复决究应依附立法而实施呢？抑应仿英美办法，藉较频繁的大选以总检讨过去及未来的一切大政呢？亦仍有研究的余地及解答的必要。

第三个问题涉及多数与少数间关系。民主国家必有多数与少数相峙。如果为少数保障少数权利之故，而畀少数以否决多数的一切决定之权，则必致政事无法推行，国且不国。如果侧重国家的方便，而藐视少数的利益，则所谓多数者，必定先则故步自封，渐与民意隔绝，终则为一二领袖所篡夺，多数政治成为寡头或独大的政治。此多数与少数之争究应如何平衡而可以一不妨害政事的推行，二不剥夺人民的政权，诚有赖于有力的舆论的存在。英美之所以有平衡，良因他们的舆论势宏力大；苏联或战前的法国因为缺乏有力的报纸与公开的论坛，于是便发生多数专制或少数牵制的流弊。但是经了这次大战之后，这平衡应当是可以存在于任何民主国家的。

第四个问题涉及国家权力与人民自由之争。国家权力愈大，则人民愈难保有自由；人民保有完全的自由，则国家的力量又未免嫌小。极权国家的失败将使国权无限之说成为学理上的笑柄。人民赖以生存、人格赖以陶冶的各种自由，如身体自由、思想自由、交换意见自由等，绝无横加限制的理由存在。但国家之权虽不可侵及与人体人格攸关的自由，而为全民增进社会福利起见，如关于卫生、教育、保险等方面的设施，国家之权却应获得尽量的发挥。英美及斯堪的纳维亚诸国，近数十年在此方面国权的增加，最是合理。战后的民治国家似均可循他们的路径以求进步。

第五个问题涉及国家权力对外的限度。依旧日主权无限之说，国家对外绝无法律上或道义拘束。国家如有实力，它尽可向外求发展，即侵略亦不受限制。此种理论近常大为极权国家所利用。苟战后民主国家仍坚持主权无限之说，而不能勇敢地接受国际社会及国际公法之约束，则侵略主义仍将存在，而民主国家仍无法安居乐业。为求民主制度的安全起见，国家的主权绝对有归纳于国际社会的范围以内的必要；离开了人民的利益，国家也绝不应有所谓国家的利益。

世上民主国家民主化的程度本不一致，先进国与后进国之间大有里程上的差别。但经此次大战，民治大敌极权主义败灭而后，任何国家之必须循民治的大道以求进步是无可疑义的。在此大前提之下，一切国家，无论先进或后进，均须对上述五个问题作研究，求解答。大战前及大战中的经历，我以为将使他们作同一趋势的解决。这五个问题解决而后，民治必将达到一个从前所没有到过的辉煌境界。这不但是我所企望的，而且也是我所认为最近二三十年内所必有的事。在这个灿烂的时期中，不民主的与民治不太发达的国家当然也会自动地或被动地随着巨潮而前进。我们对于今后世界民权的建设所以尽可乐观——固然我们也应因之而格外努力。

（中山文化教育馆民权组编：《民权建设中的世界与中国》，中华书局1947年版）

元强按："二战"结束后，民主战胜了极权。未来的民权政治将如何发展？钱端升先生提出五个问题供大家探讨研究，实行民主，人民代表如何产生？人民和代表应该是什么关系？多数与少数的关系如何平衡？国家权力与人民自由的尺度怎样最合理？国家主权未来是有限还是无限？也就是说一个国家的主权是否受国际法约束，这些问题至今都是许多实行民主共和体制的国家尚未完成的任务，当然也是国家治理与全球治理中不可回避的几个重要问题。

辑二　政党与政治制度

党治与舆论

民国十余年来，国内的舆论不自由极了。除了民元民二之间，国民党当权的时候，舆论比较还算有声有色外，此后真是每况愈下；近几年来直奉军阀盘踞中国的大部，封报馆、扣报纸、杀主笔、摧残舆论，更无所不用其极。这回革命势力扩张到长江流域，全国舆论中心的上海也归入革命版图之中，大家都认为舆论否极泰来的时机已至。不幸近数月来，军事倥偬，党国多难，希望与事实未能全然相符，所以一部分人就怀疑国民党也是不能扶翼舆论，甚至于讥党治下的舆论比以前更是不自由。

这种怀疑的发生，大部分是由于一般国民未能充分了解党治的意义。稍知欧西政治情形的人们好以欧美的政党比我们的国民党，以政党政府比我们的党治；依他们的意思，欧美国家的政党当权时总是能容忍反对党舆论的存在，故国民党也应得容忍研究系、政学系、醒狮派舆论的存在。有这种思想的人根本上就不懂得国民党的性质和使命。国民党是不能和英国的保守党、工党、自由党，或美国的共和党、民主党同样看待的。国民党是一个革命党，它的使命是整个儿的革命，并不是像通常政党的范围浅狭，仅不过主张零星改革；它的党员应是赞成革命的民众的全部分，并不是像通常政党的只能容许一部分人民加入。所以在英美等国，好几个政党能同时存在，并行不悖，而在中国只能有一个国民党，不能有其他的政党。我们不必说国民党以外的所谓党——什么进步党、研究系、交通系、政学系、新中国党——从来没有成为像欧美的所谓政党，真正的政党，即使有之，也没有在中国存在的余地。如其这些政党大体是赞成孙中山先生的国民革命，他们就应得加入国民党；如其不赞成国民革命，那他们就是反革命，应得在打倒之列。国民党和通常所谓政党既如是不同，以国民党治中国之所谓党治和通常之所谓政党政治也就根本不同。欧美的政党政治实在是不过数党的轮流专治，若是再取摧残反对党的方略，那就变成一党专治，进而至于少数专治了。国民党的党治是全体革命民众的政治，当然用不到去保留反革命而且反国民的党系了。因此在党治之下，只有拥护国民革命，和同情于国民党的舆论才有扶植的价值，保护的权利；其他的舆论，或是反对党的，或是反革命的，不但不必扶植，不但不必容忍，而且应当老实不客气地取缔，不如是国民革命的路程上便多阻碍了。

然而反革命的舆论固应严厉取缔，而赞助革命的舆论，尤应竭力奖护。前者是消极的，后者是积极的，做了消极的工作，尤不能不做积极的工作。我们应得知道，舆论是近代国家的形成物，只有专制国家无舆论，立宪国家不能不有舆论，立宪国家是以民意为基础的，而舆论实为民意最有力之表示。舆论可以监督政府，纠正政府的差误；舆论也可以辅助政府，替政府消除障碍。凡是一个政府，就像常人一样，没有一个能私〔丝〕毫无过失的，有了舆论，政府就可以时时对镜自照，改过不遑。政府施政的时候，不论所施的为何事，总有一部分人不免要怀疑或反对，有了舆论去开导或声讨，施政也要容易得多了。中国现在虽然尚未到宪政时期，以后总得要实行宪政的，那就不能不尊重舆论。即以现在而论，我们也时时刻刻想跨进法治的康庄大道，要做到这一步，也非扶植舆论不可。

上面已经说过，反革命的舆论应当取缔，赞助革命的舆论应当扶植。赞助革命的舆论中，又约略可分为两种：一是称许革命，宣传国民党宗旨的舆论；一是批评政府方略，甚而至于指摘政府用人行政的舆论。

称许革命和宣传国民党宗旨一类的舆论，不用说，是应当扶植；不但如是，这种舆论简直是应当积极奖掖，甚至由党国自行办理。各级党部宣传部的工作本来就是专门为制造这种舆论；同时中央也已经有几种日报和定期刊物。我们以为此项舆论机关的规模还不够大，数量还不够多，而中央党部和国民政府还应当加增利用他们的机会。自办报纸的好处就是能替自己政策做先容，政策没有发表或实行以前，报纸就替你鼓吹；然后政策发表或实行时，冷淡的变为热烈，反对的变为赞成，不易行的也易行了。举几个例罢，此次日本出兵的事件，中央当然有中央的方针，中央在发表什么宣言或政策以前，若有时间，就应当令它的机关报先期鼓吹，如是，民众的言论及举动就不会和中央的意旨出入了。再说关税自主那件事，关税自主是怎样一件重大事情，而南方民众对于此事的兴趣，还远不及前年北方民众对于特殊关税会议的兴趣，何以故呢？这也是中央事前没有令它的机关报下预备功夫，事后也没有指挥他们鼓动民众的兴趣所致。民众的热烈的同情是不可不引起的，到了帝国主义者以暴力阻止我们征收新税时，再鼓动民众也来不及了。

政府应当掖助且指挥恭顺的舆论，任何人也不会反对的，但是批评的舆论也应当扶植。反革命的舆论根本是不利于革命的，批评的舆论却不一定是反对革命；所以反革命的舆论应取缔，而以真实的态度，革命的目光，批评政府的方略或用人行政的议论，不但不应当与反革命的舆论混在一起，而且应当绝对的尊重，庶几能“过则改之，无则加勉”。国民党是不能容别党同时存在的，若是它的政府又不能虚衷采纳批评的言论，必至于壅塞自满，不能与民众及时代接近，结果不是腐化，便是专制化。并且，不能容纳忠实的批评往往就加增反对派的势力。苏俄的革命是否合于俄国的状况，我们可以不问；我们但知道苏俄的党治，因为太钳制舆论的缘故——反革命的及批评的都在内——在党内则少数人异常专制，而党外的人永远不肯加入或赞成革命。苏俄的弊政就是我们的殷鉴。所以我们以为，不特党员的批评应当予以考虑或采纳，而非党员的批评也不应一概不理，更不应轻轻以反革命目之。

当然，批评也须有一个限度，绝不是说谩骂或讥笑也值得扶植。为维持民众对于政府的信仰起见，已决定的政策或已执行的事件最好也不让人家任意訾议，不过这并不是绝对的，假如政府一时失察，用了一个腐化分子，那当然还是可以继续指摘的。到底怎样才算批评，怎样是谩骂讥笑，怎样是反革命的舆论，虽则不易详确规定，但是他们不同的点，只稍心平一点，是不难一一分别的。

还有一层，反革命的言论固然应取缔，谩骂讥笑的论调固然应禁止，但也须有一定的准则，绝不是可以随随便便取缔或禁止的。在军政时期，事实或许不能不马虎一点，在训政时期中，不可不走上一定的轨道，所以党部或政府应当早日制定出版条例，庶几因作反革命言论或取谩骂讥笑论调者，也得经过一定的手续后，才得处分，如是则值得扶植的舆论，更无误被取缔的危险了。

反对党治的人总说，党治下无舆论，这原是厚诬党治的言论。所以国民党要积极提倡舆论——批评的和称许的应一样待遇——才能扫除这种污蔑咧。

（《现代评论》第6卷第139期，1927年8月6日）

元强按：1927年北伐接近胜利，政党之中，当时的国民党一党独大，“宪政”尚未提上议程，“党治”却是现实。“党治”下的舆论，应该走向趋紧还是更加开放？钱端升先生对此提出了自己的见解。他认为舆论可以监督政府，也可以辅助政府，还可以消除障碍，他认为既然国民党想跨进法治的轨道，扶植舆论不可不做。钱端升先生考察了苏俄的党治，观察到苏俄由于太钳制舆论的缘故，加之党内少数人又异常专制，真心赞成革命的就会减少，苏俄当时的弊政正是国民党的前车之鉴，因而他建议国民党要积极提倡舆论，对于国民党的批评和赞许应给予一样的待遇。

党治与用人

用人——如何可以任用相当人员去担任相当职务——真是政治上最不容易解决的一个问题。凡是政府，任凭它是独裁制也好，共和制也好，法治也好，人治也好，总得用人。在独裁的，无法律的，以当局者的人们为主体的国家，官吏用得其当与否固然十分重要；在共和的、法治的、以人民为主体的国家，用人的重要也并不稍减。政府根本是人所主持的组织，法律制度也得有人去执行或运使的；所以离开了人，便无政府可言，没有好官也绝没有良善政府。中国古来谈君德，总免不了“举贤任能”“亲贤人，远小人”那一套陈话，近代西方国家也没有一个不因用人失当，而发生过纠纷，可见古今中外的国家皆有“才难”“用人更难”之慨。

在现今的中国，用人更是一个大难题。国民党不仅是主张以党治国的，它的党治和欧美各国的所谓政党政治也大不同。

在欧美各国，两个以上的政党可以同时并存，在中国则只有国民党去实行国民革命，去消灭一切反革命的势力，去统治全国。所以在欧美各国，甲党代乙党而兴时，乙党的党员尽可照旧供职，不必回避；而在国民党统治下的中国，就发生非国民党员是否可以充任官吏的问题。

我以为官吏是否必须以党员充任，当视他所负职务而定。原来官吏可大别为二种，一为政务官，一为事务官。政务官如各部部长及其他重要官吏，位高权重，握政府的枢纽，定施政的策略。在实施政党政治的国家，政党为贯彻党的政策起见，恒用本党党员以指挥政务，故政务官的任免完全随政党为转移，何况在唯一政党的国民政府。所以国民政府的政务官，不消说，必须国民党员，必须忠实的党的领袖，始可充任。

事务官与政务官所掌职务的性质不同，这可从“政务”“事务”四字的字义分辨出来；政务官有共同决定大政的权责，事务官不过秉承政务官的意旨，以执行赋予的职务而已。事务官的任用，在先进的欧美国家，大率以才能为标准，而采用所谓“功绩制度”（Merit system）。欧美在没有采用“功绩制度”以前，事务官的进退悉依政务官的爱憎为标准，植党营私，用不得当之弊，随在皆是。美国的所谓“俘获制度”（Spoil system），尤足使政象杌陧不安；任何政党取得政权时，辄视政府一切的机关和位置为俘获品，异党的官吏，虽称职者亦必免职，概以本党党员接充，而不问其贤不肖。在这种制度之下，不特政党的一起一伏足以使一切行政中辍，而行政的窳败亦属不可逃免的现象。为扫降［除］积弊，增加行政效率起见，欧美先进各国于19世纪下半叶先后采用考试制度，凡事务官，除少数有特殊情形者外，必经考试方得录用，有才者取，无才者弃，不问其党或不党。他们的升降退休也经法律规定，受法律保障。经此而后，欧美的政治渐渐进于光明的途径上，政局尽可变动，而行政仍得继续，植党营私、任用私人的弊病，也就一扫而空。

中国虽则是党治的国家，但是事务官的任用也绝不能独异于别的国家。事务官的职务大部与党义无涉。譬如市政府所任用的一个建筑工程师，他的兴趣是建筑，他的职务也是建筑，只消他有专门学识，能称职，无论他是不是党员（是当然更好），总是一个好官吏。在人才不多的中国，假使因党籍的问题，而摒弃有专门才具的人们，使他们无所效忠于党国，那真是自杀的政策。况且才识足以自立的中国人，受了“君子朋而不党”的余毒，往往不肯轻易加入政党；这种思想固然错误，然而具这种思想的人，其人格总比投机分子的要高些，这种人不可用，那中国可用的人更少了。

但是，无论你怎样延揽贤能，中国的人才总是不敷；一旦国民政府有余力从事于建设事业时，更是不敷。救济的办法，最好设立行政官吏养成所或专门学校，招收青年有为的学子，给以相当的训练，庶几四五年后，行政人员的来源可以不绝。事务官中，任征收及会计（聊举一二为例）等职者，应为十分专门的人才；中国财政的腐败就是因为征收及会计官吏向来是全从经验淘炼出来的，他们的舞弊的方法，真是层出不穷，而政府又无新式人才以替代他们。所以造就有智识的财政官吏，实为急要之图。财政官吏是这样，其他的官吏也是这样。

考试权本是中山先生五权宪法中的一权，国民党如果要得贤明的官吏，应得及早施行考试制度。从理论上说起来，考试虽未必是最好的制度，但是从世界各国的经验上说起来，考试总未失为免除任用私人的唯一办法。党政府所任免的官吏，不称职的人很是不少，若是有了严密的考试制度，至少那些最不称职的人便无由进身了。

以上所说的——设专门学校、施行考试制度——都是欧美各国通行的制度。但是国民党统治的中国毕竟和西方各国不同。国民党若拿出全副革命精神来解决用人问题，以实现党治的真意义，那么，不论政务官或事务官，有几种人是根本上要不得的。第一是夤缘无耻、操守尽丧的官僚。在本年的二三月间，北京的大小官僚真是着慌，他们深怕革命军到北京的日子，就是他们革职永不叙用的日子。谁都知道北京的官僚——当然指专门以做官为生涯而实不做一事的大人先生们——是社会的蟊贼；他们的自觉自惧，正是国民党的所以可敬可畏的地方。不幸宁汉分裂，国民政府裂而为二，官吏的需要增多，北方的官僚就有许多混进国民政府来了，就中如王宠惠氏等是这班官僚中的最显著者。王氏是累代北京政府的显宦，中国不倒的元老，他离开北京的时候，还托言到上海来斡旋南北和议！他曾经签字于法权调查委员会的报告，赞成外国所建议的司法改良（他所保留的只是军阀们蹂躏司法等的事实，委员会的荒谬建议他并未保留），根本上和国民政府不承认，而只暂时容忍不平等条约的态度相矛盾。而且他也曾做过北京的司法总长，若说他做了司法部长，司法便可以整顿，那北方政府的司法早就不应腐败到这般田地了。像王氏也做国民政府的委员和部长，实足使国民——尤其是青年——对于国民政府的信仰大受打击，同时一般腐败官僚的胆子也为之一壮，他们敢于视国民政府为容身之地，而麇集于革命的首都，插入国民政府，使腐化的危险更是着着堪虞了。第二种不可录用的人是游手好闲、卖空买空的青年会派。国民党费了许多气力才把江苏几个著名学阀赶跑，而以上海为策源地，根据地的青年会阀却私

〔丝〕毫未动。青年会阀派的领袖，像余日章、王正廷们，盘踞基督教的青年会，靠了他们会说几句洋话，且认识些上海的所谓外国名人，对内则借外国人以自重，对外则以中国的教育家、实业家、外交家、慈善家……自居。吹牛拍马是他们的工具，欺世盗名是他们的艺术，升官发财是他们的目的。他们为社会之蠹虫，正私〔丝〕毫不亚于腐化的官僚。不要说任命他们做官吏是不该的事，连容忍他们做党员也是极危险的事。第三种要不得的人是无行的青年。青年本是国民党的栋梁，但是青年也有好坏之分别。在中国这种道德堕落的社会中，发横财，是最不易抵抗的引诱，年来青年奋发的党员，因厕身党部或政府而致富者，已数见不鲜；他种的无行也日有所闻，这是何等可伤心的事情！像这种已经堕落的青年是再不可任以官职的。除这三种以外，其他要不得的人尚多，如土豪劣绅、老朽昏庸等，都是有害而无益的人物。

国民党所需要的人才，尤其是充政务官的，乃是有人格的，有操守的，有作为的，富于革命思想的新人物，并不是因循姑息的旧人物。民众对于国民党的信仰，往往以国民党所用的人为标准的；不称职的官吏愈多，则民众对于党的信仰也愈弱。援引亲戚故旧的风气愈盛，则贤人愈不易得；旧人物愈是跋扈，则新人物愈是无望。矫正的方法，除了采用考试制度以淘汰不称职的事务官外，唯有在有声望的忠实同志的指挥之下，多用些敢作敢为的青年。一个革命党不能不用青年，同时为防止青年的偾事起见，有声望的忠实忠志的领导也是不可少的。有经验的和有能力的党员结合起来，才能促进革命的成功。再为鼓励官吏的廉洁起见，俸给不妨从丰，待遇不妨从优，而规律却不可不严，凡此胥有待于文官任用的规定和监察的周密。

（《现代评论》第6卷第146期，1927年9月24日）

元强按：“党治”下的用人，是一党之私吗？还是秉持开放制度？钱端升先生在此文中试图回答这一问题。他认为官吏一般分两种，一为政务官，一为事务官，政务官可以考虑党员担任，但事务官的职务与党义并无直接关联，需要的是专业人员来担任，所以他认为尽早施行考试制度也是孙中山先生的遗愿，同时也是消除任用私人的最好办法，再有就是要起用青年人，只有将有经验的和有能力的党员相互结合起来，革命才能成功。

论 党

党的问题多年来国人向少讨论。但这问题确需要开明的讨论，更需要合理的解决。

谈起党，首先要决定的是，我们究需要一党呢？抑需要多党呢？世界各国在二十余年前均为多党制度，一党专政为不可思议之事。一直要到布尔什维克党在俄国革命成功，始有一党专政，严禁异党存在的创举。嗣后墨索里尼及希特勒效法苏联，以法西斯党及国社党统治意德，一党专政制度遂大见流行。但即在今日，多党制度的国家仍远较一党制度的国家为众多。

一党制度与多党制度各有长短。一党制度的长处是权力集中，运用灵敏，效率高卓；但往往对外好侵略，对内好压迫，和平自由俱讲不到。多党制度的长处是人民得有选择的机会，政府因有反对党的存在不敢不时时刻刻注视民意，换言之，民主精神可以贯彻；但往往党争太烈，权力分散，遇到国难难以应付裕如。

就理论言，一个国家如果实行民主政治，非采多党制度，非容各党公开活动不可。但民主国家到了国难严重时却又不能不集中意志，停止党争，或组织混合政府，或信托少数有力人物，以全权处理政治。非然者，则因国且不存，党更焉附。

以上所述系指一般国家而言。

论到中国，我们不能不顾到两种事实：第一是中国国民党十余年来统治中国的事；第二是最近二三年来中国国民党承认异党存在的事实及颁布宪法实行宪政的诺言。不承认第一种事实而单单要求党与党间之完全平等是不可能的；犹之不承认第二种事实而欲坚决维持一党制度是不智的。

中国国民党在未改组以前本与一般多党国家的政党无二。但自十三年（1924）改组后，党的性质显与苏联的共产党相似，虽则经济方面的主义是不相同的。细考孙中山先生的言论，似乎宪政完成后，多党可以同时存在；但自军政至宪政的过程中，中国国民党无疑地应是一党专制的党而不是多党中的一党。如果孙先生的遗愿能完全实行，中国自然可以由旧而新，由弱而强，由乱而治，由不民主而民主。不幸，国民党秉政十年，并未能实现上述理想，而抗战军兴。军兴以后，依常理，更应由国民党负全责抗战；依常理，更无异党活动的余地。但事实上，国民党对各小党却又有让步的必要。到了去年9月，国民党且须允诺于短期内颁宪法行宪政。既有事实，有此诺言，而再要坚持一党之治，再不许各党取得相当平等的地位，则不免将自损其威信。而且不谈宪法则已，谈宪法必须容纳多党制度；不然更有玩弄宪法之讥。所以我说，从国民党方面言，从今以后，尤其是今年11月国民代表大会集会以后，再欲坚持一党制度是不智的。

在又一方面，国民党多年来的努力，纵未能避免空前的国难，纵未能使国家臻于一种我们所想望的境界，但其功绩究不可抹杀。他的三民主义不特在任何一种解释之下可以站得住，可以被认为爱国主义，可以为中国进步的路标，而且抗战军兴后，各党曾正式表示接受拥护。此外，国民党因为已经连续秉政多年的缘故，中国目下的领袖人才也当然大多为国民党党员。在这种情形之下，拒绝承认国民党占有特殊的地位，而欲求各党平等，不特非事实所许可，且也绝不是抗战之福、国家之福。所以我以为从各小党方面言，他们应承认国民党之领导权，即在今年11月以后也然。

我以为为兼顾理论事实过去将来计，我们自今以后应采多党制，但在抗战期内，各小党仍应承认国民党的领导权而暂不进行政权之争。

当然，国民党人要问：如一旦承认多党制，则三民主义将何在？国民党党部现在执行的许多繁杂国务又将如何处理？

我以为三民主义应确认为中华民国立国之道，而不单单是国民党的党义。在国民党的立场，这应当是一种欢迎的进步。党义成了立国之道，为国民所共戴，当然是可喜之事。在国民的立场，这也是应该的。我常这样想：假设有一个热心爱国，而无任何政治野心的人民，他要研究何种主义可为立国之道；他如果虚心研究，他绝离不了民族、民权、民生三大主义。证以各小党所公布的党纲，或各小党领袖所发表的政论，也无一不与三民主义暗同。此所以各小党前年正式表示接受三民主义实不是一件违心之事。

三民主义既确认为立国之道后，各党的主义自然不能违背三民主义，即人民的政治活动也不能违背，犹之法美等国虽容许多党存在，但凡谋推翻共和国党者，在□□均如违法，均为有罪。换言之，中国的各政党，尽可对外交方针有异同，却不能违反民族主义；尽可对政制及政治问题有异同，却不能违反民权主义；尽可对经济政策、租税政策、土地政策有异同，却不能违反节制资本及平均地权两大原则。在国民党应容纳这类党见的异同，因为这类不同的党见本无损于三民主义的毫末。

各党则应不以接受三民主义为有害于意见之自由，因为在共同拥戴三民主义之下，各党在理论方面活动余地之大初不亚于英美的各党。若国民党坚持三民主义为一党的主义，以若干人的注释及申辩强迫全国人民接受，则实是亵渎了三民主义的广阔，并亵渎了孙中山先生的伟大。反之，若各小党坚持门户之见，以三民主义尝为国民党的主义，辄加以排斥，则也不免成见过深，度量过小，而□国不够公忠。

至于国民党党部所担负的所执行的许多公务，我以为应分别党务国务，应将国务完全移交政府。国民党党部所负的任务，其完全属于公职性质者至夥。宣传部所做的事，如国外宣传，如书报审查，如戏剧审查，如报章杂志的登记，如新闻检查，盖均可归政府机关办理。训练委员会的任务，其最著者如正在进行的党政人员的训练，亦是如此。即组织部一部分的工作，如反侧的调查，亦可移归内政部或其他政府机关而不虞不当。海外部的工作则与侨务委员会的职掌更多雷同。我以为最近社会部之改隶行政院是一个良好的转向。至于地方党部、军队党部及军队政治部所任的工作，也可分别其性质，仿照中央的办法，移交地方机关或改为军事行政或军事训练。

上述的办法，骤看起来，或似不经。国民党人或会表示不愿，而非国民党人或更不愿国家办党务。对于后一种人，我要请他们注意，我建议划归政府办理的事务，实在非由国家担任不可。纵使有若干应予改善之处，如新闻的检查，如地方行政人员的训练，也只应徐图改善，国家却不能拒绝担任。对于前一种人，我要请他们注意，三民主义既成为全国人民所遵守的主义，则党务与政务愈分清，于国民党愈有利。历年以来，责备国民党者动辄以人民年纳数千万元以养党责国民党。但细考之，则此数中大部分固用于办国务，而不用于办党务，党务国务一分，则国民党便可不受此种责难。

完全从人民的立场言，国民党党部现掌的国务，如移交国家机关，也可增进效率。以宣传训练二事为例，国际宣传本须博具国际知识。苟国民党党外有人才，亦亟须予以罗致，徒因隶属党部，罗致遂不太易。行政人员的训练也是要事，但如由党部办理训练，则党外贤才无论训者与受训者，也常有裹足不前之势，如改由国家机关办理，则党不党的考虑也不存在。

将三民主义确定为立国之道，且在宪法及法律上予以充分保障后，更将国民党党部现掌的国务划归政府后，一党制度即可停止，而多党制度即可开始。最好即以今年11月为划时期的日子。在那时候一面颁布宪律（见本刊21期拙论《制宪与行宪》），一面准各党公开活动，国民党亦自跻于各党之列。为抗战的有力起见，国民代表大会可授权全民所拥戴的蒋先生组织国民政治会议（见《制宪与行宪》），并授权蒋先生与国民政治会议于抗战期内集中一切权力以应付外侮。

民主政治与一党制度不相容，立宪政治与一党制度当然也不相容。本来自军政至宪政期间，由国民党专政是极合理的，抗战期间由一党负责也是极自然的。这在上面俱已说过。但事实上既做不到，而国民党已有早行宪政的诺言，则莫若改变作风，准各党公开。

各党公开后，国民党自然只是各党之一，并不能享受特殊的地位，所不同者，操政权者当然大多仍为国民党党员。但各党的公开，对国民党实有利而无害。国民党十余年来因凭借了国家的力量，故已丧失了不少自动的力量与奋斗的力量。青年有志之士也往往以加入国民党为近似做官，无不愿加入。公开之后，国民党如欲维持其固有的优越地位，势不得不忧勤惕厉，以与其他各党争优胜。在那时候，三民主义既为各党共同的主义，则说几句口头禅绝不足以增加党的势力。必定要党内有人才，对于三民主义有引人入胜的解释，对于实际政治问题有圆满的解决方法，才可使党□地位优越，而且各党公开后，党费俱由党员自筹，而不仰给予国家。所以入党者必有所□而入党，入党后必对党务热心，可一变今日的消极风气。

我们要知道，一个政党握政权太久后，必定要萎靡不振，损失战斗的能力及批评的能力，徒然故步自封，少有长进，唯一的例外，就是专以压制人民为务的专制政党，如国社党等。国民党既不欲为国社党式的政党，则莫若任各政党取得竞争的权利，在竞争的空气中，我想国民党必可恢复当年奋斗时的大力。如果一公开一竞争，国民党就要不济事，那更是一件值得深省之事，而绝不能以不许异党公开活动了之也。

如许各小党公开，唯一的可虑之点就是共产党的问题。说到这问题，我们颇感觉到愈不能讨论，则神秘性愈大。我以为共产党的问题应分别为若干问题，而不可混为一谈。第一是苏联的问题，第二是红军及边区政府的问题，第三是共产主义与思想的问题。苏联的问题是一个独立的问题。苏联的外交政策一日与我们有利，我们一日须与之亲睦。苏联的外交政策一日与我们有害，则我们立须另采对策。我们亲苏时，共产党的声势当然会有相当的增加，但我们也不可介意。我们不亲苏时，则我们绝不能容忍共产党或任何一党有违反国家利益的行为。好在据我的观察，在抗战期中，苏联并无远我亲日之理，故苏联问题实不成问题。红军及边区政府的问题在理论上极易解决。他们当然应取消其特殊组织。军队只能有国军，不能有党军。政府只能是政府，不能是党政府。理论既如此，事实就应速令与之符合。今年11月而后，国民党的党治如能取消，则中央政府更可有辞严令红军及边区组织取消。共产主义与思想的问题，我主张在国法之下，准予自由。国法者，一是三民主义，再是严禁叛乱。三民主义当非共党之所难堪，共党本已接受三民主义，在三民主义之下，共党也才有宣传其若干彻底改善调度的主张的自由。唯一的区别就是不能宣传暴动。

国民党人或者要说，三民主义一经共产党人解释就要变成共产主义。这危险诚或有之，但这不是一个了不得的大危险。我们一面希望法院能执行国法，对于假思想以实行谋叛之人执法以绳，藉以维持社会的秩序，一面对于主义的解释采最优容宽大的态度。十六七世纪欧洲的宗教战争可为殷鉴。当时欧洲人对于耶教思想每抱狭窄的门户之见，结果战争不已；但战争的结果，大家仍得采取广泛的解释（Latitude Narianiam）。与其酿起无数的冲突于将来，何不大家此时就均做广泛派?

共产党最可令人忧心的，当然尚不是主义，而是其办党的方术，关于这点，我想公开而后，可以改善许多。我认为我们中国人是富于理性的。现在有许多人醉心于共产党而不嫌其方术之不正者乃是受一种好奇心及不平心所驱使。如果一旦公开，共党得与各党共享活动权利，而仍维持其若干不正的方术，则有识者必共弃之，有为之士亦不屑参加矣。

各党公开而后，愈努力者必愈得势，优胜劣败，绝无可逃于公理。国民党如努力，必胜；国民党如不努力，必败。但三民主义既确认为立国之道，而孙中山先生又为国父，我们对国家的将来固毋庸忧虑，抗战大业既委托于蒋先生及国民政治会议，我们对抗战的成功也毋庸忧虑。既然如此，何以我们定不能容多党存在呢？

（《今日评论》第3卷第23期，1940年6月9日）

元强按：这是抗战中钱端升先生就一党制度与多党制度的学术讨论和分析，也对未来中国应该采取的政党制度提出了自己的建议。他认为“一党制”和“多党制”各有优劣长短，但兼顾理论事实为将来计，他赞成以后应采多党制，这与孙中山先生设计的“宪政”完成后，多党制可以存在的观点相同。国民党自1924年改组后，党的性质明显与苏联的共产党相似，但经济方面的主义却不相同。只要国民党将现掌的国务归还政府后，一党制度就可停止，而多党制度就可开始，他认为国民党握政权太久后，必定会萎靡不振，损失战斗能力及批评能力，还会故步自封，进步减少。

一党与多党

在本文中，我拟从两个观点说明多党制度的不合时宜。

从人类政治制度的演化而言，多党制度显已有代谢的趋势。如果这次大战德意日获得胜利，欧美民主政治及其一切习用的制度将被暴烈地摈弃，多党制度当然也在其内。西班牙而外，法罗两国的取消多党制更是不远的先例。如果中英美获得胜利，胜利各国为维持雄厚的国力并为调剂国内各阶层的不平等起见，也必趋向以一党制代替多党制。不过在这环境之下，多党制的告终殆将循着平和及渐进的途径。

从我们国家今后的需要言，一党制亦为无可避免的制度。我前在本刊已说过，为担负迫不及待的抗战建国大任起见，我们不能不有强有力的政府。而要有强有力的政府，我们不能不借重中国国民党及其总裁蒋介石先生，固然国民党实力的加强也是必不可少的改善。我还相信建国的工作，固然是十二分急切，但要完成也需要相当长的时间。因此，国民党也不会三数年而即无其需要。

从人类政治制度的演化而言，凡是浸润于民治主义的人们（凡是有思想的文明人又哪能不浸润于民治主义？），天然地不易舍弃他们所习知的多党制度。民治主义首先发达于英国，但在政党内阁制成立以前，民治在英国也不安定，即在英国也时有被推翻篡夺的可能。直待有了政党以后，才有责任内阁，有了责任内阁二党轮替执政以后，武力争夺政权才无必要，而国王窃政的可能也不存在。与英国同以民治见称的美国虽未采用责任内阁制度，但其总统之所以能代表民意，也由于政党。因为有政党，因为总统由政党推出，所以获选为总统者必能代表有组织的多数民众。民意有变动，斯政党的势力有消长。一消一长之间，民意即有表示。在此情形之下，武力争夺政权的必要自然也不存在。

我们并不否认在过去民治总与多党制度相关联。我们不但可坦然承认政党政治所给予民主政治的贡献，我们还可承认在过去，凡是蹂躏政党者也一定是蹂躏民治者。拿破仑三世是较早的例子，墨索里尼及希特勒是今代的例子。但我们立论，不能全以过去为根据，更不能以变态衡量常态。我们所要问的有两点：第一，多党制度在近今是否能与民治配合或保障民治？

第二，是否尚有新的制度比多党制度较能保障民治？

关于第一点，我以为今代的国家必须握有大权才能使国家富强使人民平等。我以为极权主义不全是恶的。极权国家每好黩武，每好凌辱弱小民族，好蔑视人民人格，这些是极权主义中的恶劣部分。但极权国家之拥有大权，极权国家之可以国家的力量来改造社会的生产制度及人民的经济生活，则与其说是极权主义的短处，毋宁说是极权主义的长处。我以为今后的国家，如欲使社会进步、人民平等，则必须握有大权。但在多党制度之下，则当局者无论为向国会负责的内阁，或为向人民直接负责的总统，必将受异党的牵制，而不能取得大权。如果不受异党牵制，则实际上异党必已不复存在。换句话，要政府有大权，即不能容多党存在；如容多党存在，则政府必不能有大权。

如果政府有大权之后，民治即取消，则或者我们宁愿令多党存在而令政府弱，而不敢取消多党制以令政府强。但政府有大权与民治的继续不见得有若何不可避免的冲突。我以为，如果有一政党能坚信民权，能尊重人类的尊严而普遍地谋增进其福利，能以大同思想及和平主义为民族相处的最高埋想，则即使一党专政，也与民治不悖。拿破仑三世及希特勒之流根本心目中没有民权，故他们的专政自然不利于民治。如果专政的党是民主的党，则党治殊无与民治不容的理由。

目下英美的政治趋势最值得我们的关注。美国自罗斯福当权实行新政以来，国权有空前的扩张。即令此次共和党万一获胜，政府已有的权力也不至于放弃，政府已有的职务更无法摆脱。倘使如我们所预期，罗斯福得以蝉联，则国权将会有更大的扩张。此种形势再继续下去若干年，则民主、共和党的分野将难存在，而政党将以赞成及反对国权的扩张为分野。如是若干年之后，反对国权的党便将以不合时宜而一蹶不振，于是当权者为独存仅存的国权党。这里所说的固然是我个人的推测，但如罗斯福能蝉联，则事实殆将与我的推测距离不远。

英国也是政党最发达的国家。英国政党门户之见甚深，所以即在此次大战爆发以后，当权的保守党仍不觉得有坚请反对党加入政府的必要，而反对党也不觉得有与政府党合作的必要。直到战事恶转，丘吉尔上台，各党始合作而合组政府。丘吉尔政府成立后，国权突增，国家可以予取予求，人民亦不复坚持企业的自由。如果此次大战英国可以获胜，则英国必成为一个高度的社会主义国家，而实行并拥护这社会主义者则将成一当权的党。故英国今日犹存的保守、自由、劳工之党亦难并存或分存于战后。

英美本是政党政治的典型国家。苟英美的多党政治既不足以应战，而又有改制的趋势，则多党政治的一般命运可以想见。

如舍世界的趋势不论，而单论我国的需要，则一党制更有其客观的必要。从反面来说，多党政治是不可能的，也是不相宜的。要实行多党政治，第一先得有一个以上的政党。事实上，民国成立二十九年，中国只有过两个党——国民党及共产党。其余的党均不够称党。前此的共和党、进步党是如此，今之小党也是如此。今之青年党及国社党，论其主张，均不出三民主义的范围；论其党众与组织，则又皆狭小而不健全之至。青年党及国社党人固可以此归罪于国民党的专政。因为国民专政，又不许各党公开，所以青年党及国社党不能发达。但即许两党公开活动，试问两党又将以何为号召？如以两党原有的“国家主义”（即三民主义中的民族主义，唯大同理想不甚显明）及温和的社会主义为号召，则又何以自别于三民主义？如果主义相同，则又何必另树一帜？以中国此时的才力，办好一党尚且不易，又何必此党彼派，徒增纷扰？因此，我深信各党即可公开活动，青年、国家两党仍难发展。既成的党如此，未成的党更不必说。

即使中国此后有多党并存的可能，我以为多党政治根本上不宜于今日的中国。国家此时即有一定的目标，尚恐不能如期完成，又安有此起彼伏，以试验各党不同的政纲的余暇？我们现在所急需者是“干”之一字。我们固然须认清干的目标，我们固然不能瞎干，但我们于决定了干某一种政纲之后，则我们也不能不硬干下去，以求贯彻。我们绝不能迟徊不进，或中道而阻，以致历久无功，更致建国未成而强敌又至。

在今日及今后若干年甚至若干十年的中国，比较有完成抗建工作的可能者，客观地说起来，只有国民党及共产党两党。就主义而言，两党的出入并不太大。两党均主张民族主义，不过共产党的民族主义不免偏向于视莫斯科为大成至圣的马首。两党均主张民权主义，但到现时为止，两党均十二分的主观，而实际上均少成就。两党对民生问题也是异途同归；所异者，共产党似未放弃阶级斗争之旨，而国民党则偏向温和的解决办法。两党主义实在相差无几。抗战以来，共产党拥护三民主义之多次正式声明也可为共产党自认主义与国民党相似的一证。故单就主义而言，共产党固无不可并入国民党之理。

如不讲主义，而讲党风、党的地位及党的国际关系，则两党之间，却有大别。就党风言，共产党至今尚有朝气，即在万难之下，仍能发展其党务。国民党虽为多年当国之党，虽有其万民共戴的总裁，但风气究欠健全。因风气之欠健全，驯致青年有为者，常有舍之而他去者。但国民党有总裁蒋先生。蒋先生忠于三民主义而又有号召全国的力量，其领袖地位为任何人所望尘莫及。故国民党当国不会发生领袖问题。此为国民党宜于当国的一大理由。又国民党本与苏联无仇，今且与苏联甚睦。故国民党当国，则全国国民必能一方乐见苏联的社会主义日臻巩固，又一方必能建设强大自主的中华民国。但共产党则过分重视苏联的领导权。苏联说欧战是帝国主义的战争，共产党也说欧战是帝国主义的战争。如果一旦英美与德意日发生全面战争，我方利益显与英美一致；而苏联仍说这是帝国主义与帝国主义的战争，则岂不将害苦了中华民族。故就国际关系而言，又只有国民党较宜于当权。

是以我们如确认我们需要一党政治，则舍国民党外实无第二个政党有此力或有此宜。青年党、国家党等无此力。共产党或为有此（但也有问题），可是不相宜。

但我们也并不以过去国民党的专政为满意。因为国民党多年来本身有缺陷，故党力也不甚充实。国民党如要为民族而继续一党之治，而不是为党而继续一党之治，则它必须改变作风，必须忠实于主义。它如能忠实于主义，则国内有为之士均将相率而为党效劳。国内真正有为之士，不但对于三民主义无恶感，而且不是景仰已久，便是极感兴趣。他们所以远国民党甚或骂国民党者，乃是不满于党的作风及若干党的领袖，而不是不慊于三民主义。无党之人作如此想，即共产青年国家诸党的党员亦多作如此想者。所以国民党如能改变其作风，慎选其领袖，则全国有为者必将相率来归。在一党制度之下，国民党对于反侧自应处之严厉，故不能如多党制之一党，事事出以容忍。但国民党既以民权主义为主义，则对国人思想言论的自由自应尽量尊重，故又绝不可以法西斯党（意）、国社党（德）、共产党（苏）自居。在二者之中觅一中庸之道，就是中国国民党应有的作风。

我意国民党如能善以自处，则必可完成抗战建国的大业，并树立三民主义的中国。到了那时，党仿佛是古时的朝代。如党风不败，党纲合时，则党治可传之甚久。如党风堕落，党纲背时，则新党代兴。中国如此，外国亦将如此。人类政治史现在似乎已到了一党政治代兴的时期。

（《今日评论》第4卷第16期，1940年10月20日）

元强按：1940年夏“二战”正处于关键时刻，德意日似乎略占上风，美国的罗斯福和英国的丘吉尔在战时国家权力突然增大，加之苏联也是如此，钱端升先生据此判断战后世界可能会走向“一党制”。

他认为如欲使社会进步、人民平等，现代国家必须握有大权才能使国家富强，但这一政党要坚信民权，能尊重人类的尊严而普遍地为民谋福利，能秉持大同思想及和平主义为民族相处的最高理想。就当时的中国而言，他认为只有国民党及共产党两党可以担当此重任，因为两党的主义出入并不太大，两党均主张民族主义和民权主义。关键一个党风不败，党纲合时，此“党治”可长久。如这个党风堕落，党纲背时，那么新的党就会代兴，他判断未来“一党制”会是一个趋势。

中央政制的改善

讨论政制改善这个问题，我们不能太偏于理想，但亦不能太迁就事实。太偏于理想则很少实现的可能，太迁就事实则不易有所改善。我们姑以我国公务员的任用制度做一个例子罢。关于这事，唱高调者当然要求厉行考试制度。不但要求厉行考试制度，而且要求于极短极短的期间内，将全国的公务员尽改由考试出身，好像英美等国经五六十年很大的努力而尚未完全成功的考试制度，可以一蹴而就地实现于我们这个用人最凭私情的滥污国家似的。这真是高而又高的高调。同时一班自号为现实的大官们则极力推诿，不肯实行考试制度。他们不肯张开眼睛去观察考试制度的优点；他们仅力诋若干高考及格、分发到各院部会的青年之缺乏实际行政的知识或技能。这极高和极低的两种调子，我们于去年的全国考铨会议中俱可听见，而中肯的、有实现的、可能的进步办法，则极少能通过考铨会议。

考试问题如此，政制改革的讨论更是如此。自民国成立以来，历届的制宪会议，我们俱可视为过高的调子，因为宪政从无在中国实现的可能。而当局之只知头痛医头、脚痛医脚，不肯求整个的治疗，并忽视学者们及冷眼观察者的意见，则为又一极端。我们以为正当的改革应介于二者之间，一方面不应过于理想，至实现无方，又一方面亦不应过于迁就，以至无进步可言。我们应根据目前的事实，加以合理的纠正或补充。这种纠正或补充或不为一部分人所欢迎，但他们的反对不应大至于无法克制的程度。如果大至于无法克制的程度，则又必是陈义太高之过了。

我们首先所应讨论者为政体问题。我们应继续党治呢？还是应实行民治？应独裁呢？还是应立宪？应为极权国家呢？还是自由国家？这些问题不解决，政制的改革便无从说起。

要解决以上几个问题，应先说明上述各种名词的意义及相互的关系。

党治与民治相对立，与立宪不相容，也不能是自由国家；但不一定是独裁，更不见得是极权国家。民治必是立宪自由的国家；而不能有独裁，也不是极权国家。独裁与立宪自由不相容，与极权相容，但不一定就是极权。立宪与自由是相联的名词，与极权则不相容。换言之：党治即一党专政的政治。实行党治的国家，不能有真正的宪法，人民所享的自由，专权的党随便可以取消或缩减；但不一定是一人独裁的政治。国家的权力虽然可以胀得很大，但不一定就为极权。民治则为人民享有自由，任何政党可以参政的立宪国家；国家的权力有限制，行使治权的机关的权力更有限制，所以独裁绝不能有。独裁是一人之治。既是一人之治，自然不能有宪法，也不能让人民有自由。但独裁与党不党及极权不极权，则无一定的关系。有不以党为依据而实行独裁者，有则凭借党的名义而独裁者。有实行极权者，有国家权力并不胀大者。立宪国家就是民治国家，可以不赘。极权国家是国家权力至高无上、不可限制的国家。因为如此，所以人民不能有自由，更不能设宪法以限制国家的权力。骤看起来，极权国家与民治国家似乎并无不相容之处；但所谓民治国家，必是分权立宪、而人民又享有高度自由的国家，不然便不称其为民治。所以极权与民治不能相容。

极权与孙中山先生的民权主义倒可相容，因为所谓民权者，即人民须为基本的选举机关及最高的监督机关之意，却不限制国家的权力。我们须知民治的主要意义之一即在使国家的权力有限制，使人民的自由权利可获保障。为实现这种限制与保障起见，国家不能不有宪法，而国家的机关亦不能不在一个以上；这几个机关多少须含有互相制衡的意味。但在孙先生的民权主义之下，国民大会为国家的最高权力机关。国民大会是常常可以集会的机关。它的议决又随时可以变更任何根本法律，所以所谓五权宪法，只是一种国家的组织法，与民治国家含有限制国家权力的意义的宪法迥不相同，虽则在名义上都称宪法。由是，在孙先生的民权主义之下，国家的权力可以绝无法律上的限制。民权主义与极权主义并不相容者亦正在此。我尝以为就形式而论，现今世界各民治国家中，只英国可为极权国家，因为在形式上英国无宪法，而英国的国会又是最高权力机关。换言之，英国的制度在形式上与孙先生的民权主义颇相合。不过这仅就形式而言。考其实际，则英国仍与一般的民治国家没有分别。英国实际的宪法，国会本身并无权力去变更，要变更还得人民有明显的表示。而且英国仍是分权的国家，纵其国会与内阁混而为一，其法院仍有独立的权力。所以英国在形式上固很易成为极权国家，国会要怎样就可怎样；但在事实上则英国离极权主义之远，正和其他民治国家一样。

明乎以上，可知今日的我国为一无宪法、无自由、非民治的党治国家。独裁已有趋势，但极权则相距尚远。一部分人非不欲独裁，但环境等尚不能容许其实现。在理论上极权亦非与党治有所冲突，但民族的组织力亦尚不够资格去实行极权主义。

就现实的状况而言，这党治仍有继续维持的必要。我们之拥护党治与我们自身之党不党无关，我们也并非满意于党治过去的成绩。我们拥护党治，因为不党治更无办法。取消国民党党治后代替物只有三种：一为个人的独裁，一为他党的党治，又一为民治。不以党为基础的独裁就是旧式的专制，绝没有人能加以赞成。党魁的独裁随后当另有论及。另一党的党治在原则上同国民党的党治一样可以反对，在事实又绝不可能。民治也是没有可能性。

我以为批评国民党的党治极易，而谋所以代替之道则极难，自“九一八”以来，我们尝听见一班反对党治的人们，倡所谓公开政权或开放党禁之说。这真是未加思索的议论。如果公开及开放是指党外人可以做官的意思，则政权早已公开，而党禁也早已开放。如果公开及开放是指别的团体与国民党平等参加政权的意思，则绝不可以空论得之。须知政治是现实的东西，古今中外，我从未看见一个政党自动地以已得的政权拱手让人的事实。如果让人，那一定是迫于一种必不得已的形势。如果国民党已无维持政权的实力，则欲得而甘心者必早已以实力取而代之。如果国民党尚有这种实力，则要求其让出政权，岂不流于滑稽？

我再请提倡公开政权的人们仔细想想所谓公开后的结果。

揣他们的意思，党部应取消，而党中的领袖应邀请国内其他的领袖共同组织政府，以应付国难。党部的取消，本与公开不公开无关。党部经费不由党员供给，而由全体人民供给，本是稗政，下级党部的不检点行为亦是可痛。但如党费改由党员捐助，党部不许干涉非党员的人民的行为后，难道党部还有非取消的不可么？至于国事由党内外的领袖共同负责，则是一种又负气又热衷的言论。提倡这种议论者，大都拥汪，更无不拥蒋；但汪蒋固国民党今日的领袖。如果愿让汪蒋居首要地位而与之合作，则何不干脆地加入国民党？如果做国民党党员是人格上的污点，则拥戴蒋汪，与蒋汪共赴国难又是什么呢？所以我以为要求集全国的知能，在党治之下，以共赴国难则可；而且国民党，在理论上，也并不反对这点，虽则在事实上未能实行。要求取消党治，或所谓公开政权，则大可不必，且亦绝不能以要求得之。

既然要维持党治，则民治自然是讲不到。我以为19世纪的民治制度，尚远不及孙先生所倡的民权主义。国民党的训政，亦自应遵照孙先生的遗教进行。

在党治之下，立宪及自由当然也不必谈。政制可以改革，但西洋民治国家的宪法则我们不需要，也不够资格去具有。自由容或是我们许多人最重视的宝物，而且现当局之取缔自由——尤其是出版的自由——亦过于凌乱而缺乏见识，但为维持党治，以应付国难起见，在原则上亦无法为自由说话。

关于极权，我的看法完全是现实的看法。在原则上，我是赞成极权的。国家的权力愈大，则应付国难的力量亦愈大，而我们此时亦亟需这种力量。但如社会各种组织不健全，则虽要极权而无从。今举一例以明之。目前，军事委员会委员长行营公布一种《国民劳动法规》。这当然是极权的一种表现；因为不极权，则政府机关不能有这种强迫全国国民服役的法令。但这法令的能否实行，则要看国家是否有细密的户籍登记、劳工组织及地方组织，我国既然没有这些登记及组织，我就恐日前所颁的法令将只发生文书上的上令下呈，而不能发生多大的实际效果。这是一例。又如，目前的金融状况是十分危险的。如果全国币制早已统一、银行组织较佳、国家又有制裁人民私贮贵金属的实力，或者国家此时可以采用一种极端膨胀的通货政策，以救济银根的紧缩。但这种权力国家，此时显然是不能有的。所以我们在原则上尽可赞成极权主张，却不可操之过急。

至于独裁，则更是一个极难讨论的问题。一说起独裁，便须连带讨论到独裁的人选。在原则上，独裁不是好制度，个人的独裁不必说，即党魁的独裁也不及领袖们的共和。此其理至为明显。因为党魁不能数十年无变动，而一人的智力体力亦有限；党魁一有变动，则国家立受绝大的损失。我国处存亡危急之秋，此种损失自应极力避免。而且如果独裁，则自非蒋先生莫属；现时，国内外形势俱未容许他为独裁者。这点我已于另文说明（见《独立评论》第162期），我以为与其因独裁而引起可能的纠纷，何如在蒋的最高领导之下大家分工合作，一方以增进政府的效率，一方则更可使他年来精忠谋国的苦衷大白于天下？但如此后蒋先生的德望威力更有增加，参赞左右的组织更臻健全，而救国的机会又已到临，则我不但不反对他独裁，且会赞成他集大权于一身，以振拔此国家于半附庸的地位。所以关于独裁，我的看法也是现实的看法。

总之，就政体而言，我们此时应维持党治，不言民治、立宪及自由。我们可以渐进于极权，但不必求之过急。独裁以能避免为贵，但如时机成熟，而又可藉独裁以救国，或加速国家的现代化，则我们也应拥护。

根据以上所说以改革政制，则中央首先应有一有力的批评、讨论、策划及决议的机关。

就我们所知，成功的政制有两种：一为民主政治，又一为独裁政治。在民治国家，议会除了立法而外，更为批评并监督政府的机关。不特在内阁制之下，议会有此权力；即在总统制之下，议会亦多少有此权力。我们敢说如果美国议会反对美俄复交，而总统定欲复交，则议会必将用决议的方式表示反对，最后且可强迫总统尊重议会的意见。在独裁国家，则独裁者除了自愿咨询某人或某人的意见以外，便无其他评论的机关存在。

我国非民治国家，自不能有议会。但我国也非独裁国家，所以不能不有一个评论的机关。如果一方面没有人独裁，一方面政府又可以不对任何机关时时刻刻地负责，则这个政府势必成为散漫、凌乱、认识不清、缺乏勇敢而步骤不整的政府。当局者尽管日夜孜孜，有心做善，而其结果仍必不良。一定要有一个不依赖政府而存在的机关，时常去批评、讨论、策划并决议一切，政府才有避免上述种种弊害的可能。

关于这个机关的组织，我在《独立评论》所载的文章中有下述一段：

> 中政会议的弱点就是整个中央政府的弱点。六中全会应加以改组而使之成为一个十五至二十人的会议（或取消中政会议名义而起一新名亦无不可）。这个会议的委员，多数应为中央执监委员，而少数则不妨为国内其他的领袖。整个的名单在实际上应由蒋先生会同党中其他三四领袖预先拟定，但须由全会通过，以示党治的继续存在，非党员

的领袖，不妨由全会特予党籍，以贯彻党治的理论，且有张汉卿先生等入党的前例可援。委员绝对不兼任何官职，任何官员亦绝对不能参加任何决议。万一中政会议与政府发生冲突，则由蒋先生会同两方的一二领袖（如中政会主席及立法行政两院长等）予以解决。

上面所述固然不是绝对不能变通的办法，但其中三个原则，我们坚决地主张。第一，人数应少不应多。即使二十人过少，亦不能多于三十人。因为人数太多，恐又将有多人缺席，以致不能负责之弊。第二，总须由党产生。因为政府的服务人员固然可以不问有否党籍，但如这个最高统治机关亦不由党产生，则党治将无法维持。所以这个机关应由党产生，且为党的机关。第三，会员绝对不能兼任政府公职。因为如果能兼，则这机关势必成为政府的应声虫。兼职的人愈多，则应声虫的成分愈大。中央政治会员迩来常有批评政府之举，但批评者往往为闲散或不在政府中负重责之人，而要人及负政府重责之人，则大都皆不发言，如发言每为自辩。这即可证明兼职之不当。所以如愿负直接的行政责任者应不加入这机关，即使可以出席发言，亦不能予以决议之权；欲享决议之权者，自不能再享行政之权。

然则这机关究应由中央政治会议改组而成，抑取消中政会，而改以中央执委会任此权责，抑另外组一新的机关呢？我以为这些俱无多大分别。但最方便的自然仍以中执会办党务，而将中政会加以改组。因为如另立一个新的机关，则中政会的处置仍成问题。

中政会本为国民政府全部政治的策动机关，更为行政院所向负责的机关。依理他可命令政府，而不必屈身以作批评。但事实上，因年来蒋先生远处他方，许多军政大计往往非就地处理不可，故中政会已少实权。而且近年的政局为蒋汪合作的政局，于是对于外交，中政会亦鲜实际的处理之权。但恢复中政会应有的地位又是不可能，且亦不妥当的办法。中政会人多而杂，其七八年前的地位绝难恢复。且在形式上，中政会又是事事都管的机关。事事都管者一定一件事都不能彻底地去管理。所以中政会虽不宜废，亦不能不大加改组。

如果中政会成为一个二十人的机关，则其人选的分配应兼重实力与才识，因为没有实力的代表在内，则中政会将为无力的机关，没有具有超然的、远见的人在内，则中政会不易尽批评的责任。我以为国民党的十余个重要领袖应令一半为政府大员，而又一半为中政会会员。中政会的其余人员则应以党内外其他的英才充任。如果会员的总额增加，则重要领袖的额数亦应增加。我不否认中政会人选的困难。握实权者或不愿舍实权而就中政会。如果中政会会员尽是无大力的次要人物，则中政会又不易产生力量。但如国民党确予中政会以批评、讨论、策划及决议之权，则舍实权而就中政会者，当必有人。

至于中政会的职权，则当尚有商量的余地。批评并讨论政府的政策之权，我以为是不可少的。不如是则中政会便无存在的必要。决议权我也以为应为中政会的职权。但如有此权，则蒋先生的权力自然便有自行限制的必要。依我的意见，蒋先生在事实上为党中最高的领袖，而中政会又由党产生，是则中政会与他总不会有背道而驰的可能。为蒋先生计，应于中政会改组之始慎选人才。既选出后则付以大权。凡军权及其他与治军剿匪必要之权，蒋先生尽可要求中政会通过决议予以全权。其他重要事务，则任中政会议决，而政府执行，无论军事委员会本身及委员长行营俱不干越。万一中政会与政府各部发生冲突，则再由蒋先生以最高党领袖资格负责疏解。若能如此，则中政会定可成为一健全的批评、讨论、策划及决议的机关，而政府的种种政策亦可不至如年来之易令国人愤懑忧郁了。

照我所说，中政会的权力将与英国国会相仿，所不同者：第一，英国国会有立法及倒阁之权，而中政会则无此二权。立法权应由立法院或法制局行使，倒阁权则为中执会所有。第二，英国大小事俱可追问，而中政会则只应管大事。至于大事小事间的分别，则应另有细密妥当的规定。

除了设立中政会以监督政府外，中央政府其他机关的组织则应以简单为主。

国府委员会为赘疣机关，应行取消。如果取消，则[illegible]年可节省一二百万。即碍于情面，不能不予若干人以位置，亦[illegible]妨在行政院及军委会之下设置若干高等顾问，以资调剂。

五院之制，在目前殊无意义。但此中有若干人的问题在内，此时取消五院恐徒然引起纠纷，故不如维持。唯各院应力戒铺张；于执行职权之时，更应力求实在。如果在改组中政会时行政院以外的四院院长多愿加入中政会为会员，则四院亦不妨取消。如四院取消，则立法及铨叙可设局，考选可设委员会，均隶于行政院。司法行政部及行政法院亦改归行政院。法院及审计部则独立行使司法权及审计权。监察权暂毋庸存在，因为在事实上近年来监察权亦从未有真正行使的可能。

军事委员会为我国特有的机关。按诸各国通例，军事机关自是行政机关的一部分，只在日本，军事机关在实际上已成为与内阁并行的机关。我国自国民革命以来，迄在军事时期，而党的最高领袖蒋先生，又适为军人，于是军事机关乃有其特殊的重要。如果他于最短期内能为最高行政首领，军事机关的组织自可有合理的缩小。但这既不能，则我们唯有一方维持军事机关的特殊组织，一方则令之不妨害其他机关的健全发展。我建议正式改军委会为军政院，将一切军事机关，如海陆军等部改归管辖，蒋先生为军政院长。中政会并通过决议，将军事完全交他办理，以速成功。中政会对于军政院，除了通过总预算及决定和战等大政方针外，概不过问。行政院对于军政院当然更不应干涉。同时，军政院对于行政院范围以内之事，亦不应干涉。我们愿蒋先生主持党国大计，并全权处理军事，他日如时势需要且容许，我们且可赞成其独裁，但在为负责的独裁者[illegible]。军事委员会之干预文事，实足以妨害立法及行政的统一，[illegible]制的短处，而无独裁制的长处，从施政及制度两方面而言，俱无[illegible]，故愿尽忠告之责。

以上云云，从事[illegible]政治者或尚以为陈义过高。但如此而尚嫌其太趋理想，则诚不足[illegible]政制的改革。

（《华年》第4卷第41期，[illegible]10月19日）

元强按："九一八"事变后，国难加深，钱端升先生撰写此[illegible]当时的中央政府建言。他认为科举废除后，官员任用多凭私情，建议尽快启用考试制度来任用官吏，以克服官员素质低下的弊病。抗战时的中国，他认为当时的政体只有“党治”可取，民治、立宪及自由体制均未成熟，抗战时中国最需要的是“极权”，如果“独裁”可以救国，又能加速国家的现代化，他表示应给予支持和拥护。

钱端升认为孙中山的“五权宪法”非真正意义上的宪法，只是一种组织法而已。抗战时的中国，五院制过于臃肿，浪费财政严重，可将监察院和考试院暂时取消，分设两个局在行政院下面，这样可以提高效率，节省财政，可见他的观点比较务实，但与理想并不矛盾。

政治活动应制度化

人治法治之争由来已久。古时，西方的政治学说也不尽以法治为较好的办法。我国“有治法而无治人”一类的说法则且含重人而轻法的意思。不过西方各国到了最近一二百年俱已趋向于法治，即使政体已离立宪而复迭克推多，法治的精神仍不受多大的影响；而在我国则法治虽也有人提倡鼓吹，而终未成为事实罢了。

在理论上，我们本应提倡法治，法治究是近代国家所不可少的元素之一。但我们不主张空喊法治的口号，因为法律贵有信用，如果有法而不能守，则此后便可永失了实行的可能。与其空言法治，而使人民对于法治失信用，毋宁在可能的范围内逐步推行法治。脚踏实地，步步前进，为实行法治的第一要着。

我们居尝以为关于私人间的关系国家应以全力来令人民守法，以全力来执行法律，来保护人民权益。中国的司法界，平心论之，其知识效率已在一般行政人员之上，但离适当的标准尚甚远甚远。而且国民革命以来，行政部分已不无相当的改进，而司法界则因民十七十八两年间（1928—1929）的紊乱，几乎不如从前。法院的增设及法官的充实，实为政府当前的急务之一。一二年来教育界中弥漫了重实轻文的空气，一若中国今日治法律的学生已经太多。这诚是一种错误的见解。为经济建设计，我们也赞成工农一类的实科教育，但法律人才的缺乏政府也不应忽视。

但关于政府组织及政权运用一类事项，我们不主张此时即采用高度的法治。不是我们不要法治，不，我们是要法治的；不过，此时尚未到提倡高度法治的时期。如果立了许多法律而丝毫不见实行，使法律永失尊严，尚不如因事制宜，利用目前的形势而使之逐渐地趋于制度化，以作法治的张本。我们仅主张酌良修改政制，使之较适实情，使之效率较增，而不主张即实行刚性的宪政，采用细密的大法者也是为了这个缘故。

什么叫作制度化呢？让我们先举一两个例子来说明。英国的内阁制度，虽不见于法，实已成了一种轻易不得变更的制度。在起先的时候，它仅为国会操纵行政而又不妨害行政效率的一种方便，一种变通方法。但这种方法，行了若干时期后，大家都认为极合国情，于是有权者多方爱护，不因个人的不便而加以摧残，使它得成为一种制度，使它制度化。又如美国的总统选举为间接选举制，依法律总统选举人（由各邦人民所选出）可以自由投票。但习惯告诉美国人，自由投票必发生种种不便，所以选举人必选所属之党所选出的候选人。这样一来，选举人的职务仅成了一种机械式的行动。选举人不得乱投票这件事在美国也成了一种制度，竞选的纠纷及因而发生的不安定也减少了许多。

所以制度化者即使较合国情的方法成为制度之意，因执政者的努力遵守，不管对于自己方便与否，一种本无拘束力的方法可得到永久的效力之意。我们提倡制度化，因为不如此，则人治永无尽期。人治不及法治的地方，即人治随人而改易，而法治则可以一成不变。实行法治者，有治人则进步更快，没有治人也可维持相当的标准。行人治者，人能则治，人不能则乱，故危险性太大。中国现在尚为人治的时期，且以目前的国情而论也只能如此，现在的领袖所给予国人的成绩恐已比一部空宪法所能给予者为多些。但当权者则绝不应以此自满，他们应自己检讨一下，在现在的组织及现行的方法中，何者尚合国情，何者即应使之制度化。不然领袖一旦变更，则优点便又一扫而尽，这样下去，法制将永无成熟之期，而中国将永不能近代化了。

如要我们举例，则可举之例甚多。大的不必说，也不方便说，仅说小的。每年夏季将全国军官调集训练确是一件好事，最好令其制度化。不要去年有，今年有，明年便没有。南京各部，以实际的行政情形而言，在部长之下，确有一人管政务，而又一人管常务，不过不定为政务及常务两次长。如果这事能制度化，能依法使政务次长随部长进退，专管政务，而常务次长永久任职，管理常务，则各部的行政此后也可较入常轨。以上所举仅为小事，执政者当知此外尚有较大之事值得制度化者。其能否制度化，则要看执政者之肯否努力矣。

写于1935年

（《钱端升学术论著自选集》，北京师范学院出版社1991年版）

元强按：这是钱端升先生专门讨论“人治”与“法治”问题的一篇短文。法治在中国20世纪30年代的环境中还未成熟，所以他提倡政治可以先制度化，找到符合国情的制度，让执政者去努力遵守。人治肯定不及法治，人治随人而改，人治是有能人就治理有方，无能人则会治理混乱。

政治的制度化

本刊第一期中傅孟真先生有一篇文章，论《政治之机构化》。他所称的机构，不是什么“调整机构”的机构，而是“文物制度”的制度，亦即西文“Institution”之意。他所主张的政治之“机构化”，不是说政治贵有适当的机构，而是说“政治之非个人化”、政治之应制度化（Institutionalized）、政治之应以制度为基础，应有制度的基础（Institutional basis）。这“制度化”一道手续，这“制度的基础”一个基础，实在是古今中外任何有进步性的国家所不可不经的一道手续，所不可或缺的一个基础，而尤为当前的中国所应努力以求者。问题是十分重要，故今特将傅先生之意再加以引申。

人类的文化本是日积月累而成的。无论在哪一方面，在烹饪方面、建筑方面、耕种方面、文字方面、礼仪方面，或是在其他方面，我们均可证明人类今日所具有的造诣是经过长时期的累积而获来的。

在政治方面，这累积的作用尤其是显著而不可少。政治的进步全靠两种作用，第一种是累积的作用（Cumulative effect），第二种是革命。革命的需要任何人都不能否认。不论哪一个国家，到了政治积弊太深、无法改善，或是旧的制度绝对无法适应新的环境时，只有采用革命的手段创造一个新的局面与新的制度。但在革命完成以后，在平时，要新的局面能巩固，要新的制度能发生效用，能发生福国利民的效用，则又非靠累积的作用不可。而要望日常的政治设施能累积起来，则又非靠政治制度化不可。政治制度化的重要即在于此。

我们中国的历史上充满了革命与累积互相辉映，以使政治进步的例子。在君主的中国时代，所谓创业就是革命。大概一个旧的朝代，因为有着政治上的怠性与忠君的思想做护符，除非实在腐败得不可救药时，是不容易推倒的。同时，一个创业之君，除非他自己有政治的天才（尽管他是一个草莽英雄），或是有极高明的辅佐者，也不易成功。我国历朝创业之君，尽多有许多不自知在革命，实在多是革命者。

在君主的中国时代，所谓守成也就是收累积的效果。在这里，制度化便成了一道不可不经的手续。天下可从马上得来，但不能以马上治之，所以汉高祖那样一个粗人，也须命叔孙通制礼作乐，至于政治上必要的规范制度的树立，更不必说。我们如以汉代文景之治、唐代开元贞观之治，为我国历史上最璀璨光明的时期，那我们也必须要知道那两个时期不但是君贤臣能，而且也是制度确立、大家都循规蹈矩去任事的时期，政治上累积的功用特别显，而收获也特别大。“萧规曹随”的一句古语到了今日固已成为新任官安慰旧任官的僚属的一句套语，但在向昔则可以表现政治制度化的一种精神。

撇开中国，而言西洋各国的政治经验，革命与累积之相互为用，以及欲收累积之功则政治必须制度化，必为最昭著的事迹。我们取十七世纪英国克伦威尔（Cromwell）的革命及十八世纪法国的大革命为例。英国在十七世纪中叶实在需要革命，而克伦威尔也实在是一个了不得的人。他是能文能武的一个全才。他主张宗教自由，他主张民主政治，他主张为大多数人民谋福利。他是熟通战略的一员大将，他又能深得军心。他的治军能力至今仍传为美谈。至于他个人的清廉刻苦尤为千古所稀有。他之能公忠为国，亦为人所共认。但是，因为他不能于扫除斯图亚特王朝的暴政以后赶紧树立一种可以全国共守的制度，因为他不能以最大的决心树立宪法（几个草案或则未成立，或则成立而未实行）及其他必要的法制，因为他好独办，大小文武一切之事统于一身，所以1658年他去世以后，虽然革命的群众拥戴他的儿子为继者，而斯图亚特王朝终于1660年复辟，而克伦威尔的革命终归于无成。

拿破仑便不同了：拿破仑掌握了法国的政权几达二十年之久。在军事上他终是失败了；他也没有能建立一个新朝，在个人的行为上他更多可以訾议之点，绝不能与克伦威尔的纯洁相比。但他的革命毕竟是成功了。波拿巴（拿破仑的姓）的王朝可以倒，波旁王室（大革命前的王室）可以复辟，但大革命时许多建树并不随拿破仑之倒而倒，大革命所革除的许多大弊并不随波旁之复而复。为什么？因为拿破仑于在位的时候，曾经多方求政治的制度化。他不但改善了中央及地方的行政制度，修订了许多法典，他并且以全力气促成法国政治的制度化，防止其个人化。他有许多兄弟及内兄弟们要敷衍，但他绝不纵容他们在法国活动。他每征服一个国家，便为他私人制造了一个地盘。固然，他卒因这许多被征服国家的处理失当而致有滑铁卢的惨败；但是，法国本身亦卒因政治的制度化而着着进步；这进步亦不因波旁复辟而中断，且至今仍在累积着。

再反过来看近代的中国，清代自开国直至和珅用事，政以贿成，政治渐渐变成宫廷化，甚或宦官化以前，除了歧视汉族这一点无可容忍外，实在不算一个恶朝代。我们如研究当日大一点的如吏治制度、考试制度、地方制度，小一点的如军机处处理公牍的制度，我们俱可发现其政治有一定的规范，一代比一代多一点的经验，少一点的轻率，而无人存政存、人亡政亡的现象。固然，清代的吏治制度等取法于明代，得益于明代者甚多，但清代初期及中期之能遵循制度化的原则，则是无可否认的。及乾嘉以后，首有和珅，末有庆王之流，将二百年来的规度推翻，将政治变成个人化，于是清政不纲；重以近世民族主义的激荡，而革命亦终不可免。

辛亥革命以后，起初十余年本非革命党人秉政，失败与紊乱是必然的结果，不值得感叹。最近几年，因为革命的党当了权，更加以党的领导者的贤能，诚如傅孟真先生所说，“中国政治的进展，其神速为明初以来数百年中所未有”。但也诚如傅先生所说，其所以有此成绩者，实由于人力的发挥，而并不由于法治的运用。因为政治的进步只靠人力而不由法治，所以：第一，尚有许多应该可以实现的进步至今未能实现；第二，已经有的进步，在将来也未必见得能永久。换言之，因为我们的政治尚未制度化，累积的功用绝对不能发生。

我记得民国十七年（1928）《中央日报》刚刚创办的时候，就有人大声疾呼，说政治应制度化。可见，当时已有人见到因政治不能制度化而生缺陷与危险。此后，也有许多人提过政治制度化的重要。但是政治之未能制度化则前后十年，似未有若何变更。这是近十年来我国政治上最可引为遗憾之事！

推究政治未能制度化的缘故，全国人民，尤其与政治有关及于政治有兴趣者，都得负责。在上者往往因人治有若干的便利，不能耐烦地努力于制度的树立。在被用之人，则亦往往重视对人的服从，而轻视对法的服从。再进一步，则法为人立，人改法改；于是一切制度不是虚设不予实行，便是朝令夕改。制度既无一能有相当的永久，且能有真实的试验，则其宜与不宜，或应否有所纠正改善之处自亦无从测知。更进一步，则大家对于制度之为物，便根本不能重视，不能有敬意了。

所以欲求政治的制度化，政府固然须深切知道制度化的可贵及制度化的必要，国人（尤其是对国事可以说话的国人）更须以最负责的态度，督促政府。凡合于制度化的设施应同声诩赞之；凡不合者应同声抗言之。国人但知贞观开元之治之盛，而大多不知此盛治之由于制度化。国人亦知魏徵之直，而大多也不知魏徵常常劝唐太宗牢守法度。民国的政治本全国人之事，须全国人知制度化的可贵与必需，务须各个人能以魏徵事唐太宗之法来对付国家，中国的政治才能由人的基础而进于制的基础制度化。

（《今日评论》第1卷第7期，1939年2月12日）

元强按：1939年民国政府已成立近30年，学界很多人呼吁政治要制度化，先有傅斯年先生撰文呼吁，后有钱端升先生也提出同样的问题。没有制度，就会有革命，创业就是革命，守成就是累积，革命与累积相互作用。钱端升列举了英国的克伦威尔和法国的拿破仑，一个没有政治的制度化，革命的成果就被复辟了；一个有了制度，即使复辟了，社会依然按旧章运行。只要政治的进步是靠人治，不是靠法治，政治的进步就很难，即使进步了也不会长久。所以政治的制度化，公民也有一种责任和担当，要不断敦促政府。

我们需要的政治制度

我们需要何种政治制度？这个问题是绝不能以主观的态度来作答。你可以用完全主观的态度来表明你所喜欢的政治制度，但是你不能凭主观来解决国家的需要。国家的需要是一种客观的事实，无所用其主观。

如果单凭主观，则你有你的理想制度，他有他的理想制度。如果你是一个所谓“宿儒”也者，你一定感到君主与科举的混合制度是理想极了。这里，圣王在上，而野无遗贤，三代之盛与夫唐宋之治俱可指日而几。如果你是一个维多利亚时代英国式的政客，则英国式的国会政府制度定是你的最高理想。这里，个人有自由，少数有保障，社会进步而从不须流血，安定而不至于反动。如果你是一个迷信某一种族或某一主义的疯狂专家，则集权制度定是你唯一无二的法宝。这里，你可以集中一切力量，来将其他的种族压倒，或是将其他的主义诛除，庶几你的种族或是你的主义可所独尊。

但是，你主观的好恶与国家的需要毫无相干。你所认为理想或者是不宜于中国，或者是不能行于中国。要一种制度能合乎中国目前的需要，下述三个条件必须具备：第一，要能担负起国家今后工作与责任；第二，要有实行可能；第三，要合乎民族性而可以久长。不合第一个条件则不能顾及国家民族的利益。不合第二个条件等于空谈。不合第三个条件，则国家的秩序将欠安定。

中国今日所需要的政制绝不是旧式官僚政客所半把握半放任的政制，因为这种政制绝不能负起抗战建国的大任。也绝不是英美式的民主政治，因为这种政制既不易实现，也不能负起抗建重任。更不是极权制度，因为极权政制纵能助我们抗战，但绝不能助我们建设我们心目中所企望的新国家。而且极权政制，即在德意等国，也绝不能永久。

我国今日需要一个拥有大权力，而且能发挥大效率的政府。只有这样一个政府才担负得起抗战建国的各种伟大工作。但这个政府也须能尊重各个人民的人格与尊严，并能容许各个人民对于人生及社会重大问题有怀疑论难之权。我们不能不承认纯粹一点的极权政府确实拥有极大权力，这样的政府有时也能发挥高度的效率。但极权政府只能有大力去侵略旁人，去欺凌旁人，而不能和平地建国。为什么呢？因为极权主义藐视人民的人格与尊严。在极权主义之下，人民仅是工具，人民仅有工作而无主张。当政的人固然可以国家民族的大帽子来自诩，说他们的国家如何如何的繁荣强盛，他们的人民如何如何的满足快乐；但实则他们的国家必定顺着疯狂道上迈进，而他们的人民不是疯狂的细胞，定为疯狂的牺牲品。所以极权国家好比昙花，一现之后，便是破灭。在一现的时候，国家尽可以很强，但人民必定没有福利可言。一现之后，则国家人民两归于尽。凡是政府的强力者一定也得有站得住挺得出的人民为辅，国运才能永昌。

骤看起来，要政府有大权，又要政府能尊重人民的人格与尊严，是一个很难解决的问题。实则孙中山先生早解决了这个问题。我们如细考孙先生关于政制的许多理论，而不加以主观的曲解，则可发现孙先生实早因这困难问题而有过一番思索与研讨。思索与研讨的结果指出了一个新的途径。这途径就是民权主义。他的民权主义实是一条经过大努力后可以走得通它的康庄大道。他的民权主义曾遭受过两大不幸：一是解释者的失当，二是实行者的乏力。向来解释民权主义者不是戴了英美民治制度的有色眼镜，硬把它当作英美式的民治；便是丝毫不懂法律政治，不懂中外政制的演变，不理会孙先生所要解决的难题，而将孙先生畅达的理论死板板地下了一些无可咀嚼更无可欣赏的注解。前者是二毛子派，其说容或通，而绝非孙先生的原意。后者是党八股派，其用意或尚忠实，但其说则绝不通。两者均是孙先生的罪人。依常识的解释，孙先生之所指示者乃是如下的一套理论：先由国民党训练人民能行使政权。这政权包含选举、罢免、创制、复决四者，但最重要者当然是选举。换言之，奉行孙先生遗教者应知选举权的重要，却不必拘泥于四权之同时行使。人民能行使政权后，人民得藉国民大会以表示其主人翁的地位，但治理之权则操于政府。政府须有极完全的治理权；人民固可以表示不信任政府，但在平时，则人民不能时时加以牵制，致使政府因应上发生困难。治权固然有五，但行政机关因与人民接触最多，且推行政令之权也在其手中，故行政机关自为独大。再简括言之，我们如忠实地奉行孙先生的遗教，我们的政府应是握有大权的，政府所有之权原不必逊于极权政府所有者。但因政权在民，且有国民大会的存在，故人民的地位又不必低于人民在英美民治国家所享的地位。换一句话：孙先生所企求者实是一种兼有各政制之长的政制。孙先生要提倡他所提倡的政制，因为一方面能醉心于欧美的民治精神，另一方面他又要建立一个可以有力提高民族地位，也可以有力实行实业计划的政府。这两种目标我们都要注意到，否则我们不易理解孙先生的主张。

孙先生关于政制的主张是十分适合于中国的国情。无如除了解释者的失当外，北伐统一后的国民党当局又未充分具有实行并完成训政的力量，以致中国的政制陷入了不上不下可左可右的状态。到了如今，要回到《建国大纲》所定关于军政训政宪政的步骤，事实上已不可能，在抗战的局面之下，我们不能刻板地将国民党训政之事再从头演来。但反过来，我们一点不做预备工作遽而立起宪来更是不妥。这层孙先生在《建国大纲》序文中已概乎言之，政府去年决定于今年开国民大会制定宪法，最近又宣告延缓。这事正可为轻易谈不得宪政的一证。孙先生的思想深见解远，故其主张可以历久而不失其适宜性。但论到实行的方法，则我们不能承认十五年的演变。十五年来，尤其是最近三年来，国事的演变，迫使我们对训政进至宪政的步骤不能不重加考虑。

第一个事实我们得承认的就是，蒋介石先生是全国共戴的有力领袖。第二个事实是，蒋先生是国民党的总裁，离开了国民党，蒋先生便不是我们今日所知的蒋先生。第一个事实无人不承认，第二个事实却不是一般国人的见解。国中今日有甚多拥蒋而反国民党、誉蒋而毁国民党者，更有许多善于投机者流以为蒋不可不拥，而国民党却该痛骂。这一种误解是建立合理政制的最大障害。这一种误解一日不消灭，则合理政制一日不能建立。患这一种误解病者，如能细考蒋先生十五年的言行，一定可发现中国政治领袖蒋先生与国民党领袖蒋先生是决然分不开的。

所以在国民大会未能成立、宪政未能实施以前，我以为最合宜的政制是由国民授国民党总裁蒋先生以处理政治全权。蒋先生于受权之后，则立须完成二件大事：一是改组国民党，加强党的实力与作用，使能一面负起训政大任，一面在最近若干年内担任抗建工作；二是成立一个辅佐的民意机关，使蒋先生自己永无成为独裁者的危险。在形式上这样的一个政府与极权政府相似；但在精神上则他与极权政府绝不相同，因为领导此政府的蒋先生是笃信民权主义者。

国民授权之事可有若干种方式。或由政府召集国民大会，由大会决议授权，或由国内各界自动主张。国人对此事如没有他项意旨，即避免授权的形式，而认为已经授权，亦无不可。

改组党的目的在于吸收一切笃信三民主义而又有为之人。有好党员便有好党；才智之人尽在党中，则党亦必有力量。前年三民主义青年团的设立，本含彻底更新之意，但其成就仅多了一种与各级党部并行的组织。党中人当不能以此而自满，笃信三民主义而仍立党外者，为国家计，似更有入党以强党的义务。盖党的人才如不富，党的力量如不宏，则训政工作绝难入手，而最近数年的抗建工作也绝难胜任。

依西洋的说法，委任的机关本不能尽代表民意的责任，但我之所以主张蒋先生设一辅佐机关者，乃因我国即在君主时代亦尝有直言极谏的良好传习。蒋先生不难用委任的方式，成立一个规劝建议的有力民意机关。唯过去的国民参政会似尚未足以语此，无论其地位或其分子似俱未够分量。

至于党应如何改组，辅佐的民意机关如何成立，则均可委请蒋先生，以表示国民授权之广，与蒋先生责任之专。

蒋先生如诚能有此权，而又辅佐得人，同时再加以注重法治精神及民治精神，则五年或十年而后，真正的民权或不难实现于中国。制度的运用本系于人，如善用之则成功，如不善用之则失败，上述的制度当然也可以失败。但采上述的制度如仍不能助我们实现民权主义，则果如何能实现民权主义呢？政治制度如不以孙先生的民权主义为基础，则国家今后的工作与责任谁又能胜任呢？我深愿国人能以极客观的态度共同讨论这个重要问题。

（《今日评论》第4卷第15期，1940年10月13日）

元强按：1940年钱端升先生看到极权政制纵使能帮助我们抗战，但绝不能帮助我们建设心目中的新国家。他认为要建设新中国，政府必须要有大权，政府还要具备尊重人民的人格与尊严的特点。未来的政治制度如果不以孙中山先生的民权主义为基础，没有一个民意机关来辅佐，国家的责任就无法胜任。

公文式的行政与实在的行政

中国的行政公文式的成分较重，而实在的成分极少。所谓公文式的行政是我们杜造的一种名词，是指行政各机关相互以公文往来，而不求实际之意。譬如说，中央要令全国各机关于植树节植树，中央于是通令各院各部及各省市政府，各省政府又据以通令各县政府，各县政府又据以通令各区公所，各区公所又据以出布告。在文书方面，植树成了一件像煞有介事的政令，但在事实方面，则树应如何植法，应植多少，如何可以望所植之树生长，全都不管；植了大都干死，不植也无关系。这种行政我们称之谓公文式的行政。这种事例多至不可枚举。

我们所谓实在的行政是指有计划的、有办法的、必须实施的行政而言。譬如政府定一清查户口条例，责令地方政府负责执行，地方政府造了户口清册，具报上级政府，上级政府复予以相当的复核以决定地方政府有否切实奉行法令。这种行政是有具体的结果的。这种行政可称为实在的行政。

在一个近代的国家，行政的大部分该是实在的行政，而公文式的行政该居极小部分。我们不说公文式的行政应当完全没有，因为公文式的行政不是绝对可以免除的。国家有喜庆哀悼之事，上级政府必然通告下级政府知照。那定是公文式的行政。而且在实在的行政中，公文往来的手续也是不可免的。即以工程而论，上令下、下报上的公文也是不可少的。不过公文式的行政虽不可免，而绝不应占极大的成分，有如行政之在中国。

然而，行政在中国几乎十之八九是公文往来而已。普通一个机关中，十之七八的职员是办公文的。即如卫生署等一种技术机关，其大部分员司的职务仍为办理公文。到了省县政府，则这种现象更是普遍。依我们的理想，一个机关中，大部分人应为设计、督察及执行的人，而不是拟稿划稿、抄缮印发及见客的人。然而，我国的衙署则离这种理想状态尚极远极远。

考公文式的行政所以盛行于中国的缘故，最大者当为科举精神。废除科举虽将近三十年，但科举的精神则仍弥漫于今日的中国。官吏喜等因奉此，咬文嚼字，而很少知道近代政治的实质。而且旧日的礼教观念及尊卑观念多数念书人也未脱除，于是皇皇教令虽常颁发，其内容如何则很少顾及。有时明知空无所有但因其合于传统的观念，亦遂乱发命令。上以令下，下以责民，但实际上有无结果，则可以不问。这种行政的办法俱是科举的遗毒为害。

其次，中国人的不忠实，好说堂皇冠冕的应酬话也是行政公文化的原因之一。如果上级政府向下级政府行一空无所有或无法实行的命令，下级政府因其空或因其不能实行，而即顶还，则这种命令的数目自可减少。但中国人最会敷衍，接到上项命令时，必然会马马虎虎地转到下面。上下相习，于是全国便充满了公文的往来了。

衙署中，新人物的太少也可以促进公文式行政的盛行。我们常常听见大学毕业生初进衙门的时候，痛心疾首于所谓“官样文章”，但久而久之，他们自己也成了应付公文的好手。这是何以故呢？这就是因为衙署中师爷式的人太多，有专门知识的人太少，所以易被同化，而整个的行政也成了公文式的行政。

要使行政实在化，要救济以上的弊端，我们有下列几种建议。第一，公文程式应加改良，应使简单化，简单到与普通文字　样易懂。办公文者没有虚玄可夸，则公文自必易办，而耗费的时间亦可减少。第二，凡一法令应由何人执行，原法令中应有明确的规定。责任愈是不可推诿，则公文移转的流弊亦可减少。第三，各衙署中应多用受过新式教育的新人物，庶几新政可以推行。第四，行政要有计划，有目的，有办法。以上数点，如能实行，则我国的行政当可稍趋实在，而效率亦可增加。

（《益世报》第1版，1934年9月4日）

元强按：这是钱端升先生任《益世报》主笔时的一篇社论，是针对当时行政体制中“公文式行政”提出的批评，他认为很多官员的精力多放在公文的遣词造句上，在拟稿、抄缮印发以及在接见客人中相互循环，而实际中对行政问题的设计、督察及执行却没有跟踪，公务中敷衍的行为离现代行政管理尚有距离，同时他对战时行政的效率提出了批评。

辑三　中国政治

复兴民族几个必备条件

近两年来，有一极严重崭新之问题，侵袭吾族志士仁人之心脑，疑难惶惑，忧虑感伤，而迄未能获得一确切之答案。问题为何，即吾中华民族今后究否能屹立于世界？简言之，即吾族存亡问题是也。

论及吾族之存亡，国中人士，见解不同。忧时疾世之徒，辄倡中国必亡之奇论；怀奇负志之士，多具吾族必兴之信心。凡此皆属主权之概念，一己之见解，不足以断定中国之前途。吾人今日所应研求者，即在纯客观的立场上，试问吾民族今日是否已具备一切“必亡”的条件？同时更问是否尚具备几许“不亡”的可能？一个民族“亡”与“不亡”，非易论也。以吾族论，具有数千年悠久之文化，拥有数千万方里之广土，过去兴亡，非止一次，今后成败，谁能断言？平心而论，吾族数千年来经列祖列宗发扬化育，惨淡经营，优美之德性，伟大之精神，已深植于吾辈不肖子孙心坎与血液。吾人今日有共同唯一之信念焉，即今后无论经过如何困苦艰难，盘根错节，吾族终不失为人类最优秀民族之一种；吾人更自信中国民族绝不会亡！即亡亦当与世界人类皆亡耳！此非豪语，此非证言，此乃吾族心理上伟大坚韧之基石！充此心理，充此信念，充此精神之所至，天可崩，地可陷，世间无可亡我之人！国人听诸，此心理上之强大自信基石绝不可自毁，吾族复兴唯一之生机，其将建立于此基石之上。

虽然，吾人固自信吾族不亡，然亦必有不可亡之道。今日当问此不亡之道安在？倘其有也，固宜发挥而光大之；其无也则必须有以恢复而建树之。“九一八”以来，海内外贤士大夫奔走呼号，复兴民族之声，嚣然四起。有倡道德复兴论者，有倡教育复兴论者；而国民党领袖诸人尤侧重提倡礼义廉耻之四维论，认为吾族复兴之基础。凡上所举，莫不各具其局部之理由，而均未得复兴吾族之全盘真谛。吾人今兹愿一申述吾人之所见，以为如欲复兴吾民族，最低限度必须具备下列几种条件焉。条件为何？一曰树立民族中心信仰与中心势力；二曰恢复民族自信力与原始建国精神；三曰彻底改革现时社会风气习尚；四曰保持吾民族最低限度之温饱。

第一，吾人当论所谓“民族中心信仰与中心力量”。此等名词，已习闻国人之耳，本报过去社论中亦曾屡次申述其意义矣。国于世界，必有与立，人生处世，亦必有所信有所宗。今日中国立国，所以“与立”者何在？吾族四万万大众，其所信所宗者又为何物？当今世界诸邦无论为民主国家，或独裁国家，无论为资本主义国家，或社会主义国家，均莫不有其中心之信仰与中心之力量。苏俄之中心信仰为社会主义，为五年计划，而其中心力量为斯大林所领导之共产党。意大利之中心信仰为极端之国家资本主义，而其中心力量为墨索里尼所领导之法西斯蒂党。日本之中心信仰为完成“大陆帝国”，为做到东方主人翁，而其中心力量则为少壮军人及其所领导挟持之全国大众。此外如德意志，如土耳其，无论在信仰上，在力量上，均莫不有其中心。唯其信仰有中心，力量有中心，故能统一其国人之意志，齐一其国人之步骤，以赴其共同之途径与目标。顾吾国则何如？政府与民众，显如一盘散沙，各是其是，各非其非，诈虞相尚，私利是图。在思想上，曾未树立一个中心信仰以维系把握全国之人心；在组织上，更未造成一个中心力量以发动领导此全国之大众。今日中国民族正如海上一叶孤舟，暴雨狂风，灯昏月暗，而无一罗盘针以指其方向与归途。鲜有不覆亡者！吾人以为今日欲复兴吾民族，首先必须在国人心脑中，树立一个中心信仰，标櫫一种切合时代国情之主义，使举国有所宗；同时在政治上必须组织一个有主义有计划之党国，此中更应有几个伟大人格之领袖，有多数坚贞忠实信义仁勇之团员，严格其训练，铁化其纪律，以此为国民力量之中心，方能领导发动全国国民，以共赴此中心信仰，信仰与力量之中心具备，吾族乃不致如今日之颓废零散，奄无生气，今后必能同心合力，齐一步骤，以戡内乱，以御外侮，以建国家。年来国民党人呼号“精诚团结”，不知“精诚团结”非呼号所能致，舍此中心信仰与中心势力之树立，将无从求得之也。

第二，吾人所认为复兴民族另一个必备条件，为恢复吾族自信力与原始建国精神。国人今日之大病在不自信。一般青年志士，震于强邻船坚炮利，同时感于自身有国无防，必亡之论，崩陷之悲，应时而起。虽然此实心理上之病态，此失其自信力也。以如此悠久历史之伟大民族，历经盛衰兴亡，终能巍然独存于大地，倘无可以自存之道，曷能臻此？吾人实不应妄自菲薄，须知吾辈先民留下此宝贵之遗产，几千年来，不知断送几许头颅，耗费无量心血；历史上多少忠臣烈士，肝脑涂地，断颈裂身，捍卫吾族疆土，争博吾族自由，悲壮惨烈、可歌可泣之事迹，史不绝书。所为何来？所求何事？无非为吾辈子孙争取一绵延孕育之场，留下一生养滋荣之地，以维系其血统于不坠。吾辈子孙倘能追怀先民如此光荣之事迹，伟大之精神，即令下愚懦夫，亦当知所淬励感奋。倘仍颓丧自废，妄唱悲观，在国家为不忠，对祖先为不孝，不待他人亡我，其心灵上先已自亡。故吾人今日如欲复兴民族，首当铲除此心理上之大敌，首当恢复吾民族“不能亡”之自信。全民族人人心中充满一“有我在，中国决不亡”之信念，则任何艰苦，可以肩负，任何环境，可以征服，此心理上之基石一定，甚至无坚不摧，无敌不克。征诸历史，当拿破仑征服德意志之日，费希特以“恢复日耳曼民族自信力”之说申儆其国民，树起德人心理上之基石，卒赖以复兴其民族而报法国之仇。更视苏俄，二十年前在工业、农业上犹是一十七八世纪之国家，乃以列宁、斯大林辈之崛起，改制翻新，树立计划，十年之间，竞跻最现代化国家之列，迈越其他国家一个世纪之过程。非苏俄民族具有伟大坚强之自信力，焉能若是？凡此均足证明一个民族之自信，实为一切事业之原动力，吾族如谈复兴，最初之条件亦非恢复此种自信力不可。与此自信力相辅为用者，即吾先民原始建国精神。所谓“烈山泽辟草莱”，所谓“筚路蓝缕以启山林”，均吾先民原始建国精神之表现。即如前文所陈历史上多少忠臣节士不惜牺牲头颅鲜血，以谋保全其疆土，滋育其子孙，是皆原始建国精神也。降至今兹，国势陵夷，子孙不肖，祖先之光荣，为吾辈辱没殆尽，而其开国建业之精神，至今日更不可复得。吾辈须知先民原始建国之精神实为吾族之至宝，能恢复自信力，并能恢复此原始建国精神，方能谈建国，方能谈复兴，舍此一切均不足道也。

第三，吾人所深忧痛感者，即为中国社会风气习尚之败坏浇薄，认为非彻底改革，不足振起举国之人心。今日之中国社会，简言之，实一病态之社会。整个社会所表现者，为自私，怯懦，欺诈，虚骄，偷惰，苟安，无公德心，无责任心，有小我而无大我，重家族而轻社会，此实中国民族堕落颓沉最可痛之现象也。处如此恶劣败坏风气之中，虽有圣哲，无以自拔，又何能期望作育一般纯洁志士青年，以肩起此复兴之大任？迩来国中有识之士亦多有感于此，颇有倡导改革社会习俗风尚者。最近南昌党政军民在蒋先生鼓励之下，更有“新生活运动”之发起，以消除腐恶旧俗，树立优民风气为目标，期以策动全国改变人心，此实最可赞誉之举也。吾人以为改革社会风气，必须由多方进行。一方面由政府发动，以政治力量改良制度，提倡善良风俗。另一方面由政府领袖诸人以身作则，彻底改变私人生活习惯，树立新风气为天下先。曾国藩有言“风俗之转移，系乎一二人心之所向”，是知领袖人物之言行，影响全国民众实深且巨。今日中国社会风俗之败坏，大部原因要在过去与现在当轴领袖私人生活之腐化恶化，贪污自私，见利忘义，穷奢极欲，各种现象所以造成之。故如改革风气，必先从改革在民上者之行为与心理做起。至在民众本身方面，应由智识分子，中坚人士，组织团体，相与策动，检查社会各种病象，认为足以贻害全族者，一一胪列而出以为铲除打倒之目标。同时保留中国旧有美德，参取西洋优良习惯，融合贯通，以创立一种合于时代与国情之新道德、新风气，以此发动民众，风行全国。必如此，而后恶习尽除，世风一变，无论老幼，同作新民，其于吾族复兴之前途，实有莫大之意义也。

第四，吾人以为复兴民族，必须维持吾族最低限度之温饱。吾人为此言，实不胜其悲伤感慨！孙中山先生曾谓中国人无贫富之别，只有大贫小贫之分，此言在当日或别有用意，然至今日则已不复尽然。今日中国社会，一方面为军阀官僚，买办豪绅，吮同胞之脂膏，挟亿万之财产，托庇于租界洋场，置身于汽车华厦，恣情放欲以享人世物质文明之至乐；一方面为吾数万万劳苦大众在层层剥削压榨之下，终年胼手胝足，衣不能温，食不得饱。本报农村问题专页所征集农村疾苦之函件，达五六百封，其中十之八九多忠实陈诉农村破产状况，柳絮为衣，草根为食，诚有令人不忍卒读者！吾民族今日显然分为两大阶级，一为立在“奢侈线”上之剥削者，一为伏在“饥寒线”上之被剥削者。“奢侈线”上之有产者，固无从驱之上“火线”以就死，“饥寒线”上之贫苦大众，又孰能驱之赴“火线”以责其抵御外侮捍卫邦家？淞沪之战，江北人多汉奸，岂甘心为汉奸？乃饥寒逼其如此！长城之役，亦有多少任敌探者，被捕后多自承迫于饥寒。是知今日单纯的“道德论”，已不足以谈救国，谈复兴。今日当国者，必须为此颠沛流离、贫弱无告之劳苦大众，先谋一回苏喘息之生机；至少至少，亦应将其生活从“饥寒线”上提到“温饱线”上。孔子所谓“富而后教”，管子所谓“仓廪实而后知荣辱”，昔贤已为吾人言之。吾族大众，降至今日，困苦极矣！以如此贫病交迫不得温饱之大众，而期望其能担起复兴民族、建立新国之大任，于理不可能，于情不可通。同时吾人更须知欲复兴民族、建立新国，又非赖此大众之力不能有成。是则今后之问题在如何苏息此大众，培育其生机，至少必须使其获得最低限度之温饱。吾民族生活希望并不甚奢，倘获温饱，于愿已足。必待温饱，而后可以有力量，有生机；亦必待有力量、有生机之民众，而后可以谈复兴，谈建国。复兴民族之必备之条件，此当为首要者矣。

上举四事，吾人观感所及！简略敷陈，意义容有未尽，而事理则无可或疑。吾炎黄子孙、大汉民族，今日实已至中襄垂暮之时期矣！复兴之机，崛起之望，实系于吾人一转念、一立志之间！吾人倘自信可以复兴，则吾族复兴，可立而待！兹篇略抒一得之愚，愿以供诸国人之参考，吾族不乏健儿有志之士，时机至矣，曷与乎来！失今不再，大劫之来，恐将有不容想象者矣！

（《益世报》第1版，1934年2月24、25日）

元强按：“九一八”日本侵占东北后，又裹胁溥仪到长春成立了伪满洲国，中国人的自信降到了谷底。钱端升先生写此文就是为国人打气，敦促当局为民族复兴建立自信。

“中华民族决不会亡！”他认为此乃吾族心理上伟大坚韧的基石，这种心理上的强大自信基石决不可自毁。复兴民族的基本条件就是要树立民族的中心信仰，确认民族的中心势力；恢复民族自信力与原始建国精神，从而彻底改革现时社会风气和习尚；保持我民族最低限度之温饱。只有全民族人人心中充满“有我在，中国决不亡”的信念，只有树立这样的信念，复兴民族的一切事业的原动力才会源源不断。

怎样可以促进我们国家的近代化

怎样可以使中国近代化的问题几乎就是救国的问题。但我们不愿用“救国”两个字，因为一谈救国，什么“天下兴亡，匹夫有责”“十年树木，百年树人”“礼义廉耻，国之四维”那一套老话便随口而出。我们固不否认这些格言是有相当的真实；但我们现在急需近代化，能近代化才能救国。我国须有近代的见解及精神。一说老话，我们的思想便有八股化的危险；所以我们最好少背诵老话，尤其是陈腐的老话。

让我们再说得透彻一些。我们相信中国有些固有的伦理观念是极好的，而且也是永久真实的。但是，只提倡旧道德绝不足以救国。不特不足以救国，且老是提倡旧道德的人们不是冬烘气，便带虚伪气。“忠孝信义，亲爱和平”的巨匾哪个机关、哪个学校不在礼堂高悬着，然而它对于职员们的行为及学生们的思想，又何尝发生一些提倡这八字救国论的道学先生们所期望着的影响。我们要近代化，我们不必要恋古。遗传习惯中如有合于近代需要的，我们老老实实地采纳就得；八股文章却不必再做。

那么近代化又怎么说呢？我们的解释很是简单，要中国成为一个近代国家，第一要国民有坚强的民族意识。日本人批评我们不是一个有组织的国家。这话虽然侮辱太甚，却也千真万确。政权的不统一尚是小事，国民的缺乏民族意识则是根本的大患。日本人取华北，两广可以袖手说风凉话；日本人制造满洲国，福建、江苏以及河北等省的人可以大批前往投效。这是何等地可以证实我国国民缺乏民族意识！如果民族意识永久是这样的薄弱，即使我们有了近代文明的物质，我们也只能做别的近代国家的顺民，而不能自己成立一个近代国家。第二要国民有雄厚的经济力量。民族意识可说是近代国家的精神表现，经济力量可说是它的物质表现。经济力量，怎样才算雄厚本不是有一定标准的事。但近代国家的工商业至少须满足下列最低限度的标准：（一）食品能自给，或者食品所自输入的地方是绝对的友邦，或绝对的可以军力来控制的；（二）纺织业（或棉布，或毛布）发达到可以勉强自给的程度；（三）煤的开采同上；（四）铜铁、机器及化学工业有高度的发达，因为这些工业是别种工业的基础，同时也是发展军备时所不可少的工业；（五）国家有控制金融的能力。

我们如环顾现代的世界，除了英日外，没有一个大国不是具备上述许多条件的。俄国向来落后，但近年正在埋头上进。英日因为岛国的关系，有的食料不能自给，有的煤铁根本缺乏，所以一个有殖民地来补助，一个则向大陆推进。具备上列条件者面积不大之国也可成为大国；不具备者则面积较小之国永远是小国，而面积较大之国则迟早必招瓜分之祸。这个大势是很明显的。我们所以呼号要快快使我们国家近代化者，也是因为这个缘故。

当然，上述的最低限度的条件绝不是一朝一夕所可具备的，即在最理想的环境之下——外祸不来，内乱不生，天灾不降，有新知识的人物得有发展抱负的机会——恐怕也须经过十五年以上的埋头苦干才能成功。环境愈坏，则成功亦愈迟，甚或不及成功，而国已灭亡。所以我们现在所应努力的即是怎样可使环境接近于理想。

这是一个极大、极复杂的问题。我们现在愿提出我们所认为最重要的三点来供国人一致的采择。

第一，我们需要一个中心势力。国家本不能没有一种中心势力，国民也不能不维护这中心势力；在我们这种没有组织的国家内，中心势力的需要尤其是急切。我们如果尚没有，我们立须创造；我们如果已有，我们更应扶植。我们要在这中心势力的领导之下，众志成城地将国家推向近代化的路径。我们的民族是最散漫、最无组织的，我们如果没有一个中心势力来统领一切，民族是决然无从团结的。

第二，我们要尊重新的知识、新的技术及新的人物。新的建设绝不是旧人物所能担负，也不是旧知识所能济事。现在所谓新人物的知识技能固然尚嫌不够近代，但比较起来他们总可说是相当的合宜的人物。近年来我们固然常听见一般人对于现代高等教育有严酷的批评，认为它失败。但事实并不如此。现代的高等教育虽离理想尚远，比从前则确已大有进步。不特理工为然，即文法亦然。现在的法科学生固然仍以讲义为主，知识万万不够，但即以他们的讲义也比十年以前的讲义要高明许多。所以责现在的新人物不合理想则可，说他们比十年、二十年前的人物还不如，却是厚诬。今后国家如能让新人物来经营，国家绝不会没有起色的。至于新人物缺乏淬励牺牲的精神，那又是一个问题。那是中国新旧人物共有的缺点，那是须另图补救的。

因此，第三，我们希望全国人民有忧勤惕励、刻苦耐劳的精神，而统治阶级尤其要有这种精神。我们先讲忧勤惕励的重要。现在中国一班所谓上等阶级——实即较富有的阶级——不是以为中国一定非亡不可，便是认为中国立国有三四千年历史，一定亡不了。认为非亡不可的人们充满了劣等心理及运命主义，一切抱得过且过的态度。故在未亡之前力求享受，亡后则预备泰然地做顺民。这种亡国脑筋我们固非根本铲除不可，同时中国一定不亡的看法也是错误，也可引起贪懒的劣性，我们须知中国可以亡，也可以不亡，全看人民的努力如何。所以忧勤惕励的精神是万万不能少的。刻苦耐劳也是近代化的必要条件。我们既要发展民族的经济力量，则在发展以后，消耗须缩至最少限度，而储蓄须发展到最高限度；以所储蓄者作为生产的资本，生产率才能急速的增加。所以我们所提倡的俭是近代的、积极的，而不是旧式的、消极的。如果穿完全国货的丝制衣服较穿半中半洋的棉制衣服于国民经济较为相宜，则我们绝对地提倡穿丝绸；如果卷烟叶消耗有用的资本过甚，则我们绝对地提倡禁绝纸烟。在勤劳刻苦的大前提之下，我们的生活也许甚苦。然这既为近代化的必要条件，则我们只有改变我们暂时的生活以为我们晚年及我们的子孙谋幸福。这种办法多少是不易做到的，所以我们尤愿享统治之权者能以身作则，率先提倡。

我们今日只谈精神方面的两个先决条件，因为精神比具体计划更重要。没有近代化的精神，近代化的计划，即使有，也是无法实施。

（《益世报》第1版，1934年2月18日）

元强按：彼时中国刚从战乱中有所缓和，但日本已进逼华北，为了准备抵抗日寇，钱端升先生提出中国急需国家近代化，否则亡国就在眼前。国家近代化的最基本条件就是国民要有坚强的民族意识；再者国民要有雄厚的经济力量。而最现实的是国家抗战中需要一个强力的领导势力，有新的人物产生，改变目前一盘散沙的状态。

现代化

“现代化”到底是什么。“现代”这两个字，无论在英文，在德文，或者在法文，都是“Modern”。在目前中国一般人的习惯，听到“Modern”——“摩登”这个名词，总会联想到摩登装饰、摩登家具，甚或摩登女郎一类物一类人的身上去。因此，社会上一般人对于这名词的印象，总不甚好。记得《中央日报》在民国十七年（1928）创刊的时候，有一个以“摩登”为名的副刊，他上面所刊载的，都是正经的东西，都是值得提倡的关于“现代化”的各种事物。我今天所讲的“现代化”，也就是正经的值得提倡的“摩登”主义。

所谓“Modern”的，或是现代的，当然和“Ancient”的，或是古代的，是相对的。由“Ancient”的而到“Modern”的，在西洋历史上、政治上、社会上是一个很大的分界线。无论在历史上、在社会上、在政治上……各方面都有这种分界线。“摩登”主义的含义很广，并不是一点小小的主见，或是一个狭隘的名词。它的定义，当然有许许多多的说法。但是我们要明了“摩登”主义是什么，重要之点不在它的定义而是在它的含义。所以我现在不愿给读者一个定义，我只说明它的含义，说明“现代化”到底是什么东西。我现在分开三方面来说明它：第一是它的哲理的背景，第二是它的政治的表现，第三是它的经济的或是物质的表现。现在分别来说。

从哲理的背景方面来说，所谓现代化者，乃指古代思想的解放。古代西洋的思想，受了许许多多的束缚，而最大的可以说是宗教思想的束缚。本来欧洲的思想，并不全是耶稣教的思想，但是耶稣教发达很速，渐渐凌驾其他各种思想之上，不久以后，什么事情都带了宗教的色彩。到后来文艺复兴，古代希腊的思想——那种非宗教的思想——在欧洲渐渐抬头。再由于以后地球的发现，使大家碰到许多新的，并不是单用宗教思想所能解释得通的事情。由于许多新的发现，便得到了许多新的真理，于是中古的学院主义——学院派里面的人，大多数都是教士——便渐渐衰败了。到了十六世纪，宗教改革也就发生了。这样一来，真正的科学便也就开始。到这时，古代一切受宗教束缚的思想便大大解放，而新的哲学继起。这一点，因为时间关系，不能详细去讲。简言之，现代化在哲理的背景方面所表现的，可有三点：一就是科学的发达；二是自由传统的养成，讲到自由，许多人每误认它就是散漫放荡，我现在所说的自由是指近代思想解放后，大家得以自由地去探讨真理的那种传统；三是相信进步，到了近代，思想的进步与社会的进步，是宗教束缚时代所没有的。以前教会的人狃于成见，对于一切事物，都以为古的好，而新的不如，不知道有所谓进步。再重复言之，在思想哲理方面，从古代解放出来的结果有三：一是科学发达，二是自由传统的养成，三是相信进步。

现代化在政治方面的表现，最主要的不外四点。第一是平等，法律上的平等，扫除以前一切阶级的关系。古代有阶级制度，封建社会可以说就是阶级社会，有种种的阶级，有贵族有平民的分别；就是在贵族之中，也有很多不同的阶级。这种阶级的形成，在古时是认为天经地义的。当然，古时候也有人起来高叫推翻阶级——如果没有这种举动，那么历史上也就没有那些斗争了——但是这种举动并没有多大效果。特权阶级所享的许多特权，都为一般人所没有。到后来宗教改革，思想解放的结果，于是便有平等的观念，法律上彼此都要平等，没有阶级之分，不因为他出身的不平等而享受也不平等。第二是知识普及，所谓知识普及，自然是比较的说法。它自然是一代比一代来得普遍。我所以说它是现代化的特点者，乃因为在平等，在推翻了阶级以后，人人都能够受教育，都能够得到知识来判断宇宙的真理。过去的情形，知识为教士或贵族所包办，其他的人大半都是没有智识的。如果中世纪的佃农要和他的地主谈起平等，那真是一件不可思议的事。第三，由于宗教改革，大家便将各国君主的君权神授说推翻。中古的时候，欧洲四分五裂，当时每一个国家的君主，为想表现他有力量，于是便倡君权神授说，说君主的权力是神所赋予的，是神圣不可侵犯的。这种说法，英国在十七世纪、法国在十八世纪后先后消沉。但在形式上，直到现在，英国国王在许多文告中还常常用“蒙上帝降临照佑”等语，这都是古代的遗习，在如今不过是一句话而已。但是在古代的时候，确实如此。思想解放以后，君权神授说便逐渐被推翻，于是人民便要求种种权利，倡政府根据契约之说，甚而要求宪法等，这些要求之所以起，乃因神权思想的推翻。人民既逐渐有权利，国家也逐渐进入民主制度。第四，在行政方面也发生了一个极大的变动。这就是人民如果有能力，就可以参加政府，参加行政，并没有阶级的限制。原来在阶级社会里面，能够出来负责行政责任的，只是一些特权阶级。宗教改革，思想解放，神权推翻，民权日张，于是人家就都可以参加行政。到了后来，行政组织亦大加扩充，效率因此亦逐渐提高。现在许多人常常说中国行政效率太低，但这只是和目前西方若干国家比较的结果。西方国家在若干世纪以前的行政效率是极低的。如果以任何一个西方现代国家的政治组织来和古时那个国家的政治组织对照一下，中间的进步诚有不可思议之处。西洋诸国在十八世纪以前，政治组织的规模很小，没有什么制度可享，西洋各国行政组织的现代化，实在都是十八世纪以后的事。十八世纪普鲁士腓特烈大帝开其端，其他国家在十九世纪的时候才陆续仿效。由上所述，现代化表现在政治方面的有四种结果可见：一是平等，二是知识普及，三是民主制度，四是行政改革。我虽不敢断定它所表现的就只有这四点，但是这四点是缺一不可的。如果缺少了其中任何一点，现代化的资格也就没有具备。

至于现代化在物质方面的表现，最大的可以说是在现代化以后，人类就可以控制自然，以前的人类是无法控制自然的。在这方面大致可有三种结果：第一是产业革命。产业革命以后，生产制度焕然一新，规模扩大，方法进步，于是人类渐能控制自然。第二，由于产业革命，经济单位也就扩大。以前的经济制度乃是小单位内的经济自给制度。产业革命的结果，小单位的经济自给制度便被打破。只靠本单位以内的生产品，不够消费，于是单位逐渐扩大。到后来，就连在一国之内，也还有许多东西要仰给国外，国家自给经济制度亦即打破。这种小单位的经济自给制度打破以后，人民的财富便大为增加，以前贫穷的人，如今多变成富有。不但如此，财富的分配，也比较普遍得多。本来产业革命以后，新经济制度产生的结果，形成资本主义，在资本主义的经济制度之下，往往贫者极贫，富者极富，贫富之间，极为悬殊。但是尽管贫富益形悬殊，而富有的现象较之封建制度时期却要普遍得多。第三，因为富有的普遍化，于是就产生些比较有闲的阶级——这里所说的有闲阶级，是指工作之余，比较有闲暇的人。他们在比较有闲以后，对于科学的倡导，自由的争取，俱能多所致力。以十九世纪中叶的英国而言，那时新兴的工商阶级是有闲的，因为有闲，他们便有兴趣去倡导科学，去争取政权。愈倡导科学，愈争取自由，一切的进步就愈大，政治的表现就愈彻底，物质方面的进步也就愈快。

由上面所说的，所为现代化，必定要看它的哲理的背景、政治上的表现和经济上的表现如何而定。能够完全具备这三个条件，那么才有真正的现代化。如果欠缺其中一个，那么那个现代化一定是假的现代化，或者说是现代化不健全。

说明了现代化的含义以后，其次就要讲到欧美各国现代化的情形。现代分开英美、西欧、苏联、日本诸国来讲。

在欧美各国中，比较起来以英美两国最合现代化。美国立国时期虽短，但背景与英国大抵相仿，现在只提出英国来说。英国的政治环境是很有利于现代化的：国内统一最早，封建制度在十二世纪起就开始消灭。在地理环境方面，英国又比较孤立，不与欧陆相接，于是欧洲大陆上教皇的势力和那些专制的议论，英国所受到的影响较小。宗教改革以后，欧洲中部许多国家，发生了路德派的宗教。马丁·路德虽然是宗教的改革者，但是他的思想仍然是有一层层的阶级观念的。中古欧洲国家，大都逃不了路德主义的宗教。英国与欧陆隔海相对，路德教未曾传入，他自己却自成一个国教。所以英国的政治环境、地理环境都是有利于现代化，思想解放很早，自由发达，三权取消益早，民主精神盛行，这都是很合于现代化的条件的。其次，它的生产革命亦早，大约在1760年的时候，农业革命始于英国，其后又发明纺织机（这种生产革命之早，当然也有偶然的因素在内。因为某一个国家能够偶然地发明了一些新的生产工具或方法，那个国家的产业革命就早）。英国的产业革命虽然很早，但是经过产业革命之后，是否就一定能够发生新经济制度，本来这是一个疑问。可是英国在产业革命以后，刚巧碰到拿破仑的战争，还受欧陆的封锁、环境所迫，于是便不能不自力更生，加紧生产，产业因此日盛。由上所述，可知英国思想解放很早，产业革命亦先，而政治方面，人民也早就竭力要求民主，所以他在思想、政治、物质三方面的现代化都最早。大致看来，在欧美各国之中，以英美两国为最具备现代化的三类大条件。

西欧方面，可以德法两国为例。以意大利西班牙两国与德法比较，则意西两国的现代化太不完全了，故可不论。就法国而论，假定英国十七世纪的时候思想已经完全解放了，那么法国的思想则迟到1789年大革命以后才开始解放。这中间，两国相差几乎有一世纪之久。在政治方面，英国早已铲除封建阶级而进入民主，但是法国则远较落后。至于生产革命，更全受英国的影响，英国农业革命发生在1760年左右，工业革命则发生在1780或1790年左右；法国的产业革命，那大致都是1830年以后的事了。至于德国，它向来就不是一个统一的国家，国内有许多小邦。就地理方面说，所处环境颇不适宜。因为它处于欧洲的中部。大部分的小邦都受四邻的侵凌，所以它有团结的天性，事事与人竞争，因而尚武主义较为发达。同时因为地势所限，颇不容易统一，经过了许多大的波折，直到十九世纪才统一。德国的革命本来是跟着法国的革命来的。德国在十九世纪上半期，它的自由思想本已追上了法国。不幸，这种崇高的理智及自由的本性，并未能促使它统一的成功。它在十九世纪中叶的统一，实在还是靠俾斯麦的武力。德国的统一既由于武力，所以在统一以后，便迷信武力，轻视理智主义，所以政治上的表现不够现代化。像平等，法国在十九世纪下半期虽然还有公爵贵族之名，但也不过只是一个名称而已，可是德国在第一次世界大战以前还有许多阶级。所以德国的情形，一般说来，知识固然普及，但是他们迷信神秘的观念过深；行政虽早有改革，但阶级颇严；直到十九世纪下半期，它在现代化表现在政治上应有的四个条件中，还只有其二而缺其二。所以就法德两国来说，法国一切情形大都跟在英国后面，表现得虽不很好，但是多少还有点现代化。德国则除了物质方面以外，这里思想根本谈不上现代化，政治方面的表现也只有一半，所以德国的现代化乃是畸形的。至于西班牙、意大利等，那就更不足道。像西班牙，既缺乏哲理的背景，物质的进步，而且天主教的势力仍然很大，神权思想仍然盛行，离现代化尚不知有多远。

苏联怎样呢？俄国自从十七世纪末年的大变动以后，若干地方，都竭力想西欧化——或者叫作现代化。像彼得大帝到英国学造船，或是十八世纪初期大加萨陵女帝之仿效西欧行政制度。不过俄国在思想方面久已落伍。在十九世纪，1840年左右的时候起，几十年间，有西方派和斯拉夫派在理论上斗争甚烈。斯拉夫派主张本位文化，主张一切不接受外来而由本身改革求出路；西方派则说俄国原来的东西完全要不得，完全要接受西方的潮流。这两派的思想，冲突很烈。我们平心静气说来，他们当然都是各走极端，均属一偏之见。后来共产主义的盛行，乃是西方派的得势。斯拉夫派和西方派闹得很久，他们的思想背景总在两个极端之上不能解决。虽说欧化，事实上西方的前进思想钻不过来。所以俄国到很迟才有思想解放。现在解放到怎样的程度？这因为时间关系，无法详加讨论。总而言之，俄人的思想，并未能在短时间内直接随着西欧，间接随着英美之后完全解放。而在政治方面，像近年共产主义的执政，许多措施，仍未能及得上现代的标准。至于工业化，那是在1880年以后的事，发展更迟。所以俄人的现代化，并没有什么高的程度。最近一二十年来的情形怎样？因为时间关系，不能多讲。可以说的是：今日的苏联，无论在哪一方面，其现代化的程度还未能赶上英美。说到日本，那也是一个畸形的国家。它无论在思想方面或者是政治方面，都未够得上现代化。只是在物质一方面，它竭力想造成现代化。然而它物质方面的进步虽然相当可观，思想和政治两方面却很难和物质相调和，于是种种不健全的现象也暴露了出来。因为时间关系，我也不能详细去说明。但是我敢断定日本在这次大败以后，一定会一蹶不振、历久才得复兴的。其中原因，乃在它现代化的不够，物质方面虽力求现代化，但是思想和政治方面，都还未及现代化的标准。日本的复兴，须在思想及政治现代化之后。由以上所说的，可知现代化在哲理、政治、物质三方面的发展一定要平均。如果这三者不能并进，甚或有所偏重，那么这现代化必有毛病，经不起丝毫打击。若能整齐发展，那么现代化的基础稳固，难以摧毁。平心来说，欧美诸国的盛衰，实在可以由它的真现代化、假现代化或者是畸形的现代化而判断。我的看法，真正的现代化，必定不能畸形的。

说明了欧美各国现代化的情形，最后我就讲到我们中国的现代化。

中国现代化的条件，有好有坏。先从哲理方面来讲。我感觉到中国思想哲理上现代化的条件在消极方面并不错，但是积极方面则似乎还不很够。这就是说，过去中国思想上的束缚很少，解放容易；或者甚至可以说过去中国思想根本就没有束缚，也无所谓解放。中国历来思想上都印着四维八德等观念。这些都是中庸之道，在古代看来是美德，现在看来也是美德，将来看起来仍然还是美德，这谈不上什么思想束缚。至于《论语》《孟子》等四书上所说的一切，也都是中庸之道，也不能说对于中国古代思想有什么束缚。我们将中国这些东西来和欧洲宗教改革以前思想上所受束缚的情形〔来〕相比较一下，真有天渊之别。如果有人说中国儒家思想对于中国思想方面有一种很强的束缚，这实在是不对的。中国人民的思想古来就没有什么束缚，宗教又没有什么势力，所以我说中国现代化在思想哲理上的表现，从消极方面说来，是比较具备的。然而它在积极方面的表现并不够，人家科学发达，我们却欠缺。人家提倡自由，尊重自由；我们讲自由，虽然多年，但其含义却是消极的。我们仅在消极方面立下几个法律对于自由有所规定而已。我们向不从积极方面推崇为人的尊严，直接以发展个人的力量，间接以增厚团体的力量。讲到思想的系统，我们也至不完备。譬如像宇宙的问题，我们向少讨论。所以在思想方面，西方在解放以后是有系统的思想的，中国却从来就不大有束缚，可是很消极，很少有系统的思想。从物质方面说，则我国向日因没有科学之故，吃了大亏。西方的科学乃是近代产物，不过是十六七世纪以来的事。西方在有科学以前，其物质情形，并不怎样优越。当时中国正在乾隆年间，即在乾隆时代，中国和西方各国相比，并不很差。但是乾隆以后，西方各国国富日增，生产丰盛，财富普遍，我们则一切落后，一日不如一日。这是什么原因呢？为什么乾隆以前大家都是一样，而乾隆以后就相差得这么远呢？这问题很简单，因为人家现代化，我们却未曾现代化；人家科学发达，进步神速，我们墨守旧法，追不上去。所以我们中国的情形，就思想哲理上说，消极方面的束缚虽然很少，不致妨碍发展，但在积极方面则思想大不够系统。现在要有系统，那就要学科学。欧洲在思想解放以后才有科学，到如今为期亦不很久，然而颇有成效，这还是因为它能竭力提倡所致。我们中国对于科学的提倡太不够了。如今倘若希望科学发达，还需要积极的力量。据我看来，我们提倡科学，就连方法还有讨论的必要；像提倡实用科学而忽略纯粹科学，那么根底不稳，将来也要落后的。至于政治方面，我只简单说几句。在政治上，要能够有现代化的表现，先要国家安定。以前国家未安定，政治难上轨道，自今而后，国势已经大定，在国家各方面安定了以后，政治上的现代化的条件是不错的。总之，我们要注意到，要求现代化，不能单单侧重于物质方面，必定要思想现代化，政治现代化，然后物质现代化方有意义。如果不能这样，那么好像德国的情形一样，过分加强物质，而思想政治的基础不够，那是毫无意义的。不过物质方面，我们也希望短期内能够达到生产革命化。总而言之，就现势而言，我们中国的现代化的条件尚可乐观。以前因为有种种环境关系，一时未能表现，到这次战争胜利以后，现代化的加速应当是有望的。

根据历史的看法，我个人认为要现代化，眼光一定要远，一定要在各方面同时并进，平均发展，那么基础稳固，不虞动摇；要是急功好利，有所偏重，即使某一方面可以在短期内得到效果，但是基础是不稳固的，一经打击，便有崩溃危险。现代化是要各方平衡的，我们的努力必须同时并进，切不可因为环境关系而有所偏重。

（三民主义青年团中央干事会、文化建设运动委员会编：《文化建设论丛》第一辑，1946年6月；原刊《中国青年》第10卷第6期，1943年6月15日）

元强按：钱端升先生期望战争结束后，为加快中国的现代化建设而寄语与青年。他明确指出现代化是全方位的，不只有物质，必须有思想和政治的现代化，才可以称得上名副其实的“现代化”。

他认为思想现代化须有科学发达、自由传统的养成和相信进步的观念为基础；政治现代化也要表现在平等、知识普及、民主制度和行政改革理念中。倡导科学，争取自由，进步就大，政治越现代化，物质现代化就更快。他分析到，法国的现代化过程就是均衡的发展，德国则是畸形的，只体现在物质方面，思想和政治现代化表现只有一半。日本和苏联也都在半现代化进程中，中国的现代化主要是科学的欠缺。总之，现代化要在哲理、政治、物质三方面都均衡发展，才可以称得上真正的现代化。

统一中国的途径

我们前曾为文，论怎样可以促进中国的近代化，并列举实行近代化工作必要的条件。然要使中国近代化，中国必先统一。统一，则事半而功倍；不统一，则工作无法进行；即使某一地方能修些道路，设些学校，其对于全民族的影响也是微而又微。

统一的必要我们不必多说，因为这几乎是全国一致的要求。前几年固尚有人倡割据分治之说，然这种自身矛盾的议论——因为割据必不能分治——近已不复闻见。自“九一八”后全国人民盖俱已感觉到统一的必要。

要统一则必须有中心势力；这或者也是大家所公认的真理，所以我们也不必多说。我们愿重复我们前日已说过的话：“我们如果尚没有‘中心势力’，我们立须创造；我们如果已有，我们更应扶植。”

大家虽都公认中心势力的必要，但是谁配称中心势力，则国人的意见尚不一致。国民党当然以为它是这个中心势力，而在野各派则以为中心势力尚须创造。我们以为在野各派即能组成政党亦不能轻易创造一种中心力量，则与其改弦更张，徒滋纷扰，而结果在不可知之数，不如因势利导，力求国民党的改善，或许尚有成为中心势力可能。这层我们于前日社论中已略言之。

然国民党内部关于中心势力的意见亦未能一致。国民党在纸面上是以民主集权为原则的，而事实上则或主民主，或主集体，失势者每主集权，文人多偏民主，而实力派或拥护实力者每喜集权。说得具体一些，有些人欲拥一个人为中心势力者，而畀以统率的全权；有些人则主张党的领袖采用合议制。在理论上，这两种制度各有利弊，难分上下，然历史的经验及比较的观察告诉我们，成功的独裁制在开始的时候都不是很鲜明的独裁。独裁的程度却是随建树而增高的。如果建树毫无，而遽欲独裁，则成功的希望极少。我们以为在今日的中国，谁能认清途径，埋头苦干；而又有领导群众的能力者，谁将成为最有力的领袖。这即中国古语所谓“实至名归”。在当前的时候我们认为这中心势力所寄托的党，还是采用法国急进党、俄国共产党等的合议制，比较取诸意国法西斯蒂党或德国国社党的独裁制为宜。

然则这中心势力又如何而能致中国于统一呢？我们以为第一领导者应身先忧患。“忧劳兴国，逸豫亡身”，在承平之时本已丝毫不爽，何况在此民族存亡最紧急的关头？现在党国的领袖中能有此先忧后乐的精神者有多少人？国有铁路的车辆本极缺乏，而领袖们必坐专车包车。政府机关待理之事有如山积，而领袖们往来京沪道上如梭。类此之事不胜枚举。克迈尔[①]、墨索里尼复兴土、意的精神试问何处可找？此点当今领袖实不能不深自警惕！

但单单勤劳仍是不行的，统治者对于其本身更须有极严肃的纪律。像我们这样一盘散沙的国家，法治是一时谈不到的东西。法治基于民治，没有民治，焉能谈到法治？但统治集团——现在的国民党——如欲统一中国，则其自身不能不讲法治。不讲法，不讲纪律，它的主义政策必无施行的可能。不讲法，不讲纪律，最高权力机关所议决者可以通融不执行，集团分子可以自由行动，集团本身遂亦不成其为集团。这样的集团又焉能强迫人民服从？

能忧劳有纪律而外，统治者更须以大公的精神来应付现有

① 现通译作“凯末尔”。——编者注

的局面。反统一的势力固须铲除，但本可纳入轨道中的势力不应激之使变。何者非铲除不可，何者可以纳入轨道，不是可以抽象地说明的，我们于达到具体事件时当有谅直的论列。但统治者必须一秉至公。没有这种精神，统一必愈离愈远。

同时，统治者对外须有牺牲的决心，而对内须做出几件可以快人心意之事来。两者俱是助成统一的必要因素，前者可以集中全民族的视线，而后者可以一新全民族的耳目。现在对外最严重的问题当然是中日问题。对这问题如统治者专讲妥协，则内部有立召分裂的可能。只有维持相当的抵抗态度，内争的借口才可减少。

至于对内，则我们国民实是世界上最易满足的民族，党政府在过去实在不知维系人心之道。如政府能做出几件较快人心之事，则人民对政府的态度又何至如今日的冷淡，甚或仇视？无论肃清贪污也好，禁绝鸦片也好，废除苛税也好，绥靖匪盗也好，政府如能成功其一，则人民便可歌功颂德，而反叛之徒无从煽起。政府威望愈增，则统一也愈容易。今日政治家如要达到统一，必须明此秘诀，而努力实行！

末了，要统一中国，武力是断然不足恃的，如能有上述的精神并用上述的策略，而更有武力，则统一当然更易。如单凭武力，则统一决不可期。用武力以御外，则有武力者的威望愈增。用武力以对内，则精神策略俱无所取，转足引起各部分的反对。无政治上建树及健全的精神为后盾的武力，即能战胜反侧，仍不能彻底解决反侧的势力或剪除反侧的根苗。征诸二十余年的过去历史无一或爽，武力虽非不可用，但绝不是统一过程中的必要因素。专用武力且足以延缓统一的实现，甚或使统一永不可能。此点不能不希当局彻底觉悟。

（《益世报》第1版，1934年2月21日）

元强按：当时的中国需要建设近代化，钱端升先生认为先决条件还是要先统一，否则一切工作无法推进。此文向当局提出统一的途径有两个方面可以来推动。第一，对外自然是中日问题，这个问题统治者如讲妥协，内部必分裂，只有团结一致，一致抗日才是出路；第二，对内肃清贪污，禁绝鸦片，废除苛税，绥靖匪盗，有所作为，人民便会赞成，使用武力统一只会延缓统一的实现，或使统一永无可能。

统一与一致

中国近四五十年来的一切运动，其中最重要的当然要推求独立统一的运动。这是任何人所不会否认的。不但如此，求独立统一的运动实是中心运动，其他的运动只是辅助的运动。盖自中外发生密切的接触以来，中国因实力后于人，而民族观念又远不如其他民族那样的蓬勃发达，至今尚未脱却灭亡的危险。所以中国数十年来一切稍具价值的运动，亦无一不以独立生存为直接或间接的目的。康梁维新运动的目的，在刷新政治，以争中国的独立及生存。辛亥及其以前的革命运动是希望藉革命以产生比清朝较有力、较有远大眼光的政府，更藉新政府的建立以增强中国求自存的能力。孙中山先生的主义固然是民族、民权及民生并重，但他首重之点仍为民族，且亦始终以民族的独立生存为首要之图。昔年胡汉民先生尝提倡所谓三民主义连环性之说，当时颇多笑其迂者；但我们如脱离民族主义而言民权主义及民生主义，如果我们对于民权主义及民生民主的努力不以取得民族独立为目标，则诚哉有离题万里之感。所以就几种方面而言，即胡先生的连环说亦实有其至理。

独立与统一本不是一件事。但就过去数十年与今后某一期内的中国而言，则两者是二而一，是不可分的。不独立固讲不到统一；不统一亦绝难言独立。唯独立才能使统一有意义，亦唯统一才能保独立。为民族争生存计，维持已有的统一，并使这统一益趋巩固，当然是中华民族的要图，且其重要与抗日并无二致。凡是足以妨害统一的言行，当然应设法消除；凡是有裨于统一的言行，亦当然应设法倡导。

统一的重要性是无法过言的，但统一的方法则不可不出以审慎。

中国近年颇有一班人热烈地企求一致，企求人民思想一致、习俗一致、礼仪一致、各地政教一致以及其他方面的一致。主张一致者的用心是极可佩的，他们很希望藉思想政教等的一致以迅速达民族高度的统一。骤看起来，一致诚似统一的最好的基础。但一致是不是可以强求？应不应强求？如果人民思想等真归一致，是不是民族之福？如果求一致而不得一致，又有什么危险？凡此种种，实值得最彻底的客观考虑。

人民习俗礼仪上的一致是比较的不重要。太不同固足以妨害民族的统一，但太相同也不免使得一个广大民族缺乏许多有趣味而无妨统一的地方色彩。有许多方面的参差，交通便利后，一定可以渐归消灭。另有许多方面的参差，则建筑在不同的气候地势之上，根本无法消灭，也不应强求消灭的。更有许多习俗礼仪是根据宗教而产生的，要是许多宗教可以并立，则许多不同的习俗礼仪当然也得同时存在着。好在近年虽然也有人提倡划一全国习俗礼仪，这种提倡尚未成为一种普遍风气，所以关于强求习俗礼仪一致的危险，尚不必鳃鳃过虑。

求宗教的一致，必发生极大的纠纷。这在欧洲各国已有过历历不爽经验。西欧各国今日之有信教自由，俱是长期纷争及巨大牺牲所换来的教训。中国在国民革命成功的初年，也有一点求宗教一致（即无教）的倾向，所幸今则信教自由绝无问题，故提倡宗教一致的危险根本无须讨论。

政制一致的问题，其重要性较大。中国自秦汉统一以来，在统一的时代，各地政制，除了边境不算外，在名义上、形式上向来号称一致；但在实际则并不一致。美国是联邦国家，但美国各邦间政治制度上的参差实远不及中国过去的各省。而且中国各省政府的职务，在向日并不繁杂。职务既简单，则大体上的一致较易维持。现在各省及省以下各地政府的职权正在增加，如果各省各地方职权一致是不必有，也是不可能的事，则强求一致，不但不能巩固统一，反足以阻滞统一。所以今后各省各地的政制，应保留着若干限度以内的参差，所有的省及地方才可顾到地理及环境上的不同，而各自有充分发展的可能。

最关重要的问题，则为思想一致的问题。思想一致本与思想自由不相容。在思想自由的若干民主国家，人民的思想是极纷歧的。选举占多数的党可以取得政权，但并不能禁止少数党的思想自由及由此而生的意见自由、言论自由、出版自由。在德意等一党独裁国家，则独裁的党绝对禁人民发表立异的意见，甚且禁止人民怀着立异的思想，不但党外如此，党内也是如此。纳粹党及法西斯党的少数有力分子可以包办全体党员的思想，全体党员只能以领袖的思想为思想。

中国年来因急求统一之故，也有思想一致的趋势。当政者在年前颇努力于人民思想的一致。在各党既公开活动，思想之是能否一致，本应为人人共喻的常理，但事实上，欲使人民思想趋于一致者，与夫以齐一人民思想为要务者，盖尚不限于一党。

思想一致在事实上本是做不到的。以德国秉政者的严峻彻底，加以德人之富于服从，德国人民的思想亦尚未能一致。一旦秉政者去位，其思想的纷歧，识者预测将为世界各国之冠。至于中国人民则向来偏向自由，而较能有思想、较多发表意见的读书人，更素来习惯于自由表示意见。言官制度之所以能为中国政治上最特殊、最善良的一个传习，士子上书当局之所以能成为一种风气以及历代学潮之所以时起，均足以表示中国读书人向来能自由表示意见，且喜自由表示意见。现在要中国人，尤其是读书人做应声虫，不许其自由思想，不许其自由发表意见，在事实上是绝难做到的。将来教育愈普及、民智愈发达，各个中国人或差不多各个中国人成为读书人，则困难自必更大。

若舍事实而言理论，而问应不应，则思想一致更为不必提倡之事。思想自由为自由中的最重要者。要各个人能取得自尊心，要各个人能得到人格上最高的发达，要民族的思想文化有久远的进步，各个人的思想自由绝不可少的。这是西方民主各国由经验而得的真实，这也是中国人对于其固有文明可以得到安慰的一点。如果旧日言官敢言的精神及士子直言不阿的风气值得垂诸久远，我们绝不应忽略思想及意见自由。如果我们决计向民主的道上迈进，我们更不应忽略这些自由。

若云思想的一致是方法，而国家民族的统一是目的，则以一致求统一不特是缘木以求鱼，且将适得其反。如果一国的人民都是没有思想的，那也罢了；否则要人民思想一致，其结果必使有不同思想的人民常与政府处于敌对的地位，而不仅处于责难的地位，因此发生叛乱或革命的行动，更因此陷国家于分裂。

中国现在亟须巩固统一。即使没有战争，这急需也极显然的，这是说此刻尚须集中国力以抵抗侵略。但是，求思想的一致，绝不是促进统一的方法。统一与一致绝不是一件事；统一固然是要紧，但一致不是统一的基础。凡是足以妨害统一的言行，政府本有予以防止消灭的义务。统一的言论，根本不在思想自由及意见自由的正当范围以内，所以不能以自由为凭借，政府亦务须加以严厉地限度及取缔。但政府如利用国家的权力来强迫人民具同一的思想、表同一的意见，则政府取缔不正常思想意见的权利在道义上便受了减损。不负责任的言论固有害于统一，强人民为一致的言论也有害于统一。

现在中国统一的程度还不够高强，各方的团结尚不够精诚，互相消耗精力的地方还嫌太多，而求思想一致以及其他方面一致的欲望，则似又为各方的通病。这种不健全的现象，倘在抗战期中尚无彻底的纠正，则抗战结束以后，将更无纠正的可能。我们对于完成统一的努力不敢后人，但我们以为思想自由与意见自由也是真正统一的必要条件。

（《今日评论》第1卷第1期，1939年1月1日）

元强按：在西南联大由钱端升主编的《今日评论》政论刊物发行时，他坦言办刊目的是“一护抗战到底、二筹战后建设”，这篇文章基本上可以说是一个准发刊词。在发行的两年半中，共出版了5卷114期，刊登了561篇政论，它是抗战期间最有影响力的知识分子政论刊物之一，撰稿人有200位左右。

钱端升先生认为中国追求独立和统一，一直是民国政府的首要任务，但有舆论认为统一需要所有的都一致。他提出了自己的意见：在统一的前提下，政治制度的一致是必须的，但地方也要有些自治权利；要求宗教的一致，则会引起极大的纠纷；要求思想一致，也不是民族之福，不负责任的言论不利于统一，但要求人民一致的言论也有害于统一，这也是钱端升在办刊时，首先和当局要摆明的鲜明态度。

中国战时地方政府

直至近代，中国中央的及地方的政府和行政机构才进入稳定状态。从秦始皇帝（公元前256—前207）到满清（1644—1911）末期，总的讲，这个大一统的帝国一直贯穿着同样的政府和行政制度。在这漫长的二十一个世纪中所发生的无数变革中，有很多当然都是很重要的。可是，无论是秦以前的政治制度或现代中国正在努力建立的政治制度，若与秦始皇帝和汉代诸皇帝（公元前206—公元后221）所建立的制度相比较，可以说只经历了很小的变革。这是一个十分重要的事实。它不单说明了现代中国在实现制度上的稳定为什么困难重重，也说明了为什么中国人，甚至在战时，仍在忙于通常只有在和平时期才能进行的各种行政管理的尝试。

从地方政府的情况看，较为关键的变革主要围绕在两个方面：第一为有关地理区域划分的制度；第二为有关中央政府如何保持它的最高权威的方式。

秦帝国分为40个郡，郡又进而分为县。作为地方政府的基本形式的县，尽管其数量从开始约1000个，增加到目前的大约2000个，其制度却一直未曾变动。但县以上的行政机构其面积及建制都不断变动。秦朝时，县以上只有郡一级行政机构。以后的朝代，一般则有两级而不是一级，较大的称为道、路或省，较小的称为州或府。这些地方区域的名称很乱。[①] 更有甚者，元朝和清朝在最高一级和第二级之间又加上半固定的一级，使人觉得这两个朝代有四级，而不是三级地方政府。

为什么地域性的机构不断重新组合划分呢？主要原因是为了加强中央集权。二十几个世纪以来，解决的办法为使用两个交替的权宜之策。当最高机构过于庞大，运转不灵时，就被分为更多的较小的区域，以防止离心势力的发展。而当这些小行政区变得数目过多不利于中央指挥时，就加以重新组合成少数的区域，由钦派大员管辖每一区域，以便有助于朝廷能加强控制。这些区域于是又成为固定的行政区，随之形成很多特区和孕育着地方分裂甚至反叛。这种状态不可避免地又迫使一些致

---

① 各种地方机构：省、道、路、州、郡、府、县，其名称很混乱。比如，在秦时，州为中央政权直属的地方行政单位，而在满清时期，州不过是一级较小的府。

力变革的统治者或新王朝，重新将全国划分为较小的区域，直接服从中央政府指令。

为了有效地扩大影响，中央政府可以建立单一的或多种的统治系统。单一的，如果政府满足于对地方政治实权人物（比如，一省之长）的严密控制；多种的，如宋朝的做法那样，政府委派不同的官员监督地方的不同的行政部门。比如，派一税务官监督税收，另一救济官员监督救济工作，等等。在这个单一系统控制还是多种系统控制的问题上，可以说一直变化不断。

直到清朝末年，所有的变化绝大部分限于上面所提到的两种情况，然而，西方对中国的冲击突然动摇了中国地方各级政治制度的相对稳定。自本世纪初以来，全国各地都承认有必要给人民选举代表进行地方自治的权力。国民党掌权后，这种必要甚至成了一种自我承担起来的责任。不管是否在进行战争，该党的主要目标之一就是推行地方自治的方案。

那么国民党的地方自治方案有什么内容呢？答案在孙逸仙博士的教导中可以找到。按照这位国民党创建者的解释，县将成为自治的基本单位，省则成为双重作用的机构——一方面为中央政权的下属一级，另一方面是对县级自治机构进行督管的自治区域。县和省都应有选举产生的代表大会（国民议会）和选举产生的行政首脑。要使县得到自治权力，必须先满足下列条件：人民必须受过如何行使下列四种权利的教育：选举、罢免、提案、决议；对各地区居民必须已经进行可靠的登记；详细调查土地一次；有一个警察保护的系统；最后，有一个公路系统将一个县与周围各县连接起来。当一个省里所有的县都实现了自治，这个省也就实现了自治，只有当中央政府行使授予它的职能时，省政府才接受中央的命令。

很显然，省级政权所承担的，即教导并帮助县里的人民做好自治的准备，是一个巨大而繁重的任务。孙逸仙博士认为除非人民能够在地方事务上自己管理自己，否则他们就不具备享受宪政的条件。因此，在宪政建立之前，有必要由国民党执行一个训政时期。这个训政是一个重要的因素，对战前和战后的中国地方政府建设都留下深深之印迹。

现在，我打算简单地考察一下战争开始时中国的地方制度。除外蒙和西藏外——在那里，中国的主权一直受到这个或那个外国的干涉，而且当地的地方制度特殊——中国分为28个省，它们又进一步分为1949个县。在大多数省里，省与县之间还有一层行政专署。

省政府在法律上由七至九人组成的委员会，其中一人被推举为主席，其余为各行政机构部门主持人；在实际生活中，该主席就是省政府的真正首脑。各行政机构一般为四个。它们分别为：民政、财政、公共事业和教育。地方警备部队的指挥官很少成为省政府成员，但他享有与那些省府行政首脑大体相同的权力。所有这些官员当然都由中央政府任命。

县政府由县长为首，县长经省政府推荐由中央政府任命。他管辖几个局，局长官通常是由他提名，省政府任命。在理论上和实际上，县政府都由一人领导。

那些行政专员们进行工作的机构是稍为变化不定的。1936年3月24日通过的法律并未规定任何单一形式；在该法律生效后，也没有一致的形式。总之，专署的规模要看专员是否同时是当地的县长。如果是，他的衙门就与县政府混为一体；如不是，就会有一个单独的专署，一般由两个局及一些专业人员组成。

县的功能或权力很广。依照国民政府的法律，县有权管理户籍、警察、消防、卫生、救济、林业及保护野生动物、公共道路、水路、公园、公益事业、公共事业、学校、体育馆场、图书馆和博物馆等。它有权征税、发行公债，有权组织它下属的城乡区域进行地方自治。然而实际上，单从它的权力而言意义不大。因为，县尚未实行自治，县政府当然要听命于省政府，而后者又很少让县政府自主办事。换句话说，县政府仅成为省政府在县一级的分设机构而已。此外，如果县要想真正能够执行上述各种职能，就必须有足够的资金，但在中国这样的农业国，一般是无法得到的。

省一级的权力比县一级的更为广泛。除去那些通常属于中央政府的权力，如防卫、货币、邮政、海空交通、外交等之外，几乎所有可以想象出的国家职能，省都分享到。但是当省真要行使它的权力时，同样要完全听命于中央政府。省没有任何可依靠的东西去确保它的地位，1931年7月1日的临时宪法肯定不行，因为它根本就未提及省的地位。孙逸仙博士的言论也不行，因为在训政期间，省并未被视为一自治体。这就是说，当战争爆发时，省不过是用以贯彻中央意图的执行区域。即使它有时显露出一些独立性，主要是它的一些领导人的独断思想而非任何省的意志的显示。

行政上专区一级并无任何特有的权力或职能。专员仅仅是省政府和县政府之间的联络员。他的职能只限于代表省政府对县进行检查督导。

在战争开始时，地方政府的控制力在全国并不相同。这种控制的有效程度差别很大。在那些属于旧秩序的顽固军人掌权的地方，中央政府几乎无法按其意志行事。新疆、华北及西南各省均属此类。在其他地区，中央政府能够进行全面控制，统一的中央集权国家的特征很明显。

在那些由中央政府有效地进行管理的省份，中央的控制体现在各个方面。首先，中央政府，不论是通过正常立法手续所订立的法规或自行颁布法令，确立了绝大部分的涉及省和地方行政区的法律。地方当局只有极少的立法权。即使国民党于1934年召开的中央执委会第五次全会通过的称之为《中央与地方政府权、责分立原则》决议案，规定中央政府的立法权限于制定一些基本原则，把订立细则的立法权留给地方政府以后，这种状况依然如旧。其次，省和县都无权自己编定预算。省预算由省政府草拟，但必须经行政院详细审查，再由立法院通过才能确定。同样，县财政预算也要经省政府批准，并由后者上报中央政府。第三，行政院在各方面、各部委在具体方面，均有权指导省政府及其各执行机构。这种权力起到正反两方面的作用。中央政权可按其意图发号施令，也可按地方当局要求颁发法令。这种指挥权力非同小可。大量的指示和请示公文，在上级与下级机关之间不断来回传递。第四，中央政府对地方政府的人事安排实行全面控制。它委任省级各机构的负责官员并对更低级官员的任命也拥有很大权力。

除了正常的政府控制外，国民党组织在全国的存在，又增加了第二层的中央控制。在此不必详细讨论国民党在全国范围内的组织。可是，应记住国民党党部在全国各省各县都存在。它的组织原则便是所谓的民主集中：即党的基层官员和基层委员会由党员选举产生，下级组织应结合成高一级的组织，但权力要集中在最高层。这一点在战前尚未实现。当时权力集中在上级，然而却几乎没有选举。省党部组织的官员通常由党中央机构任命而县一级党部官员则由省党部任命。

这些地方的党部与地方政府同时并存。尽管它们不像中央党部能组织国民政府并加以控制，尽管它们不能干涉地方政府的职能，却在地方行政机关中很有影响。它们可向上级党部提出建议，最终促使中央机构依此对政府的中央各部门进行指导，而后者又会依此去检查与命令地方行政机构。

从理论上讲，在国民党实行训政期间，可以期望在某些地方，有民选代表与上面委派的官员一起共事。但实际上完全不是这么一回事。在为数不多的县、市里，有某种合作性的参议会向委任的官员提供咨询，然而人民对地方政权的影响几乎微不足道。因此，战前，由于党和政府双方的中央集权效力，能够有效地控制地方机构，中国在相当程度上是一个中央集权和官僚统治的国家，并有进一步中央集权的趋势。当然，在某些省份，中央政府的实际影响很小甚至几乎不存在，它们仍然保持半独立状态，但对中央集权的趋势并无任何阻碍作用。实际上，这反而使多数人对这种集权趋势不太反感。

那么，人们是否能说，在1937年以前的八九年间，国民党及中国国民政府并未充分利用训政期，并认真地设法训练人民实行地方自治呢？任何这类说法都是十分不公的。如果说这些年来在真正自治方面进展不大，这主要是由于这一任务繁大，而不是国民党没有尽心竭力。对此下文将加以解释。

在六年战争期间，发生了许多变化。有一些完全是为了应付战时紧急情况。但是，另外一些则与战争无关。即使没有战争，它们也照样会发生。最重要的与战争无关的变化——假使人们可以这样称呼它们的话——便是在县级政府进行试验。不论是为了民主自治，还是作为中央集权的行政区域，县都必须是中国地方政府的基本单位。这是中国政治制度发展的必要结果，也符合孙逸仙博士政治建设的规划。

一个现代的县政府必须与传统意义的县政府截然不同，主要是由于新政府职能的发展以及要给予人民自治权的必要性。假设这两个条件不存在，也就不必要尝试对县政府进行激烈变革。既然这些条件确实存在，人们就不得不试图进行革命性的变革。这些变化被耽误的时间越长，把它们付诸实施的困难就越大。

在清朝末年和民国初年，中国政府都未采取必要措施去促进这种应有的变化。1910年前后，曾有过一些微弱的努力，将县及它所管辖的城乡地区，在现代基础上组织起来以发挥现代的职能，并建立地方代表会议以实现自治的许诺。但是，这种尝试如此软弱无力，很快就被袁世凯的反动政权清除了。县级机构仍以多少世纪以来同样的方式运转着。

为此，国民党一取得政权，就迫不及待地要在很短时间内对此大干一下。1929年6月制定的《县政府组织法》多少修正了前一年通过的同样的法律，并设想在短短的六年之内使县建立在现代民主基础之上。为使该法律的目标得以实现，提出了以下步骤：第一，一个县要完全组织起来。县政府要把全县划分为适当数量的区，区再划分成镇或乡，并委任区长。区长要召集乡或镇的民众在乡镇的会议上选举乡、镇的正、副乡镇长，和人数不多的管理委员会委员。选举之后，就可以建立乡镇政府和乡镇管理委员会。乡长、镇长任职后，要把乡、镇再分成若干闾[1]和邻，每五户为一邻，五邻为一闾，并召集人们选出各级负责人。第二，在一个县的各级组织全部建立起来之后，省政府就应争得内政部批准，让各个区的居民选举区长和县代表去组织县议会。第三，选出区长之后，内政部要审核有关县

[1] 比乡小一级的行政单位，后称保。——译者注

是否具备自治社会的条件。如果内政部认可，该县便成为一个完全自治的社会，并由人民选举产生县长。

很不幸，1929年的这个法令无法实施。有些省对这个宏伟的计划毫不重视，因而，县各级的组织建设拖拖拉拉，使得这项工作的完成遥遥无期。在那些要求严格执行这一项法令的省份，当局却在走过场，做表面文章，这使得公众对所谓的选举漠不关心，更不用说参加竞选了。

该法令的缺点主要有三：第一，在一个大国苛求一致性是不实际的。第二，县及其下级的区域划分太细。第三，该法令忽视了一个客观事实，即训练一个主要是文盲的民族学会自治，需要比组织形式和程序更多的东西。

1934年3月，（国民党）中央政治委员会通过了一个规章，叫作《改进地方自治的基本原则》，该规章极大地修改了1929年法规的条款。实际上取消了区作为地方政府的一级。改进的节奏放慢了，目标是为实行自治，进行真正的而不是虚假的准备。僵死的一致性让位于灵活性，允许各省完全自由，只要它们继续以训练人民进行自治为中心目标。

与此同时，有些省恢复了起源于宋朝中期的旧中国的保甲制。每十户组成一甲，十甲为一保，再上为联合大保。这样做的目的是为了把各家联锁起来，以便自卫，防止任何非法之徒藏身于民众之中。于是自卫和为此进行的训练就取代了自治和为此而进行的培训。闾与邻之类的组织都消灭了。区一级虽然保留下来，但已转换成县政府的分支机构；再也不成为自治的一级机构了。

接下来的是一段大混乱时期。有些省至少在字面上仍坚持1929年法的条文。其他省则推行保甲制，取消了任何与地方自治有关的组织，至少在目前如此。还有些省出现了很不协调的大杂烩。

为了改变这种混乱和毫无进展的状态，身兼国民党和政府首脑的蒋介石将军，不顾正在进行的战争，决定采取措施。他通过正常渠道于1939年9月颁布了《县及下属机构的组织大纲》，这个法律取代了1929年的法令和建立保甲制度的法令。这里应指出，多年以来，人们使用了许多不同的名称来称呼应被叫作法律的文件，而所谓大纲就是法律。

某种意义上讲，新的大纲是1929年的法律与保甲制的混合。它一方面通过严格的管制保留了自卫系统的机构；另一方面决定继续1929年的法令所开始的工作。它通过蒋将军表达了国民党的意志：在不影响战争进程的情况下，尽快将官僚制度和由不负责任的官员为首的起消极作用的政府，转换为现代的自治政府。

按照该大纲，县又分为乡镇，乡镇下设保、甲。由家组成甲，由甲组成保，保组成乡镇。在可能的情况下，仍坚持十进位制。不论什么情况，一甲不能多于15户，也不得少于6户。乡与保的组成也是如此。此大纲在原则上取消了区作为一级的地方机构。只有当县的面积太大，或因特殊情况，有必要在县、乡之间设置一中间机构时，才设立区。在这种情况下，区由15—30个乡组成。

县和乡镇都是法人或法人组织。这意味着它们有权开办企业，有资格在法庭控告或被控告。区则无法人资格。

县政府由县长领导，目前他由上级委任。有一批机构负责各种中央和地方的职能，与此并存的还应有一个议会，其成员由每个乡镇代表会各选举一名，县内行业组织也可选送一些代表。县议会职能为立法，建议及批准权。区政府一经建立则为县政府的下属机构，并为其工作。它最重要的职能为乡镇警备治安和公共事业。

乡级政府负责人由选举产生，他必须具备某些条件，如受过有关自治政府课程的培训，通过公务员考试，有从事行政工作的经验，受过中等教育等。乡长有一批助手负责乡里各方面事务。乡镇议会成员由各保代表会选举产生，每保二人。乡镇长也可以同时是乡镇议会主席。考虑到受过现代教育和培训的人员很缺乏，乡镇长也可作为乡镇中心学校的校长及乡镇武装的指挥官。

保有保长、副保长，均由各甲出一人所组成的保代表会选出。各保应设一所民校[①]并组织民团。如人员缺乏，保长可任民校校长、民团团长。甲由各家家长开会选举甲长。

以上介绍了新的县及下属政府的机构。很明显，如没有职责，这台精密的机器就毫无用处。它的职责就是实现国民党的三民主义（民族、民主、民生）。具体讲，“新型县”（人们一般这样称呼按大纲组建的县）应致力下列工作：它要以保为单位组建民团；应在全县范围内开设大批民校，最好是每保有一校，每一乡镇有一所中心学校。县应有一卫生中心，如有可能还要设立乡镇卫生中心；并应大量组建合作社。总之，通过加速完成县、乡镇、保、甲组织的建设，通过强迫民众参加会议行使选举权，民众就会逐渐掌握民主自治的技能。

如何从财政上、人力上保证上述的详尽规划得以实现呢？有些人曾怀疑——甚至现在仍怀疑——能否立即找到足够的资金和称职的人选开展这一工作。蒋介石将军却不这样认为。他一直相信可以培训足够的人员；县和乡镇的财产，主要是土

① 中心小学必须是六年制完全小学，民校则可能不是。两者都附带开办成人班。

地，足够用于支持目前所有的规划。随着县、乡经济的逐渐发展，还可以开始实施更宏伟的规划。他坚持这一观点，因此《大纲》被宣布对所有非敌占区的省都适用。

《大纲》颁布以来，四年已过去了。现在，对这十分重要的法律所产生的后果给予赞扬也许并不为过吧。我们手中没有现时的数字。最新的数字是内政部于1941年12月31日公布的。其中一些数字十分令人鼓舞。在中国自由区的1469个县中，《大纲》已在944个县中得到实施。444个县已完成了居民登记。332个保建立了代表会。共建了21306个中心小学，142595个民校，798个保合作社。[①] 9029722名民兵接受了初级训练。为地方行政机关训练了下列人员：受省级训练的51580人；受区级训练的25816人；受县级训练的244220人；包括重复受训的在内，共为321306人。[②] 仅是数字并不一定代表真正情况。真正情况很难描述出来。蒋将军坚持迅速推行这一法律，迫使一些省政府匆忙重组县及下属机构，并给它们冠以新名称，而实际上并未改变其性质。

各省的实际成果差异很大。某些省，如湖北，对地方政府

---

① 合作社大多数在广东、浙江、安徽和江西。

② 广西和四川的数字特别大。

新人的培训进行得活跃、彻底。省政府致力于那些当前较为现实的工作，结果很令人满意。在当地可以见到一种新的精神，大力去做正确的、需要勇气的事情，去彻底改变过去对公共基金和财产的管理和使用所出现的低效率和放任现象。在其他一些省，有一种很明显的不良趋势，他们只谈些字面上的改革，这样就使人怀疑他们报告的真实性。

同样，各省所取得的成就，按其所做的事的性质而言，也有差别。像那些不太花钱的事或受训人员的事，比其他的工作就完成得好一些。比如：征招成年男子参加民兵的工作总的来说做得较好，而绝大部分所谓民校却难令人满意。

在钱和人员两个严重的短缺中，人员的短缺恐怕是有些事未能做或未能做好的更大原因。蒋将军反复强调新县政权的四组功能：教育民众、提高他们的生产力、照顾他们的健康并管理他们，做这些工作都要大批合格人才。一个典型的中国的县，其面积大约为4500平方公里，人口约为220000。如按十进制，县里的45000户人家能组成4500个甲，450个保，45个乡镇。也就是说，一个县要建立450个民校，45个中心小学和45个卫生中心。照这个规模，将需要大量的教师、医生和护士，而现在只有很少的手段满足这一需求。甚至县政府正常工作所需的人力也不能得到满足。现在一个县只有大约三十余人负责一般行政工作。这些人穷于应付上面的各种指令，几乎没有时间能够主动去做什么工作或为该县规划必要的工作，就更没有时间指导各乡镇的工作了。一个新的县要正常运转，需要的不是三十，而是二三百个人员。

对每个观察家来说，由缺乏合格人才而引起的困难是十分明显的。过去，广西比其他各省在培训大批地方政府人员方面做得较多。但这些应受训的人是否受到真正的训练却很值得怀疑。广西过去一直对所谓教育、军事、民政三位一体的制度感到骄傲。也就是说，教育、军事训练、民政三种功能集中掌握在同一批行政人员手中。因此，广西培训计划也是三位一体的。但是，其结果并不像预期的那样理想。在别的地方，短期培训班的结果也同样不佳。只有将来和平到来了，对受训人员所用的课程和教材进行了更细致的选择，较长时间的训练成为可能之后，才能训练出较好的地方行政人员。目前，现在这种训练不足和随之而来的能力不足现象，很难有重大改进的前景。

现在仍在实行的对县政府工作性质进行全面改造的尝试，当然不是战时唯一的变革，尽管这是最重要的变革。其他变革可按下列四点分别讨论：Ⅰ．地方政府加强管理民众的能力；Ⅱ．中央控制的进一步强化；Ⅲ．代表机构的创立；Ⅳ．一些临时的变革。最后的一点包括战时临时措施，其他的没有战争也会产生，尽管战争可能加速了它们的进展。

Ⅰ. 作为国家权力扩展的结果，地方政府对人民的权力也增强了。在这些新权力中，首先是征兵权。1933年颁布《兵役法》，1936年3月修订。随着全面抗战的到来，征兵工作变得越来越重要。总的来说，它属于中央政府的职能，它通过中央设置在每省的一个直属机构——征兵地区办公室来执行。但实际上，这个办公室若无地方省政府的帮助就无法正常工作。它更离不开县政府的帮助，因为县政府和其下属政府是唯一能直接与人民接触的机构，它们才知道谁该应征。这样，现在县政府各局中就包括了兵役局。它作为中国一个新的权力机构，征兵工作执行得很不平衡。征兵工作在某些地区，执行得相当公正、严格，在其他地区则不太好。但在任何一种情况下，它都大大地加强了地方政府对民众生活的控制权力。

第二组权力来自政府对经济不断加强的控制。战时首先受到控制的是法定货币和贵重金属的进出口。其次，外贸出口货物受到控制。但这两方面对大众一般影响不大，它们只对商人特别有影响。但是，随着时间的推移，许多日用消费品都被列入控制范围，随着控制范围的扩大，地方政府对民众的控制也进而加强了。即使偏远农村的村民也感受到政府对经济的控制。最明显的事实是每个土地所有者除了交付土地税外，还必须按政府所定价格交售一部分谷物。

第三组权力为社会性的，属社会事务部管辖范围。这个新的部1940年才成立。随着它的建立，社会职能得到强化。省、县政府都在已有大量的厅和局上又加上新的厅和局。地方政府现在可开办公众饭店、公共浴室、公共理发店等，组织集体婚礼，并能迫使民众开办合作社。

Ⅱ. 中央对地方政府明显地加强了控制。中央政府有意或无意加强对各省的控制，我们只需举出其中一些重要措施便得到证明。首先，如上文所述，甚至在战前，省政府也没有做到预算自主。然而，当时省预算与国家预算分立。尽管中央政府享有审查、批准权，省预算仍基本由省里制定。但从1942年起，省预算就不再单独存在，在国家预算中包含了对省一级的收支项目。这样，只轻轻的一笔，省财政的自主权就被勾销了。其次，过去，土地税为省收入的主要来源，1941年划归中央，各省土地税收机构从省财政部门分开并为中央财政部一个直属机构。这一步骤，加上省预算被取消，大大削弱了省作为一级政府的地位，以致阻碍了它的自治进程。第三，由总审计长任命的各省审计官员对省的财政账目进行更为严格的控制。审计员在省政府办公，但是，在执行公务时独立于省政府，只对总审计长负责。第四，由于考试院的人事部委派了一位驻省的人事官员，省政府的任免权将大受限制。最后，自从1941年建立了所谓党与政治工作调查委员会之后，该委员会每年派人巡察各省，并就省政府执行中央政府政策、命令的忠诚程度和他们的工作情况做出报告。随着调查委员会不断加强审查，中央政府的控制也得到加强。

Ⅲ. 建立各级代表机构是国民党的主要目标之一，历史上它也是促使封建王朝覆灭的因素之一。[①]

战前，尽管有1929年6月通过的《县级组织法》的条款，却没建立起几个地方代表机构。但是，在中国，情况却有两点特殊。第一点，许多在和平时期进行的工作并未因战争而中断，因此，没有理由停止为建代表机构所进行的努力。第二点，在一些小党的宣言中，认为在战时以及在国民党领导之下，有必要成立人民政治协商会议的要求，在1938年已经实现，所以就更有充分的理由建立各级地方代表机构。

1939年9月通过的《县及其下级地区组织大纲》提出了在县及其下级地区建立具有最充分代表性的议会。它决定，随着人

① 在清朝末年，不断推迟宣布宪法草案，人民对宪法条文（按日本模式制定）的不满，以及新成立的省、地方议会的虚伪本质都触发了社会的动乱，并对清王朝的覆灭起了一定作用。

民政治协商会议的召开，在上述机构组成之前，在各省、县两级立即建立临时代表机构。有两个法律与此有关，一为《临时省议会组织条例》，另一为《临时县议会组织条例》。县议会比省议会更具有代表性。因为它的构成符合《县及其下级地区组织大纲》。每个乡镇议会选举一名代表，另有一些代表由各行业团体推选。省议会代表性就不太广泛，其候选人，一部分由省政府提出，其他的由各县政府与县里国民党组织和民众团体协商提出，经最高国防委员会决定最后人选。因为选举方法不同，两个议会的权力也不同。县议会具有这级议会所应有的一切权力；而省议会，正如人民政治协商会议那样，只有参议协商的权力。

临时省议会已在18个省组建，其中很多省以前曾组建过它们的议会一次甚至两次。但是，只在几个省里成立了县级议会。因为，新型县政府在按照《县及其下级地区组织大纲》建设好之前，根本就无法组织县议会。

这些作为表达民意的机构的效果，各省有所不同。四川的许多县议会做得很好，得到它们所代表的团体与选民信任。长江中游一些省份的省议会也表明它们能代表民众，尽管它们不是民选产生的。它们是独立的，能表达民众的愿望和疾苦。总之，这些半民意的机构所产生的结果比人们期望的还要好。

Ⅳ. 除了那些在和平时期仍然会继续发生的变革和发展潮流之外，在战时，还发生了更多的临时性变化。第一点，人们会提到军事势力的扩张，缩小了民政权力。战前，省政府已处于所谓和平特派员的监督之下，他的职能只是在维持和平方面进行督察。这种督察仍在进行。但是，在战争开始后，省政府又受到另外两个机构的控制，一个是政党事务战区委员会，后来已取消；另一个是战区司令部。

使这些军事人员依法进行控制的更重要的事实是，越来越多的军事指挥官在战争开始后同时兼任了省主席的职位。结果，使得军队和平民政府有时很难区分。

第二点，由于政府职能的增长，省、县政府都扩大了规模。在原有机构上又加上许多新的代理机关、咨询机构、局和委员会。在省一级，如果中央政府的所有法规都必须遵照执行，在上述四种办事机构外还必须加上：一个秘书处、警备部队指挥部；还要有下列独立办公室：审计办公室、土地办公室、征兵办公室、食品办公室、《总动员法》执行办公室、合作社办公室、交通运输办公室、卫生办公室、社会事务办公室、人员培训办公室、防空措施办公室、新闻检查办公室。事实上，独立办公室数量变得如此之多，蒋介石将军本人不得不在1942年11月召开的国民党中央常委会上提出所有新办公室都并入这四个标准办事机构，只允许保留秘书处、审计处和警备部队指挥部。但是，时至今日，这一非常及时的提议仍未形成法律。

第三点，由于战争和后来部分国土被敌人侵占，经常无法或很难到达省政府所在地。为此，省政府可能会建立具有很大独立性的省政府的分设机构。不应将这些分设机构与特别行政专区混淆，后者比省级别低，并受省政府领导。在沿海敌人入侵很深的省份，有很多这种省的分设政府。

第四点，也有一些县有这种特殊性。比如，那些被称为战区县的县政府，由于敌人的入侵，在一个固定地点保持一个正常的县政府就不太切合实际了。在这种情况下，有许多事情就要由县长自行决定，使得更多比较有能力的县级领导人参加游击战，或支援本地游击队，并尽力保护国家财产、资源不落入敌人手中。

真正战时的权宜应变之策，在战后恐怕很难长久固定下来。因为它们并不具备前三组变革所有的重要性。

中国地方政府的问题很多。战争时期所获得的经验并未能解决其中任何一个难题。但是很多问题由于战时紧急状况都有了很大缓和。长期以来存在的，对地方政府的区域的划分及其下一级区域的划分问题仍然存在。将县划分为大小适中的乡镇，有时在上面建立区，是一种明智的措施。但是，根据过去十余年的经验，需要重新考虑把乡镇分为保、保分为甲的机械做法。这种划分是否合理？它对于培养民众的民主、自发精神有没有益处？这些都是需要回答的问题。另外，在县以上，应该有一级政府——省政府呢，还是两级政府（省政府加上特别行政专署），或者像袁世凯时期，加上个道政府呢？如果只有省一级，那么后者则应划分为比目前数量更多更小的单位。

战争使中央控制的代理机关和地方政府的机关成倍增长。这架机器太复杂、太混乱了。被统治的人感到困惑。上级政府给下级发大量命令，后者穷于应付各种公文来往。除非中央和地方政府都精简，否则，就要必然阻碍行政进步。

在一个文盲率很高的大国，找到足够的地方政府合格人才一直是个严重问题。对这一点，在中国一直在进行所谓新型县的试验中，已经对此有所触及。解决这个问题的关键在于更广泛的教育和对地方官员进行更彻底的训练。

提供足够的资金对于成功地实现现代地方政府自治也是十分必要的。目前，似乎应限制地方机构的目标。如果在战后几年内，地方政府能把注意力集中在几个核心项目上，停止那些不太紧急的工作，那么，他们所掌握的有限资金、人力就会发挥最大作用。进一步讲，集中于几项重要核心工作也会吸引民众的想象力，而地方政府无论从事或支持什么工作要取得成功，都要依靠民众。从何处着手又是一个难题——也许从所有新县要做的事开始，也许不要把摊子铺得太大。对此要十分小心地做出判断。

最后，正如过去的经验所表明的，不应只按正统方法争取实现民主。毫无疑问，如果可行，民众应学会使用投票箱或类似的东西。不论是否能走得通，让人民接受完全有代表性的或半代表性的组织并无害处。人民政治协商会议、省临时政治协商会，以及县议会，都是在战争爆发后建立起来的，都在加强这个国家的民主因素方面取得了一定进展。中国人民能自主地行使选举、罢免、提案和公民投票权四项政治权力的日子可能仍很遥远。目前，只有这些多少有些人为的民意代表机构的存在，才能成为与目前的官僚倾向抗衡的力量，才能把过渡到中央集权的趋向减到最少的程度。因为，过度中央集权是有缺陷的，尽管目前它对于巩固全国的团结有作用。只有所有这些问题都得到解决，地方政府系统才能取得进步和稳定。

［原载美国《太平洋季刊》（*Pacific Affairs*），1943年12月，张连仲译、沈叔平校］

元强按：这最初是钱端升先生发表的一篇介绍中国战时地方政府的英文文章。当时国民政府在行政上首先要改革区域划分制度，再有就是要保持中央政府的最高权威。1929年6月的《县政府组织法》赋予新县政权的职能：教育民众、提高生产力、管理健康。但要完成这些职能需要大批合格人才，解决人才关键又在于广泛的教育，并开始对地方官员进行训练。综合起来讲，只有通过县、乡镇、保、甲的组织建设，让民众行使选举权，让民众掌握民主自治的技能，只有民意代表机构的存在，成为与官僚抗衡的力量，才能发挥民众的自治能力。

新中国与一党制

中国此时在极大的动荡中，世界此时也在极大的动荡中。战时问题固然很多，战后问题将更多而更严重。第一，战事所引起的社会变动战后须有合理的归宿，不然社会将永远不得安定。第二，中国经过此次战争，国际地位将与前大不相同。大国有大国的责任。我们如一贫如昔，将使我们负不起这种责任。如何可以使国家富强也将成为战后急切而艰巨的工作。

依照我的看法，在战后我们只有两条路可走。一条是立下一个极高的理想，以最大的决心与毅力，于最短的期间，实现这个理想。又一条是得过且过，毫无理想，使中国降为新的侵略的牺牲者。这两条路，我们必采其一。

我的理想如下：我们早日产生一个贤能当道的强有力政府，由他来为人民谋普遍的福利，为国家尽雄伟的力量；近则抵制个别的侵略，远则保障世界的和平。

我不否认，上面所说的是一个不易实现的理想，然而也是不能不求实现的理想。这理想不能实现，新中国绝不是乐土。盖战后的世界绝不是一个易处的世界。法西斯主义及所谓武士道者尽已消灭，但新的纠纷一定不免。战后的中国也绝不是一个单纯的社会。如果人民不被一个崇高的理想所笼罩，则各种破坏势力也将如人欲的横行，不进便退，本是文明演进的逻辑，而在战后的中国尤将有此景象。所以我们不能不悬一鹄的，努力以赴。

要实现上述的理想，无疑地，国家须有大权，而人民须保其自由。在过去，自由与极权向为对立的而不调和的。极权国家只知有国家，而不知有人民，更不知有国外的民族，人民只是工具，而外国民族则是奴隶。自由国家只知有个人的自由，而不知有国家的全体，国家遇到危难，个人随而牺牲。我以为战后的新中国必须避免极权国家与自由国家的短处。国家须有权力以促进世界的和平，以谋全民的福利，但人民仍须有自由，庶几国家不至忘其所以，妄自尊大，对内滥施淫威，压迫人民，对外东侵西略，兵连祸结。

就政党的制度言，在这样的一个国家内，决然是一党制度，而不是无党制度，也不是多党制度。

先说无党之不可能。国家的职务愈繁杂，则当政者愈须有组织。如果没有党的组织则领导人民者无人，□意企划者无人，防免独夫专制者也无人。

次说多党制之不相宜。国家如只有一党则已，如有多党，任何一党都希望地位与最大之党能相等相若。像中国今日的政党制度绝不能算是多党制度。如果真正的多党制度存在，则总有此起彼仆的现象。在甲党当权时，乙党或其他政党必设法谋代替甲党当权。在此情形之下，当权之甲党在其施政时势须受种种限制。设无限制，则乙党将无法推翻甲党而代兴。无疑地，在英美等实行多党制的国家，国家的权力确是有限制的。如果战后的中国亦受此限制，则理想的新中国绝无从实现。

我意，从保障国家权力完整的立场而言，无党制与多党制绝不如一党制之相宜。这一点似无多加发挥的必要。

但是从保障人民自由的立场而言，政党的制度又应如何呢？在答复这个问题之先，我们自不能不确定我们需要之自由为何。“自由”的意义向不确定。在若干年来的中国，一班人又往往硬将“民族的自由”与“个人的自由”对立，一若为民族谋自由则个人便不能有自由，个人言自由则民族便将丧失自由似者。这是一种不幸的错误看法。我们如一日不能脱离这种错误看法，我们的政治建设便将一日不能有一光明的目标。

我以为人生的第一目的为求生活的幸福，物质的及精神的。人不能离群而独立，故最幸福的生活一定是大同世界全人类互相协助的生活。如果这看法是正确的，则国家的光大绝不能是人生的最高目标，因欲提高国家的地位而牺牲各个人民的或是旁的民族的利益是一种浅狭不通的见解。我们只能将国家视为一种工具，一种在未臻大同以前保障国内各个构成分子的利益的工具。换言之，不论国权如何发达，人民所赖以维持其自己尊严的言论自由绝不可剥夺。这言论自由应从广义解释，凡思想、信仰、出版、集会等一切足以助人类维持并发扬独立庄严的人格的活动均属之。

但财产、工作、结社等自由则不必亦不宜为新中国国民自由。财产的自由积置及处分形成了资本主义。工作自由的容忍势必妨害计划经济的实施。自由结社亦必多方妨害国家的权力。这一类与人民经济生活刻刻相关的自由再不必容其存在；这些自由的存在必引起社会上的各种畸形。我们所欲保存并加意保障者只是与人民精神生活有关的各种自由。在这类里，我还可附带说明，即在向日尊重财产自由及工作自由等的英美等国，战后恐也将不再保障此种自由。罗斯福在本年一月六日广播演说时，曾说民主国家反抗侵略并重建世序的日标在树立四大自由，即（一）言论自由、（二）宗教自由、（三）无不足的自由、（四）无恐惧的自由。第三、第四两种自由是新自由，而与传统的自由完全相反。如用三民主义的说法，则第三种自由是实现民生主义的意思，而第四种自由是树立和平，实现大同，以弭战争侵略的意思。换言之，在罗斯福心目中的未来世界中，亦只与人民精神生活有关的自由应获保障，而并不是十八九世纪民主宪法人权章中全部人权均予维持。

如果自由的范围依上述的规定，则我以为只一党是相宜，而多党制度无必要。

我们不能忘记，在英美等国，党与党之间发生异同，除了人事的问题以外，由于经济政策之不同者多，而由于其他原因者少。即以十九世纪英国保守、自由两党对于爱尔兰问题所生的大争执为例，两党争执的焦点是地主阶级权益的问题，而不是政治宗教的问题。一个国家如果须保障财产自由，则不能不容忍对财产问题作不同看法的若干政党存在。如只有一党一种看法，则财产自由丧失了意义。但在战后的中国，财产自由既非□有的自由，而国家的经济政策又必以普遍地改善民生以增进国力为第一目标，则绝不能容忍多党同时存在，而以经济政策为党争的足球。

就新中国应予保障的自由而言，则一党制与多党制并无分别。自由之能否保障将视法院之能否独立。如果法院能独立，自由即得保障；如果法院不独立，自由即少保障。言论一类自由之所以能在英美得着最好的保障，乃是由于英美法院的健全，而不是由于多党制度。这一点是论自由者所应牢记的。

根据以上所说，我们可得如下的结论：为使新中国的国权完整起见，只有一党制度是相宜的制度；为保护新中国的新自由起见，多党制度并无必要。

此外，尚有两种对于一党制度的怀疑应有答复。

首先，如果一党当局，滥用权威，实行专制，则将如何补救？我不否认，近年来一党当政的国家，其专制类皆达于极点，而人民辄成可怜的动物，无复一点人格及尊严。但是，我们也得记住，在这些国家，自由本为当局者所鄙弃，而民权则被视为不祥。如果新中国为尊重自由尊重民权的国家，而又有胜任的法院以充自由的保护人，则避免专制的可能当不在多党制度之下。

其次，如果一党之内分成数派，则实际上□不等于多党？答曰不然。建设新中国的政党必定有其建国的政策。党内纵使有派，其不同之点也不能如党与党间之□。而且，一党中的数派可以分合无常，不易形成永久的裂痕，而同时并存的数党则界限甚深，融合不易。所以党内分派与多党制究有不同。至于近年来若干国家党内自相残杀的情形则是由于党中首领阶级的嗜杀性成，初非制度之过，可以不论。

我以为不但战后的新中国将采取一党制以建国，我还可进一步推断英美等国战后亦将采取一党制以建新英国新美国，并进而建设新世界。这固是预测，而所有预测均有不验的危险。但证以两国国家权力的增加，以及统制经济的进展，则多党制度的继续势必发生重大的困难。现在英国已成立混合内阁，战争的趋势正在使三党中主张高度国家社会主义的分子逐渐增多，且无分彼此。美国方面，迹近社会主义的新政派与资本主义派固仍在斗争中，但大战的进展无疑地将使新政派渐渐得势，在战后拥护资本主义的政党及派别或竟无立锥之地亦未可知。

事实上，就中国而论，舍一党制度外，亦别无其他可以代替的制度。中国国民党是多年来主政的党，三民主义又为国人及其他小党（中国共产党在内）所共同接受的主义。如果我们秉此主义以建设新中国新世界，则当权者势必仍为国民党，而其他政党，久而久之，必失去独立存在的理由与可能。一方面接受三民主义，而又一方面与国民党对立，这局面我以为是不忠实的，也是难以持久的。

但从国民党应有的立场上说起来，一党制度的不可避免只是加重了国民党的责任。因为我们希望能于最短期内实现一个崇高的建国及建立大同的理想，我们才要一党当局，以集中意志，以增加效力。要党能负得起这样一个大任，党之自满是最大的戒忌。

（《中央周刊》第4卷第4期，1941年9月4日）

元强按：太平洋战争全面爆发后，中国在世界的重要性日益凸显，大国地位也在上升，无疑战后中国的大国责任也将更大，但与大国不相称的是中国经济，因而很难承担这一重任。钱端升先生此文认为“二战”结束后，要使国家战后富强起来，首要是国家必须掌握有大权，同时又让人民拥有自由。政治体制下的无党制与多党制，不如“一党制”在中国更相宜。

他同时也观察到美国罗斯福的“新四大自由”中“无不足的自由”和“无恐惧的自由”与十八九世纪欧洲民主宪法人权宪章中全部人权的保持有很大不同。他估计战后财产、工作、结社等自由都会重新考虑，他预估新中国将采取一党制，还推断英美等国战后也会考虑一党制的问题。

僵局如何打开——论中国政治的前途 *

新中国的轮廓

我以为新的中国，一定要为全体人民谋利益。这几年我最喜欢听的一句话，就是华莱士在1942年所讲的："二十世纪应该是平民的世纪。"这话真正代表了时代的精神，许多国家无不向这条路走，把他们的国家变成平民的国家。以美国为例，我去美国多次，对美国相当明了。但这次去的两个月里，受过

* 钱端升讲，天凡记。1945年8月3日晚上七点，受西南联大学生自治会邀请，钱端升在联大演讲"参政会与今后中国政治"。这篇讲演的记录稿随后被《新华日报》和《民主周刊》等刊载。《新华日报》以"中国需要联合政府，除了各党派联合起来，参加领导权，没有第二种更好的方法"为标题发表通讯（《新华日报》1945年8月5日，第2版）；《民主周刊》的编辑认为钱端升"在这演讲中提出组织政治解决委员会与联合政府两项具体建议以为打开中国政治僵局的方案，对当前问题的认识及解决途径之寻求颇有参考价值"。——孙宏云版编者注

了一种从未受过的感动。罗斯福实施新政，我并非不晓得，但我还是感动。在几年战争中，老百姓的地位是提高了。这是作战几年的极大成功，比1933年实施新政时有出人意外的地方。我们中国人应该怎样学习别人，但适得其反。我想，你假如站在人民的立场，去观察美国，你的感动一定比我还深。罗斯福死了，政策并无改变，继续向新的大道前进。美国如此。英国怎样？英国大选时，我大胆地预测，保守党非失败不可。这不是出自主观，而出自客观分析。战争几年，一般穷苦人的幸福比战前还大，以前的壮丁身体多不及格，战争几年，反而及格了。他们就怕丘吉尔把英国拖到老状态中去——丘吉尔就很有这个可能——因此我推测，工党必然胜利。英国也在往前进，也符合华莱士所谈的：平民的世纪。从东欧到西欧，无一不向为平民谋福利的路上走去。今天法国选举必然再次证明华莱士所说的平民的世纪。因此我们应该把全部注意力集中到大多数平民身上去，应该把眼光向他们集中，因为世界潮流如此。

中国不能走别的途径；没有政治意识的中国人则已，不然，必有此看法，除非他有既得利益。我们想我们有多少言论自由呢？有多少集会自由呢？没有。但是在这样的环境之下，我们还是要说话，要表达。为什么？因为我们发表的意见，都是趋向于全民利益，这一要求，你无法阻止的。你假如离开这大题目，而与政府站在反对立场，早就被禁止了。因此，我说我们的新中国应该是以平民利益为最高利益的国家，在老百姓没有饭吃的时候，我们凭什么资格讲国防，讲军队？因此，我认为几年来熙熙攘攘的国防是不可靠的。我们没有野心要把中国变成一个大强国、大帝国。我讲这话，并非无的放矢，因为几年来很多有政治地位的领袖们有过这样的想法。我们也不可能用过去建设南京那样的思路来建设我们的新中国，因为这样除给少数人以享乐外，充其量不过以充国际观瞻。假如这样，我们宁愿要工业化。这话怎样讲呢？有很多人希望中国成为美国那样富强的国家，因此中国应该加速工业化。但我认为这是梦想，要做，反而妨害大多数老百姓的利益。我们地大，并不物博，而人口则多得不可思议。有很多国家的土地比我们大，但人口比我们少。我们的可耕地比人家少得多。地里面又无大多丰富的蕴藏，加上众多的人口，要想赶上英美是不可能的。这一点，我想我们应当承认的。除非将来科学上有一种奇特的发现就差不多。我们目前只能把人民的生活弄得舒服一点，但这时人口又增加了。在这种情况下，像美苏的工业化是不可能的。我自然不敢说这是永久的情形，我只是说，二十世纪中国的政策假如不着眼于农民身上，那就没有良心。要在农民身上下功夫，就应该减轻农民的痛苦，提高他们的生活标准。即使这种生活标准只能提高一点点，但还是不容易做到的事情。要保障中国农民的最低生活水准，就得减轻甚至免除贫苦农民的租和税，让租税担负到富有者身上。还有，就得解决荒年问题，要改良水利，要尽量扩充交通，因为中国过去有荒年者，因为物资不流通的缘故，水利改良了，运输改良了，加上中国旧有的仓库调度，荒年不是不可避免的。上面两点做到了，中国农民就能获得最低生活标准。工业并非不要，但也应该奖励家庭工业、手工业。这里一定有一部分产物出口，对农民生活不是没有帮助的。假如对货物出口有计划、有奖励，对农民生活一定大有帮助。渔猎、森林，都能大量提倡，农民生活更能提高。离开这些，单讲工业化，我真不晓得是否有效果、对农民有利益？我并非赞成以农立国，过去持此种立场的人都是反动。我只说：我不强调工业化，我们应该注意农民。有些工业是要的，比如交通工业、机械（跟农民有关的机械）工业、肥料工业。美国有位水利工程专家塞维奇认为，在宜昌可以建立一大水电厂，可以灌溉大量的田，可以产出大量的肥料。这我当然赞成。还有纺织工业——没有它，农民没有衣穿——造纸工业、药品及土生材料工业、罐头工业——因为交通便利了，有些地方肉多了，便制成罐头运出。离开这些工业，谈别的工业，一定对农民无利。因此我赞成工业化，但是从农民出发的工业化，这是一条合理的道路，我深信不疑。

新的政治领导

要使我们的政策配合到大多数的农民身上去。怎样做呢？现政府的政策要得要不得呢？自然要不得。但没有行政机构也不行，因为没有它，就不能进行巨大的调查工作。现政府能不能供给我们这一机构呢？也不可能。这里，需要一个和平时期，需要一个开明的民族政策。不然，是不能得到其他少数民族的好感的。目前大家晓得，新疆处于一混乱状态中，独立不像独立，反叛不像反叛。为什么？因为中国对哥萨克的政策和俄国对他们的政策大有不同。假如有新的政策、新的机构，人家也才能看得起你。所以假定我们要建立一个新的中国，政治应有一个配合才行。因此，我们需要一个新的、真正代表全国的政治领导。我这里不讲领袖，因为一个新的、进步的国家，绝对不依靠一个“Leader”，我讲的是“Leadership”。我相信罗斯福是一个了不起的“Leader”，但十余年来，美国的进步主要的是一个“Leadership”，假如罗斯福没有许多年轻、有理想的人帮他的忙，罗斯福一个人是不可能有成就的。对于丘吉尔，我应该在这里表示同情，同样地，他这几年所做的事，还是集群力而成的。正因为他有个时候专制独裁，所以失败了。就是斯大林吧，从斯大林格勒战役起，我就不相信斯大林是个独裁的人，没有人帮助，不会有如此胜利的。因此我们中国，也需要一个“Leadership”。何谓新的领导？所谓新的当然应该有进步性，即向前看的，就是有华莱士那样看今天的看法。它应该为群众服务，而不是为自己。同时，新的一部分有年轻的意思。我并不反对年老人，只是说年轻人进步一点。我向不喜欢当面恭维人家。这次在参政会上我却恭维邵力子先生一次。我说：“我们党里，60岁以上的人都不行了，但你老先生除外。”中国过去的当政者都受过一种要不得的熏陶。因而年轻人是比较有作为些的，只有这样新的领导，才能定出新的政策。国民党当政这么多年了，也时常说着“老百姓”“老百姓”，但真能了解老百姓及年轻人的情感的人见有几个？旧的人根本就感不到这种需要。因此只有新的领导才能产生新的政策，才能产生许多新人来执行这新的政策。同样地，只有新的领导，新的政策才有执行的可能。新的政策必须有新的执行，不是等因奉此所能做到的。所谓代表全国又是什么意思呢？这里不是主观的决定，而是客观的决定，不能说“我是代表全国！”就是代表全国了。自然，革命时情形可能有例外。只要没有人闹了，人家稳稳帖帖地听你的话了，这才是代表全国的领导。要做到这点，有两种方式，没有第三种：一是反对派参加政权，二是联合政府式的政权。反对党有参加政权的自由，你不能专个独裁。否则各种政治力量联合起来组织联合政府联合地参加领导，也能代表全国。在中国现情形下，要在二者中挑选一种，自然以第二种为合理。对于第一种，中国人根本还不甚了解。因此我们要求新的领导，旧的领导不但思想旧，而且太久了。而且更痛心的，这是一个旧的领导，是愈来愈旧、基础越来越小的趋势，换来换去，还是几个旧人，是不会有什么效果的。

怎样可以做到这样的一种“Leadership”呢？我也虚心地想过。结果是认为，除了各党各派及其他有政治意见的人来共同协议外，没有其他办法。单在旧的领导中参加几个人，依照过去的经验，是不会有成功的，因为旧的领导根本不想革新的缘故。目前不仅国民党不能独断——因为事实如此——同样，共产党也不能独断。因为除开共产党外，还有新人，就是国民党里也还有新人。而共产党并未要求独断，这是一种合理的行为。但要大家来献议，必须先要国共谈判得很清楚。大家协议，新的领导成立了，这才是国家的大幸。共产党几年的农村政策和农村组织，我认为无论在政策和实际上都是相当进步的。我没有亲自看过，但是读书的人，他自己可分析。这种优点，在新的领导下是应该予以发扬的。同样地，国民党的专门人才，比其他的组织多，在新的领导下，他们应该发挥更大的力量和效果。没有他们，进步一定会慢得多的。除开两党外，还有很多自由职业者和从事教育的人，他们只有在新的领导下，才愿意服务，发挥他们的力量。只有这样的新的领导，才把中国引向新的大道。这里我没有讲到统一，讲到民主，因为有新的领导，这都是小的问题了。有人会问：假如政治统一，军事不统一，怎么办呢？其实政治统一了，军事问题就迎刃而解。这里不多讲，诸君可回去私自分析。

但虽然这样走，困难还是多，原因是彼此缺乏诚意。有的根本不赞成联合政府，有的就想跳过联合政府的阶段。但困难是必须克服的，因为只有这样，才能适合国情。国民党必须这样做，共产党也必须这样做，国内人士都应该对这都〔有〕坚定的信心，不可妄自菲薄。

政治解决委员会与联合政府

国民参政会成立了八年，向来是四不像的动物，但假如他能好好集合各种人才成立一种献议机制，也可以对得起人民。至于我，有时想天气热，何必跑去，但又想假如能对这一献议工作有所帮助，又何必自视清高。然而这次我很失望，这次大会中的大问题是国民大会，国共两党对此争执得很厉害，解决不好，国家前途不堪设想，解决得好，就有大帮助。国民党坚持11月12日召集国民大会。因为：第一，你们早就要求过了；第二，总裁3月1日说过的；第三，代表大会通过的（六全大会）。至于代表，一定要坚持旧代表，理由是依法选举。但是应该老百姓定的，老百姓不要你们了！还有什么话讲。

还有争执问题：国民党坚持制宪与行宪，这点有好些人不明了，其实问题甚大。三方面共产党当然反对，至于其他党派是否有自己的立场，我不知道，似乎有，似乎没有，讲得简单一点，我有点莫测高深。二百九十名参政员里，国民党占了多数，到会二百多名左右，共产党及各党派占二十五名左右，无党无派有五十名左右，但到底无党无派到什么程度，很有问题，在这种情形下共产党自然不出席，这是国民党一个大错误，表示他们没有诚意。假如你希望参政会发生点效力，为什么要这么多国民党员？共产党不出席，于是开会前，有五人赴延安，企求挽回局面。五人里面有国民党老前辈褚辅成，以此人甚有独见者；有无党无派傅斯年先生；有青年党左舜生先生；职教社黄炎培先生、冷通先生、第三党章伯钧先生，他们去的时候是否和政府商量，不知道，谈些什么也不知道，因为他们讳莫如深。政府在开会时并未坚持11月12日开国民大会，但提议该日开的有二十四件之多，反对的有三件提议交特种审查委员会审查，但政府坚持对决议特种审查会及大会必须有一致意见，这点政府成功了。可是我跟周炳琳先生却不敢一致，我们的要求实际很低，我们认为只要全国对这问题有一致妥协，哪天开会是很小问题。但要求虽很低，与政府的要求还很远，自然我们没有怨言；但这次决议等于不决议，却是事实。经过这次经验，再开始认为要利用它集中其意见（指参政会）成立协议以成立新的领导是不可能的。

参政会里有人提出政府预算问题，政府说：这应该提交国民大会通过，至于参政会则连审议一下亦无须。

参政会里有很多质问案，也问得有声有色，一班有特务嫌疑的人被参政会参了一下很不好意思。

这次参政会有一不良现象，就是地方性太重，研究政治制度的人是清楚地晓得，假如一个全面性的会，地方性太浓是不会有成果的。

我们到底用什么办法产生一个新的领导呢？我觉得只有召集一个由各党各派及其他具有政治意见的人共同参加的会议来产生。共产党提议是党派会议，我觉得以“政治解决委员会”的名称较好，参加代表的人数，国民党一个，共产党一个，民主同盟一个。实际国民党已提出了政治会议的名称，为什么还争持不决呢？越拖下去，后果越不堪设想。

有了协议了，国民大会就可以开；没有协议，国民大会是不可开的。

要协议成功，我希望当政党诚诚恳恳同意这一协议，同时也希望共产党及其他党派百分之百诚恳同意这协议。自然这是一种主观的希望，希望不成功就只有悲观了。但我一点也不悲观，我想〔相〕信国内大多数人同意我这一看法，而且也只有这样做才能配合国际潮流。有这样的客观条件，就有了成功的希望。

（《民主周刊》第2卷第7期，1945年9月1日）

元强按：1945年8月“二战”即将结束，钱端升先生在西南联大发表讲演，试图就中国的政治前途提出建言。他认为“二战”中的美英政治发展都将走向“平民政治”，战后美国民主党和英国工党都将获胜，新中国也不会除外，“平民政治”将成为主导，关注农民，重点是实现农业工业化，提高农民的生活标准。

战后中国需要一个新的领导，他们不能专制，同时关注于平民，这个新的领导应该由国共两党、自由职业者和教育界人士组成，他认为当时共产党的农村政策和农村组织在理论和实际上都是相当进步的。国民参政会在共产党缺席下，建议在参政会中成立“政治解决委员会”，国民党、共产党、民主同盟各出一个代表来探讨解决方案，最终走向联合政府，为世界和平与中国战后重建作长远计议。

统一战线·人民政权·共同纲领

中国人民政治协商会议的召开是四万万七千五百万人天字第一号大事，也是中国有史五千年以来天字第一号大事。它划了一个时代。它继往而开来。要真能了解人民政协，不但其开会期间所通过的决议、所提出的报告、代表的讲话须得领会，其酝酿及筹备期间的一切资料也该阅读，不但和政协直接有关的资料，实则近百年整部中国革命的历史也是不可缺少的知识。

由此可知，说明人民政协的意义和记录人民政协的成果是不容易的。我今应《观察》编者之命，试写这篇文章，只能贡献一些感想，请求读者批评而已。

一、人民政协与继往开来

中国人民政治协商会议的胜利完成任务，具有继往开来的伟大意义。

“继往开来”本是历史演变中习见之事。秦始皇结束了春秋战国的局面，开创了大一统的新朝，有其继往开来的意义。明太祖的后嗣，在明孝陵前立起“治隆唐宋”的大石碑，也含有继往开来的意义。但是，这次人民政协所包含的“往”与“来”，不但程度上要远比过去的“往”与“来”为广大，要远比过去的“往”与“来”为深刻，并且在本质上也是根本不同的。

人民政协的参加者，包括五十年来，自戊戌政变，直至人民解放战争，一切在某一个阶段曾经发生过进步作用，而在今日又是拥护革命的人们。只消具备这两个条件，无论他们在过去五十年内所经由的途径是如何曲折而不同，他们都有代表的人物参加政协。这是对于生者而说。在政协开会期中，建立了一个为国牺牲的人民英雄纪念碑，并将刻如下的碑文：

三年以来，在人民解放战争和人民革命中牺牲的人民英雄们永垂不朽！

三十年以来，在人民解放战争和人民革命中牺牲的人民英雄们永垂不朽！

由此上溯到一千八百四十年，从那时起，为了反对内外敌人，争取民族独立和人民自由幸福，在历次斗争中牺牲的人民英雄们永垂不朽！

政协所要纪念的人民英雄是众多的。但他们无一不是为了人民而牺牲的，尽管各人的革命意识在一〇九年中有种种的参差。这对于逝者的兼容并包也表示了承继过去百年余的革命的意义。

但是“继往”的工作，无论做得如何完满，总不如“开来”之有积极性。要“开来”，首先需要人民的团结，更需要团结了的人民有共同建设新中国的决心和领导建设的机构。人民政协实现了这个团结，表示了这个决心，也建立了这个机构。人民政协因此做了光明的新中国的接生婆。

二、统一战线与大团结

“统一战线”不是一个崭新的名词。远在国共合作及由此而进行的大革命时期，统一战线在实质上即已由中国共产党的发动而存在。日本帝国主义者侵吞东北后，中国坚持全国人民一致抗日。抗战后期，中共复号召组织联合政府，加强团结，和平建国。蒋介石匪帮的先期背叛孙中山，屠杀革命战士，以及近年撕毁旧政协，掀动内战，不但没有变更中共的政策，反而更显衬出来统一战线的必要和正确。

中共所提倡的统一战线是新民主主义，即人民民主主义的革命战线。毛主席在《中国共产党与中国革命》中分析得透彻明确，何者为革命的对象，何者必然是或可成为革命的动力。根据这一个分析，中共所提倡并领导的统一战线乃包括了工人阶级、农民阶级、革命军人、知识分子、小资产阶级、民族资产阶级、少数民族、国外华侨及其他爱国民主分子。这是一个广大的人民战线。这包含了全中国百分之九十以上的人口。

统一战线是中国革命人民的大团结。由统一战线各个组织成分的代表所组成的人民政协自然是大团结的具体表现。人民政协中有各民主党派的代表，有各解放区的代表，有解放军的代表，有各人民团体的代表，有各少数民族的代表，有国外华侨的代表，有其他爱国民主分子的代表。代表纵然没有能经由正式选举产生，而只是经由周详公允的协商产生，但他们的代表性，不特在过去的中国从未有过，亦为资本主义国家之所谓“民选”代表所望尘莫及。

尚不为众所周知的，是代表们的团结如何坚强而有力，如何亲切而热烈，如何出于至诚。此一阶级对另一阶级的信赖尊敬，此一民族对另一民族的亲爱友好，以及一切党派、一切人民团体、一切代表们对中国共产党的领导的竭诚接受，无论在代表的发言中，或在各方面献旗献物的典礼中，都有了充分的、热情洋溢的表现。这样的真诚大团结，几乎是不可想象的。然而在政协中实现了。

大团结的实现，证明了统一战线的正确，证明了中国革命需要如上所列举的各种组织成分来共同参加，也说明了建设也同样需要他们来共同参加。不但在新民主主义的建设阶段中，因为有阶级及连带而产生的党派的存在，需要统一战线来调和矛盾，得到统一。即使到了时机成熟，进入社会主义阶段的时候，中共也宣告了“一定要和各民主党派，各人民团体，各少数民族及其他民主人士进行协商并共同地加以决定……愿意和一切愿意进入社会主义的人们一道，共同地进入社会主义”（刘少奇先生语）。换一句话，即统一战线将延长下去，延长到已经进入了社会主义，中国只有一个阶级、一个政党，不再需要统一战线时为止。

这是中国人民革命的大团结，也是中国人民建设的大团结。这不是说开政协时需要统一战线，需要团结，开过政协即认为已尽了团结之功。久长的统一战线，永久的团结，已经在《人民政协组织法》及《共同纲领》第13条中有了具体的规定：政协全体会议召开时，由全体会议执行统一战线的工作，闭幕时则由全国委员会为协商机关。只消参加统一战线者能牢记住，并体会着中共倡导这一组织形式的深意，从而以全力来参加新民主主义的建设工作，不骄矜，不懈怠，不搞山头，则统一战线所能继续产生的效用，必将永为1949年政协同样伟大，更加伟大。

三、人民的政权与民主集中制

人民政协建立了人民的政权，其具体规定则为《中华人民共和国中央人民政府组织法》。

这是一个简括而了不起的大法。

新民主主义的社会不同于社会主义的社会。存在着于后者的只是一个阶级——工人阶级，存在着前者的则有几个阶级——在目前及相当长久的将来的中国则为工人阶级、农民阶级、小资产阶级及民族资产阶级。在社会主义国家，专政者为工人阶级；在中国，则专政者为四个阶级，而以工人阶级为领导，以工农联盟为基础。但是，社会的组织形态尽有不同，政权的组织形式却可不必有基本上的出入。人民民主专政的四个阶级尽管是多个阶级，但是他们的任务是相同的，即完成新民主主义的革命，建设新民主主义的国家。任务既然相同，则在政权的组织形态上，便无法采用资本主义国家各种制衡对立的制度，而可仿行社会主义国家的民主集中制了。所以，中华人民共和国的政治制度，基本上是同于苏联的。中央政府如此，下级政府也是如此。

政权属于人民。人民太众多了，所以人民须通过他们所选代表所组成的代表大会，以行使政权。这个代表大会在苏联1924年宪法中为苏联苏维埃代表大会及中央执行委员会，在1936年宪法中为最高苏维埃。在中华人民共和国的中央则为全国人民代表大会（在普选的全国人民代表大会召开以前，则由人民政协全体会议代行之）。在中央以下各级，则为各级人民代表大会。但代表大会仍是一个数额相当巨大的集会，多则一二千人，少亦五六百人，过少便缺乏代表性。偌大的一个会只能讨论并议决若干最重要事件，并产生一个经常可以执行职务的组织。这个组织，在苏联1924年宪法中为中央执行委员会的主席团，在1936年宪法中，则为最高苏维埃的主席团。在中华人民共和国的中央，为中央人民政府委员会，在中央以下各级，则为各级人民政府。人民代表大会自身及大会闭会期中的人民政府，均为行使政权的机关。这与苏联的制度在基本上是完全相同的。

应当说明，政权机关就是国家最高机关，也就是全权机关。资本主义国家采用所谓三权分立之制，设有三个机关，分掌立法、行政及司法三权，互相牵制，各不上下。他们因此自诩为民主，而诅咒有全权机关的国家为极权主义者。实则一个国家民主与否，要看这个国家的人民能不能实际参加政权的行使。苏联及新中国的人民，经由他们的最高苏维埃或全国人民代表大会（今暂为人民政协），是参加了政权的行使的。参加资本主义的政权者，实际上只是资产阶级。一般人民，对于议员的选举，根本无左右之权。所以他们并不能经由议会，以参加政权。至于总统的选举，一般人民更少左右之权，他们经过总统以参加政权的可能更等于零。极权主义是民主的对面，与法西斯主义是离不开的。我们和苏联是民主，而那些日益接近法西斯的帝国主义国家才行了极权主义。

也应当补充说明，全国人民代表大会（暂为人民政协）和人民政府委员会，既然都是最高权力机关，两者的权力自然相等。代表大会固然可以变更人民政府委员会所通过的法律及决议，人民政府委员会也可以变更代表大会所通过的法律及决议（共同纲领除外）。所不同者，代表大会产生了人民政府委员会，所以代表大会在开会之时，人民政府委员会便不能享有最高权而已。

人民政府委员会设主席、副主席，亦为委员会的组成分子，其和委员均由政协选举。

人民政府委员会下设政务院、人民革命军事委员会、最高人民法院及最高人民检察署四个机关。政务院是一般的执行机关。人民军事委员会为管辖并指挥武装力量的机关。在解放战争尚待进行到底，国防力量尚待分别充实或建立以前，特设军事机关自有必要。最高人民法院职司审判，其需要显而易见。但这与三权分立之制无关。独立审判，中华人民共和国必能尊重，但审判的独立绝不至于妨害政权的整个性，有如资本主义国家所表现的丑态，因为人民政府委员会是有权指导最高人民法院的。最高人民检察署负有检察违法之责。

政务院组织和一般国家的执行机关相似。但有一个特点：这就是双重式的指导办法。若干执行部门之上，设立了一个共同的指导委员会。它不是执行机关，但它可为政务院总理分担一部分指导的责任。此外，若干署既直属于政务院，同时又受若干有关的部的指导。这两种双重式的指导，如不善处理，势必形成系统上的紊乱和执行上的纠纷。但如处理得法，则行政效率必大可提高。

政务院所属各机关中，人民监察委员会是有特殊的性质的。它不是执行机关，而是监察机关。但它既直隶政务院，则它的监察权力可以直接达到行政部门各个机关。这比资本主义国家由议会行使监察，或比国民党政府由毫无实力的监察院行使监察，自然要合理多了。

但是，一个政府，无论在形式上如何民主，在系统上如何整齐，仍然可以弄得十分不民主，搅得十分纷乱。只有在民主集中制之下，可以保证民主，保证效率。民主集中制是苏联的优点，也是中国共产党习用的制度。民主者，乃指人民代表大会由人民选举，而人民政府委员会则由人民代表大会（今暂为人民政协）产生；人民政府委员会须向代表大会负责并报告工作，而代表大会须向人民负责并作报告；代表须吸取人民的意见，政府须吸取代表的意见。集中者，乃指人民政府委员会领导下级机关，而下级机关则服从人民政府委员会。以此类推，较下各层的机关亦须层层维持领导及服从的关系。如此，最高政权机关既已秉民主的精神，吸取群众的意见，执行机关于执行时亦自然能为群众所了解，而取得充分的服从和合作。

可以肯定地说，中华人民共和国的政府制度确是民主的、整齐的、简括的，不特非中国前此的制度所可比拟，即比之苏联亦无逊色。

应警惕者，目前正是统一战线正式组成的初期，在人事的配置上，许多机构不免偏于庞大。中央人民政府委员会有委员共63人。政务院下的委员会可能亦将设置很多的委员，各部署则设置若干个的副长。这固与制度无关，但亦往往可以增加人事上的困难和效率上的低落。最好的预防，还得依靠民主集中制的运用。如果领导者能善于集中，而参加者能时刻不忘群众，能遵守少数服从多数的精神，则各领导机构名额的过分庞大亦将无损于制度的毫末。

四、共同纲领与稳步前进的建设

共同纲领和统一战线是相互为生的。没有统一战线，不可能有共同纲领。共产党的纲领将只是共产党一党的纲领，代表无产阶级的纲领；工商界所提的纲领将只能代表民族资产阶级的利益。反之，没有共同纲领，也不可能有持久的统一战线。因为没有共同纲领的战线，必是分裂的战线。

但是，共同纲领不能因为是各党派、各阶层所共同提供意见，然后取得协议，而变成为一个混合的、杂凑的纲领。这是因为政协全体代表和统一战线中的一切分子都承认了新民主主义革命和新民主主义建设的必要。他们所要求并接受的共同纲领必然是新民主主义纲领。这就说明了共同纲领既不是一党一方面的纲领，而又不是无原则的“共同”纲领；既有别于一党或一方面的纲领，又有别于混合的纲领。

共同纲领可称之为新民主主义的纲领。新民主主义的革命——反帝、反封建、反官僚资本——仍须进行到底；新民主主义的建设——政治的建设、经济的建设、文化的建设、国防的建设——亟须开始。《共同纲领》六十条没有一条不是涉及这样的革命（或革命成果的保卫），或是这样的建设。新民主主义的革命不能超过三个敌人的范围，所以除了这三个敌人以外便不在被革之列。新民主主义的建设，是以建立一个独立的、民主的、和平的、统一的和富强的中国为目的。工业化成了建设的重点（虽则这工业化一定要和社会主义化亦步亦趋），其他方面的建设则须配合工业化进行。

中国是生产落后的国家。要增加生产，首须恢复生产；恢复之后，才能说到发展。在中国物质的条件之下，实事求是的精神势须和建立社会主义的远景求得切实的调和。这一个调和在共同纲领中是充分匀调地写录下来了。为奖励生产起见，私有财产制度是得到了保护的，私营工商业也得到了鼓励，但是国营经济和合作社经济又为纲领所强调。凡是接近社会主义的设施，而国家最近绝无力量兴办者，纲领绝不提及。但是，凡可以操纵国民生计的事业，纲领也绝不任他们落在私人手中。整个的纲领只是提倡稳步前进的经济建设，和配合着的国防建设和文教建设。纲领不唱高调，但也处处为进入社会主义作了准备。纲领能满足民族资本家发展生产的要求，也能满足共产党培养社会主义基础的要求。这个调和的奇迹，首要归功于统一战线，更要归功于新民主主义的切合实际，能为四个人民革命阶级所共同信仰。

＊＊＊＊＊＊

统一战线的组成是不易的。宽严稍有出入，即易招致散漫或偏狭的弊病。政府制度的确定也是不易的。资本主义国家和中国前此的制度既无多可以取法，而社会主义及新民主主义国家的制度，亦不能生吞活咽。《共同纲领》的拟订更是不易。勉求迁就各方面的要求，则必流于杂凑。为求工业化而过分奖励私营工商业，则有流于资本主义的危险。过分加强国营事业，则因国家财力薄弱之故，必将延缓生产的发展。

在万难之下，代表统一战线的政协召开了。通过了《政协组织法》，保持了长期的统一战线。通过了《政府组织法》，选举了政府委员会，确立了民主集中制的原则。通过了《共同纲领》，以新民主主义为建国的政治基础。一切开国时的困难是克服了，新的中华人民共和国及其政府也诞生了。凡此种种，大家都明白，均得归功于中国共产党和毛主席的领导。新民主主义适应了中国革命的需要，也照顾到中国全体人民的利益。人民拥护了共产党，共产党也依靠了人民。在领导的党与人民相互结合之下，统一战线组成了，人民政权建立了，建国纲领也有了共同的方案了。这是中国共产党的伟大。这是毛主席的伟大。这是中国人民的伟大。

建设新中国今后不是没有困难的。但建设的困难终将为中国共产党所克服，为毛主席所克服，为中国人民所克服。人民政协在中国共产党和毛主席领导之下做了继往开来的工作。统一战线内的各个阶级，各个分子，今后必将在中国共产党和毛主席领导之下，以群众的意志为自己的意志，诚如毛主席所说："我们的民族将从此列入爱好和平自由的世界各民族的大家庭，以勇敢而勤劳的姿态工作着，创造自己的文明和幸福，同时也促进世界的和平和自由。"这是可以预期的。

（《观察》第6卷第1期，1950年）

元强按：1949年新中国建立，钱端升作为社科学界代表参加了全国政协第一届会议，应《观察》杂志约稿要求介绍新政权。钱端升先生把新中国的建立同秦始皇统一中国，建立新朝的局面相比，可以说是"继往开来"。统一战线就是需要各种组织成分来共同参与，全力来参加新民主主义的建设工作，不搞山头。现阶段是新民主主义专政，有四个阶级，工人阶级、农民阶级、小资产阶级及民族资产阶级，新中国是以工人阶级为领导，以工农联盟为基础；未来的社会主义的社会专政只有工人阶级。

现行的体制没有采用资本主义国家各种制衡对立的制度，仿行的是苏联社会主义国家的民主集中制。共同纲领是统一战线的纲领，不是共产党一党的纲领。共同纲领可称之为新民主主义的纲领，其任务就是反帝、反封建、反官僚资本。

人民政府如何运作

中华人民共和国，建立于1949年10月1日，现在还未满三年。但是在它成立的很短的时间内，中国人民通过他们自己的各级政府的工作，已经取得很大成就使外部世界感到惊奇，也使他们自己感到非常满意。

1949年9月，中国人民（由工人、农民、小资产阶级和民族资产阶级组成），召开了中国人民政治协商会议。这次会议，有662名代表参加，通过了《中国人民政治协商会议共同纲领》、《中华人民共和国中央人民政府组织法》和《中国人民政治协商会议组织法》。选举主席、副主席和中央人民政府委员之后，它宣告了中华人民共和国的成立。

采用这些快速的步伐表明，中国人民从多年的压迫获得自由以后，要刻不容缓地为他们自己的利益，组织他们自己的政治权力。但是这并不意味着这些步伐是草率的，或是前进中未经充分讨论的。正相反，关于会议的组成、在会议期间准备要分发的基本文件的内容，于一年多以前就在各政治党派、群众团体、各族人民，以及那些后来选出代表的单位中交换了观点和意见。会议开始后，特别在委员会中，关于《共同纲领》和计划通过的其他法律以及领导机构人员的提名等，又进行了更深入的讨论。每一个代表在此会议所做的历史性的工作上，都发表了他的意见并盖了他的印章。

渗透在人民政治协商会议的审议和活动中的这种民主精神，是对新中国的人民民主的一个好预兆。

人民的权力机构

从那时以后，数以千计的包括各方面的地方人民代表会议（从此以后便称这种会议为人民代表会议）都已按照《共同纲领》的规定在全国各地召开了。它们都是以1949年9月的人民政治协商会议的标准为指导的。这种活动为建立新中国政府机构的初步体制起了十分重要的作用，人民代表会议——后来为人民代表大会所取代——占在一个关键的和中枢的地位。人民代表会议的民主行动保证了整个政府的民主行动。

《共同纲领》规定中华人民共和国的国家权力属于人民，

人民代表大会是国家权力的机关。当人民代表大会闭会期间，它选出的人民政府即为行使国家权力的机关。各级权力机构都是如此。每一个人民代表大会均由普选产生；但是，在普选的人民代表大会召开以前，全国的中国人民政治协商会议和地方人民代表会议代替召开。前者行使全国人民代表大会职权，后者行使地方人民代表大会职权。

到1951年10月1日为止，在人民共和国建立两年以后，人民代表会议已经在中国大陆现时划分的所有的36个省召开过了。在农村，以前在任何中国政府统治下，甚至连一个装饰性的民主政府也没有，人民代表会议或农民代表会议在数千个乡（在区之下）召开了。人民代表会议也已经在2158个县中（除了46个以外）所有的县（地区）召开过。市人民代表会议已经在全部156个市召开过。自治区人民代表会议，像市那样大的，已经在10万人口以上的96个自治区里的54个区举行过。

如何选举代表

这些代表会议，作为人民大会的过渡形式，是逐步变成完全由选举产生的。北京市人民代表会议可以说明这种过程。当1949年8月第一次会议召开时，即这个城市解放后半年，参加者全部由北京市军事管制委员会与地方的政党支部、人民团体、少数民族团体和其他团体协商后指定的，而一部分被直接指定者是由于他们个人的功绩。在三个月以后的第二次会议，76%的代表由他们自己的政党、组织或小组成员直接或间接选举出来。在1951年2月召开的第三次会议，选举代表的比例上升到83%。

在选举刚刚结束的第四次会议，其比例仍然是较高的。在出席会议的全部519名代表中，173名直接由他们的选民选出，278名为间接选出，只有51名是指定的。也就是说，选举出来的代表比例已升高到87%。特殊的指定，仍被认为是合乎需要的，就一定数目的名望高的专家来说，他们能给予会议的审议以更多的贡献，像以前指定的代表那样。另外，17名北京市政府的成员，包括市长和副市长，为当然代表。

代表的选举通常有两个步骤：提名和投票。在组织较好的团体，如城市中心的工会和农村的农会，候选人的初步名单第一次由基层单位提出，其中不能达成协议的名字再经基层选出的会议排除掉，之后，这个名单再交到整个单位去讨论。如果仍对某候选人有反对意见，将召集进一步的会议，再重复讨论或修改程序。产生了普遍同意的候选人名单以后，投票本身表明候选人为选举者的最后认可。但是，甚至在这个最后阶段，选举者还可以自由地提出名单上没有出现的候选人。

选举在中国不是什么新奇的事。这里有过一些选举，如徒有其名的清王朝在1911年被推翻以前的最后日子里的那种。在蒋介石二十多年反动统治时期，他也举行过（除了许多地方选举之外）三次“普选”。但是，所有的选举无论是国家或地方的都是骗人的，人民群众没有份，执行时没有控制，并且确实人们普遍都不知道选举是否进行过。只有在人民共和国诞生以后，选举才变成了名副其实的，被严肃对待的，并且包括了全体人民。

现在人民群众严肃地对待选举，因为他们已经知道各级人民代表会议是执行国家权力的有效的机关，而且它们都直接关系到他们自己的生活和幸福。每一个人对选举都有热烈的兴趣，因为随着深入细致的教育运动，使他们了解每一个人民代表会议和人民政府的工作报告——两者都评价了它们的成就和批评了它们的错误。

选举人民政府

由选举产生的人民代表会议用这种方式选举人民政府。这样，中央人民政府任职者于1949年由中国人民政治协商会议选出。地方各级人民政府，按照《共同纲领》，每一个都由相应的人民大会选出，并且在人民大会召开以前，由人民代表会议选出，因为后者渐渐承担人民大会的作用和权力把《共同纲领》规定的条款付诸实施，一些市人民政府早在1949年11月就由人民代表会议选出。1951年年底，人民代表会议已经在大约全国一半的省和市，承担了他们选举人民政府的权力。

人民政府按这样方式选出，也是统一战线组织对它自己地位的一个准确反映。这样，在区以下的地方，农业人口占优势，人民政府的成员多数是农民。但是在一个像北京这样的大城市，那里大学和学校的人员在人口中占相当大一部分，在北京市人民政府的26名成员中，有不少于5位教授和2位学校教师的成分。人民代表会议在选举人民政府成员的过程中，也需要和各选举团体进行复杂的协商和讨论，为的是保证普遍的同意。

权力不分离

《共同纲领》基于人民代表之间相互的一致，清楚地规定每一个阶段和团体在新民主中的权利和义务。人民、人民代表会议和人民政府都承担义务去促进《共同纲领》，并按它的条款建立国家。因而在他们中间没有利益的冲突，立法权和行政权的分离是不必要考虑的。

中国人民政治协商会议和中央人民政府，或者地方人民代表会议和地方人民政府，分别代表国家权力机关以及在两届会议期间中执行国家权力的机关。两者都能立法，制定行政的政策和执行其他重要法令，只要后者的决定不得违反前者以前的决定。

这两个机关的工作紧密一致，由于人民政治协商会议的全国委员会和常务委员会在最高一层的存在，以及地方人民代表会议的协商委员会的存在，而比较容易得到保证。它们各自是中国人民政治协商会议和人民代表会议闭会期间的委员会。它们能够经常地被召集开会，事实上，它们常与人民政府开联席会议。

这是在行政的范围内，人民政府，通过在它之下设立的行政机关行使其权限。从而，政府行政会议、它的各部和委员会执行中央人民政府的行政工作，同时各省市的行政部门在省和市的人民政府中做同样的工作。

说这些机关承担行政的全部权限，无论如何并不意味着，人民会议不能提出它对行政有影响的意见。正相反，既然它是行政部门，它直接与全体居民的利益相连，人民和他们的代表说出他们的观点，自由地和经常地，通过一定的渠道表达出来。行政部门和新中国的领导人对这种表达的内容必须十分重视。在人民中国，存在着分工，但是没有权力的分离。人民是至上的，他们的代表们是强有力的。国家的权力属于人民。

人民如何参与

在实践上和理论上，人民是国家权力的主人。首先，他们积极参与政府。他们积极参与的形式之一，即通过他们的代表对政府的活动提出倡议。人民发出大量的提议和建议要被考虑的，如果被接受，就会被代表会议通过成为决议。通常，他们可以给人民政府的有关部门或向其成员直接提意见。他们所表达的意见涉及许多方面。

在一个区或乡，他们可能要求在一条乡间小溪上修一座桥。在城市，他们可能催促订立房租的法规；制定一个工业区的规划；把有危险的企业，如火柴工厂，迁移到一个安全的距离之外；建立商业投资公司；为剩余资本提供一个健康的出路并防止投机；改善工人的教育设施；等等。他们要求省的代表为了灌溉，加快疏浚水路；清除被阻塞的灌溉系统，为农产品组织较好的市场设备等。

一些建议能当场被行政当局处理。其他的一些建议则要经人民政府委员会讨论。还有另外的一些建议则由代表会议闭会期间的委员会或会议本身去考虑。

另外一种积极参与的形式，是把人民团结起来为国家防卫和福利的实施出力。其中一个例子是抗美援朝的全国性运动。这是作为一个紧急的需要，由中国人民政治协商会议内有代表的十一个政党和团体，发表一个联合声明而发动的，但是它的成功依靠每一个中国人的积极支持。中国人民强烈的爱国热情，在边远的农村如同在大城市的工厂和学校一样巨大。

去年夏天，在遥远的南方四川省，当我去帮助农民实行土地改革时，曾经看见，年轻的农民，男男女女，一批接着一批参加志愿军抗击侵略者离开我国边界，并且帮助邻国朝鲜。在我所问到的人中，多数人说他们这样做有两个主要原因。一个是，因为美国政府在我们的解放战争中支持中国的地主所有制，所以必须抵抗它，就像打倒地主一样。另一个原因是，自从人民国家是他们自己的以后，已经为他们的利益做了这样多的事，他们当然必须起来保卫它。

另外一个例子是四川南部的抗旱运动。由于去年冬天雨水不足的结果，几个区有旱情，农田有不适于春耕的危险。要改善情况只能赶修临时水库，并从小溪、山谷和需要挖掘的新井，用凡是一切有可能找到的水，去灌满水库。要做到这些，只能靠每一个地方的集体努力。然而，由于农民的地块很小又很分散，而且有的地离水源比别的地近，这样的集体出力在过去是不可能想象的。但在一个属于人民的政府，而且已经证明它关心农村每一个成员的利益，情况就不同了。在四川南部，和别的地方一样，已经看出为灌溉所有周围农田去建设公共水库时农民的才智。

通过他们的代表会议，在受旱情影响地区的农民，已经讨论和采用了各种抗旱措施，并且热情地去执行，没有耽误或摩擦，地方行政当局则注意不能有一块水达不到的地。人民政府同人民自己工作取得一致，避免了从前干旱所造成的灾难的后果。在写本文时，四川南部的春季作物像正常年月一样正在生长。

批评的自由

作为国家权力的主人，人民也毫不犹豫地批评政府。提批评意见，不受时间和地点的限制。根据在代表会议的发言权，批评可以写成书面的或者口头提出。书面批评可以是署名的或者是不署名的。行政人员，特别在低层，他们比起上层的工作人员，人数更多却缺少仔细挑选和训练，要督促他们欢迎公开批评，禁止他们压制、不鼓励或忽视批评。开始，有的代表批评违法乱纪的或有过失的官员时有点犹豫，怀疑这是无效的甚至会引起报复。不久，不管怎样，事实使他们信服；所有正确的批评都被很好地接受，接着以快速的行动去改正那些遭抱怨的弊病。现在所有这种犹豫已经消失了。

这是一件很平常的事，在一个区代表会议中，可以看见一个代表公开指责一个乡政府成员的错误领导，也可以看见有关成员在回答中作自我批评，表示认错并保证将来要改正等。这种批评和自我批评的交替进行也在高层次的代表会议中出现，虽然它们在后一种会中尚有点不够普遍。另外，在此还要附带指出，在所有严肃批评的事例中，包括对违法的控告，如果经过高级当局仔细的调查，被指控的人会受到各种可能的处理。

人民愈是有能力批评政府，他们就愈会感到他们有责任选出最合格的人去当人民会议的代表并通过他们选出最合格的人民政府的成员。在1952年上半年反对贪污、浪费和官僚主义的运动中，在政府人员中批评和自我批评的实践达到了新的高潮。结果是导致人民和政府之间进一步密切了彼此的关系。和以前相比，在以后的选举中，人民在审查他们的候选人时甚至比以前更为仔细。这个进程已经引起人民对政府在做什么产生了更大的和更细微的兴趣。

民众的支持

人民通过所有这些方式积极参与政府的结果，使他们在热情和坚定地支持政府两方面达到了一个新的高度。人民开始认识到人民政府的整个机构，由于毛泽东主席正确和英明的领导，不但保证了他们许多利益并且教育他们在各级政权中做处理自己事情的完全主人。他们已经确信自己的力量，并且正在作出更大的贡献去建设一个繁荣与辉煌的祖国。

人民已经取得了物质的和有形的利益，这些利益使得人民对政府的坚决支持是可以充分理解的。成立中华人民共和国差不多三年了，工人、农民、小资产阶级和民族资产阶级都已经获得了巨大的利益。但是，那个教导人民参与政府工作的教育过程，对人民热情而坚决地支持政府也是一个同样重要的因素。我们在这里，再一次以农民为例。虽然他们对分地给他们的人民政府是感谢的，但开始时，他们对参与政府很少或没有兴趣，甚至认为他们自己没有能力去做这件有兴趣的事情——他们认为这件事是“上面”的事情，因而对此畏缩不前。现在，无论如何，他们已经学会去承担他们对政府的责任，并且已经不再停留在只从“下面”去看这些事情。相反，现在他们认为，在每一个方面他们都是自己的主人。这个改变是最为深远的。人民与政府已经变得不可分离了，政府已经开始具有了人民群众占有并能给予的全部力量。

力量的来源

一个能得到民众可靠和无条件的支持，并且能够号召他们积极参与的政府，必然是高效率的、有力的和能够实现巨大改革的。一个在它自己的利益上，拥有并能够行使政治权力的民族，必然是为高度的爱国主义所激励的，并在建设它的国家事业上不遗余力。

在中国已经发生的，分明是奇迹般的改变，导源于一个事实。那是由于中国共产党的领导，勤劳、勇敢和精明的中国人民终于取得了他们的革命成功，永远摆脱了帝国主义、封建主义和官僚资本主义的枷锁，并且成为他们自己命运的真正主人。这说明，在从人民共和国诞生尚不到三年期间，为什么能够做那么多的事，并且已经做了那么多的事。

［原载《中国建设》（*China Reconstruction*）英文版，1952年7月，仓理新译、沈叔平校］

元强按：这篇英文文章主要是将新中国的人民政府介绍给世界读者，钱端升先生充满热情地赞赏这一新制度三年以来所做的事情，包括《共同纲领》所授权的人民代表大会，代表的选举、行政和立法权的统一以及民众对政府批评的自由，这一切都是人民做了主人后开展的新民主主义革命的结果。

《蔡元培政治论著》跋

在蔡元培（孑民）先生诞辰一百二十周年之际，《蔡元培政治论著》（高平叔编，河北人民出版社印行）的出版，实为学界之盛事。辛亥首义以后，蔡先生先后出任过民国政府教育总长、北京大学校长。余有幸曾在先生领导下任职，对先生的学问与为人，深感敬佩。今日复拜读先生关于国是之宏论，倍感亲切，先生之音容笑貌，历历如在眼前矣。

蔡元培先生是中国近代杰出的爱国主义者和民主主义者。清朝季年，他受浙东学派民族主义思想和十九世纪西方民主主义思想的影响，从出身科举的翰林学士毅然走上了民主革命的道路。先生的政治论著以其如椽之笔反对封建专制，鼓吹民主共和，成为推动资产阶级民主革命的有力武器。“五四”前夜，先生就职北京大学校长，教务繁忙而笔耕不辍，先后发表了《黑暗与光明的消长》《劳工神圣》《致黄郭函》等重要论著，揭露帝国主义，鞭挞封建军阀，唤起民众，对以北京大学为主要发源地的五四爱国民主运动的兴起，发挥了重要的推动作用。是时，先生为营救被捕学生奔走呼号，并愤然辞去北大校长之职，表现了进步知识分子的高尚气节。

1931年“九一八事变”发生以后，日本帝国主义悍然入侵，而蒋介石坚持其“攘外必先安内”的反动政策，对外妥协屈服，对内压迫人民，镇压革命，致使中华民族面临生死存亡的严重危机。作为民国元老、学术界领袖之一的蔡元培先生，通过若干年的观察，认识了以蒋介石为代表的南京国民党政府的反人民本质，起而抗争，采取了公开支持抗日，主张民主，同情革命的正义立场。1932年，先生与宋庆龄、杨杏佛等共同发起成立了中国民权保障同盟，并先后发表《中国民权保障同盟宣言》《在中国民权保障同盟中外记者招待会致词》《保障民权》等重要言文，以维护人民自由民主权利为号召，反对法西斯专政，主张释放政治犯，取消党派之见，实现全国动员、抗日救国之大业。先生拥护中国共产党提出的一致抗日的政治主张，赞助国共合作，实有其坚实之思想基础。

毋庸讳言，由于历史条件的限制，先生在第一次国共合作遭到破坏的特定时期内，对马克思主义、中国共产党和苏维埃俄国的认识未尽确当。但是在他的晚年生活中，在他后期的言论著述中，他发起马克思逝世五十周年纪念会，“致真挚之敬意于此近代伟大之思想家”。在1934年12月为《社会主义新史》所写的序言中，他指出社会主义运动“为人类普遍的要求，而决非一学派所杜撰”，期望“对于社会主义之研求，将益增兴趣”，1936年先生又著文介绍、讴歌苏联的建设成就，对国际帝国主义攻击共产党人“有破坏作用，并无建设的能力”等种种谬论，予以有力的驳斥。蔡元培先生成为中国共产党的挚友和同盟者，成为近代中国的爱国、正直的知识分子的榜样。

蔡元培先生的政治论著，实践了先生之宏愿：“迎新思想之潮流，而革旧世界之面目。”有云杜甫之诗有史者，因号之为诗史。蔡先生之论或亦可谓之为史，它记录了清末至抗战时期中国人民斗争的历史，记录了一位出身于封建营垒的旧知识分子走向进步和光明的历史。

（原载《群言》第5期，1988年5月）

元强按：这是钱端升先生人生最后的一篇文章，他早年留学归国后就一直追随蔡元培先生，1928年4月加入了蔡元培任院长的民国政府大学院，担任“文化事业处处长”，为蔡元培草拟和审查各种草案

及部分文件，包括《大学院公报》发刊词和《大学院组织法草案》等，协助筹备1928年召开的第一次全国教育会议。他认为蔡元培先生是“迎新思想之潮流，而革旧世界之面目”的楷模，是知识界的巨人。

附一　我的自述*

1900年我生于当时江苏省属松江府，今属上海市上海县的钱家塘。家中世代以行医为生，但母亲和祖母们，除家务外，也操耕织。1905年，是旧中国科举制废除和新学兴起的一年。是年父亲和伯父们开始教我读书识字，接着就在家乡读私塾，直到1910年夏。1908年，即我八岁前，只勉强能背诵《四书》《史鉴节要》《诗经》《左传》《唐诗三百首》部分篇章，由于同族各家延聘了一位圣约翰毕业的先生当塾师，兼授国文、数学、英文、史地等科目，使我耳目一新，进步颇大。1910年下半年我随堂兄到上海城内就读于敬业学堂，一年后又转入养正学堂，至1912年冬小学毕业。1913年春考入松江（江苏）省立三中，四年后毕业。为了投考名声颇著的清华学堂，

* 这是一篇个人毕生经历的自述，由于体衰多病，不便续传，权以此述代自传，敬请读者鉴谅。

1916年我转入师资很深的上海私立南洋中学，插入五年级，次年夏毕业，报考清华，即被录取。二年清华转瞬即逝，1919年获官费赴美留学，第一年我插入北达科他州立大学四年级读政治学，翌年夏获文学学士学位，暑期就读于密歇根大学政治系，旋去哈佛大学，所学各课属历史、政治和经济三系合成科目，偶尔也旁听哈佛法学院的一些课目。1922年1月我完成硕士课业，同年6月被授予文学硕士学位。1923年11月完成哲学博士所需课业并通过了各种考试，并于1924年夏获哲学博士学位。自1920年9月初进哈佛到1923年12月初离去，在哈佛共三年两个月。其间，除暑假在佛蒙特州立大学学习拉丁语和西班牙语外，1922年春又赴华盛顿数周在国会图书馆查阅资料，并向参众两院的书记长和若干委员会的主席请教国会委员会的权力与进行工作的具体情况，以便较好地完成《议会委员会——比较政府研究》这一博士论文。这三年又两个月确是我一生学习较顺利，较有成就的一段时期。结束哈佛的学业后，藉校长罗威尔先生的介绍函柬，我漫游欧洲各国半载有余，就教于英、法、德、奥某些宪法或政治学教授、学者，访问了各国议会议员和工作人员，同时熟悉了某些大图书馆的情况。1924年5月，结束了近五年的游学生涯，东返祖国，元月初抵达上海。

1924年秋，我开始任教于清华，并在此后的二十八年中，主要以教书为业，也以教书为生。但我一直是关心国内外政治的。我尝写过不少政治性的文章，一度还脱产任天津《益世报》社论主笔，也曾在国民政府大学院任职，此外，也参与了一些政治性会议。

1924年，我来到清华先是担任教员。1925年秋，清华首次招收本科，自后逐步成为一所完全的大学，我也随之而成为教授。1927年春季，我开始在北京大学兼任教授，教政治和法律两系的宪法课。

1927年春夏奉系军阀入关，对教育界，报界人士极为横暴，我于是南走沪宁，秋季应南京中央大学之聘为政治系副教授。“副教授”为该校是年教师最高职称，因有人认为只有像巴黎、里昂等大学的教授才配称“教授”，于是，凡受该校聘者，不问男女老少，也不论文、法、理、工、农、医，一律贬称“副教授”，受之者颇觉可笑，幸而我并无愠色。1929年秋，由于中央大学国民党派系之争和学生罢课，我被迫辞职。失了教书之业，我只好另谋出路，乃于1929年10月至1930年夏翻译了屈勒味林的《英国史》。1930年秋，我再度回到清华教书，同时在北大兼课，直到1934年初离北平去天津《益世报》为止。这期间，除教书备课之余，我还撰著了《德国的政府》一书，此书原为译述1919年魏玛宪法下德国政制和政治生活而作，参考德文资料和德文原著较多，基础较厚，在我所著浅薄不足称道的书籍中，尚不失为有价值的一本。我到《益世报》本为宣传抗日，因撰写社论笔锋触及对日妥协派，不得不于1934年9月被迫离去。后乃远适南京，再度就聘于中央大学。中央大学法学院教师中，不少曾是我早年的学生，因此，校长罗家伦希望我去法学院有助于加强学术空气。谁知中央大学仍然派系林立，到了1936年至1937年那一年，我除偶尔不得不代理法学院院长职务外，只能倾全力于政治系附设的行政研究室工作，并组织该室同仁在一年内完成了两卷本《民国政制史》。

1937年夏，我返北大，刚到北平一周，“卢沟桥事变”突发，8月13日日本又在上海挑起战争，于是南京政府特促胡适、张忠绂和我等北大三教授赴美、法、英等国宣传抗日，争取各方的援助，及至1938年返国时，北大已与清华、南开组成西南联合大学，校址先在长沙，继在蒙自，最后落脚于昆明。自此以后到抗战胜利结束第二年返回北平，我一直在西南联大任教。抗战期间，我除努力教书，宣传抗战，抨击弊政外，曾于1943年撰著了《战后世界之改造》一书。

抗战胜利后，西南联大在1946年5月正式宣布解散。我于同年秋回到北平，仍在北大执教。1947年10月底我应邀赴美，在哈佛大学任客座教授约一年。在此期间，我以讲课的内容编著了《中国的政府与政治》（英文本）一书，主要是评述辛亥革命以来的南京政府，由于资料所限，我当时无法将解放区的政府与政治写入书中，每念及此，总以为憾。该书1950年由哈佛大学出版。

在1924年到1949年的二十五年中，我写过不少文章，有学术性的，有介绍情况的，也有评论国内外时事乃至谴责国内外反动势力的文章。最早多在《晨报》副刊上写一些介绍性的文章，其后在北京大学、武汉大学等校的社会科学季刊上发表过一些论文和书评，后来也为《东方杂志》写过一些长篇文章。三十年代，我曾几度参加太平洋学会会议，于是也在美国政治学会的《政治学评论》、外交学会的《外交季刊》和《太平洋季刊》诸刊物上写过一些文章（英文）。

就所写文章而言，较富有政治性的，自然要首推我所主持或负责编辑过的那些日报和期刊。这有1927年4月至10月中在北京、上海出版的《现代评论》和1939年至1941年在昆明出版的《今日评论》。我还曾一度任天津《益世报》主笔，专写社论，不编新闻。《益世报》当时是北方两大报之一，罗隆基曾为主笔，由于批评蒋介石而被驱走。后该报聘我就任"主笔"，并希望我稍变罗隆基的文调，以求"保全"日报。不料后来蒋介石终因我的一篇社论《论华北大势——兼送黄委长南行》大为恼火，并立即勒令邮局对《益世报》停邮，使我在该报待八个月写了百七十篇社论后被迫离去。此外，我在解放前的二三年内还为《观察》杂志写过多篇政论文章，抨击国民党的法西斯统治。

新中国诞生前夕，我正在美国哈佛大学任教。1948年秋，国内解放战争进展十分迅速，形势发展令人快慰。当时，虽有美国友人劝我暂时留美教书，但我已经看见新中国的曙光，决心回国，经多方设法，在旧金山觅得船只启程。1948年11月终于回到北平。不久我被推为北京大学法学院院长。此时，北平即将解放，我已做好了思想准备并配合地下党组织和进步同学做好了一切护校准备。1949年1月，终于迎来了北平的解放。解放不久，我就以社会科学界代表的身份出席了由中国共产党召集的，有各民主党派、团体参加的中国人民政治协商会议，与大家共商建国大计。1949年10月1日，我荣幸地登上天安门城楼参加新中国的开国大典，看到象征着中国真正独立的五星红旗冉冉升起，听见《义勇军进行曲》威严的声音，不禁热血沸腾。我意识到，为了中华民族的富强昌盛和自立于世界民族之林，我将会不知疲倦地从事祖国需要我做的工作。

在1952年，高等院校进行院系调整，我被抽调筹建北京政法学院，作为第一任院长，我的宗旨是全力为新中国培养及输送高质量的政法人才。可惜的是，院系调整后，政治科学作为一门学科却被取消了，我的研究工作也只得就此中断了。直到七十年代末期，中国共产党的十一届三中全会以后，我国的政治学才重新回到了大学讲堂和研究所。此时，我已属耄耋之年，虽又受聘于北大、外交学院、南开大学，但终因体衰多病，力不从心，许多研究计划自难实现，每念及此，总有不胜惋惜之感。但聊以藉慰的是中国新一代的政治学家正在成长，为中国社会主义建设和中国的政治制度服务的政治学，必将再现异彩。

由于政治学教学和研究的中断，在1952年以后，我的主要精力转向了新中国的法制建设和外交事务活动，此类活动往往占去了我大半时间。1954年我被邀请作为第一届全国人民代表大会宪法起草委员会的法律顾问，参与了中华人民共和国第一部宪法的起草工作。

新中国建国之初我先后被任命为中国人民外交学会副会长和对外友协副会长，并按照周恩来总理的指示，积极推进新中国与各国非政府间的外交活动。1955年1月我率团参加印度第四十二届科学大会，在新德里就中国的新宪法作了主题报告，并拜会尼赫鲁总理，之后，又到巴基斯坦克拉什参加巴基斯坦科学促进协会第七届会议。同年6月我又前往赫尔辛基参加世界和平代表大会，为增进中国和世界各国爱好和平使者的交流尽力。1956年春天，我和刘宁一、程潜、傅作义等人出席了在斯德哥尔摩举行的世界和平代表大会特别会议。1957年我又对锡兰进行了访问。

作为对外友协成员，我曾多次接待来访的外国客人，较重要的一次是为争取实现中日关系正常化而于1955年11月接待前首相片山哲率领的全日本保护宪法联盟代表团。周恩来总理和陈云、彭真等领导人出席了我主持的宴会，毛泽东、刘少奇、朱德、周恩来参加了双方签署的联合公报仪式。1956年，我又奉命接待英国工党领袖、前首相艾德礼来访，为增进中英双方的互相了解和发展关系尽心尽力。

新中国成立以来，我始终积极关心国内政治生活，并热心参与各项社会活动。1949年8月我出席了北京市各界人民代表会议，并被推选为北京市政治协商委员会副主席。作为一名政法教育工作者，我参加了政务院的文教委员会和华北高等教育委员会的工作，并担任了中国政治法律学会副会长，为我国政法事业的发展尽绵薄之力。在全国人民代表大会和中国人民政治协商会议中，我曾当选为第一届人大代表，法案委员会副主任委员和第一届政协代表，第二届政协常委，第三、第四届政协委员，第五届政协常委，第六届人大常委兼法律委员会副主任委员。

1957年的反右运动和1966年开始的“文化大革命”，我和许多知识分子一样遭受了磨难。但是，1960年春节和1973年周恩来总理两次给予我亲切的关怀和坦诚的鼓励，却使我永志难忘。可以说，在那检讨不起作用，实事不能求是，呼吁不获同情，妻儿不能幸免的多灾多难的岁月里，我之所以能够饥即食、病即医，坚定地生存下去，是与周恩来总理的开导分不开的。也正是由于他的厚爱，我方能在动乱尚未结束时的1974年就被安排到外交部国际问题研究所任顾问并兼任外交部法律顾问。在垂暮之年，我幸能为我国外交政策的研讨和尔后1982年宪法的制定挥洒余热，这算是可以告慰于关心我的人们的两件事了。

值得一提，却又令人深感痛惜的是，1962年我在北京政法学院奉命主编一部高等教育部拟定的教材，书名是《当代西方政治思想选读》。其时，按原计划我从五六十名西方著名学者的书籍中的择其要旨，由其他三人译成中文约一百五十万字，译后由我最后校阅，并对原著者写简短的介绍。全书成七八篇，二三十章，每章每篇也由我作篇章介绍，最后加以编者的长序。此项工程颇大，到1966年“文革”开始时，已译一百二十万言，其中约十分之六七已经过我最后校阅；我还部分写出作者个人介绍。可叹“文革”伊始，这一小小事业就成了“革命”的对象，译稿至今不知去向。

总而言之，我自1917年涉足政治学专业至今已有七十年矣。我一向认为，政治学乃是研究国内外政治活动、政治组织（包括政府体制）、国际关系，兼而纵论时势的一门科学。1949年以前，基于推动中国政治进步和制度昌明的理想，我不但著译了几部介绍西方民主政治制度和论述中国辛亥革命以来政治制度的书籍，而且也写过大量抨击时政，评述时势，论证国际关系对策以及政治学书评等类文章。新中国成立后不久，由于众所周知的原因和尔后我身受逆境的折磨，政治学的教学和研究在我国被迫中断将近三十载。1978年以来，政治学在中国又重新恢复应有的地位和声誉，越来越多的学生、学者和政府的文职人员都逐渐认识到学习政治学和研究政治学的重要性。我以为，在新的历史时期和新的历史阶段，政治学也要注入新的研究方法，新的分析方法，为解决人类社会政治活动和组织制度的新问题服务。在中国，政治学的研究尤其要为建立适合中国国情的社会主义政治体制和民主法制服务，此乃政治学具有不朽生命力之所在。

至于我一生，经历了不同的时代，走过了曲折的道路，功过是非如何，窃以为还是留待来者评说为好。

元强按：这是钱端升先生晚年对自己一生的扼要叙述，他一直希望通过所学专业，在研究比较政治制度、比较宪法、国际关系和行政学方面拿出一些成果，同时也为国家培养出一批兴国安邦之才，体现出他的学者本色。但他的学问不是书斋的学问，其目的还是希望能为“救国”和“强国”做一些力所能及之事。虽然他人生跨越四个时代，但爱国之心始终如初，编者对他的一生用八个字来概括，那就是“学人本色、士人情怀”。

附二　钱端升主要学术作品目录简编（1900—1990）

1918年（18岁）

3月31日，发表《联邦制可否行于中国论》，刊于《清华周刊》第133期。

1920年（20岁）

秋，入哈佛大学研究院，撰写了“Are There Inherent Political Rights of Man? ”（《人的政治权利是天赋的吗？》）和“Freedom of Speech”（《言论自由》）等论文。

1921年（21岁）

暑假，在佛蒙特州立大学学习拉丁语和西班牙语。

撰写了“The Open Door Policy of China”（《中国的门户开放政策》）和“The Unite States Commerce Court”（《美国的贸易法庭》）等论文。

1923年（23岁）

完成博士论文“Parliamentary Committees: A Study in Comparative Government with Special Reference to the British House of Commons, American Congress, French Chamber of Deputies and German Reichstag”（《议会委员会：以英、美、法、德四国为主的比较政府研究》）。

1924年（24岁）

11—12月，就《德国国家法》和《中欧新政府》两本书籍发表书评《评*Deutsches und Preussisches Staatsrecht*》《评*New Governments in Central Europe*》，刊于《国立北京大学社会科学季刊》第3卷第1期。

1925年（25岁）

4月，发表《新近宪法中立法行政两机关之关系》一文，刊于《国立北京大学社会科学季刊》第3卷第3期。

7月2日，发表《租界惨杀国人案交涉方法》，刊于《晨报副刊》之“沪案专刊”。

7月，就德国新宪法发表《评*La Representation Protessio inelle dans I'allemagne Contemporai*》书评，刊于《国立北京大学社会科学季刊》第3卷第4期。

7月，与陈翰笙、高仁山就美国大部头新书《社会科学的历史与前景》，联合发表《学术书籍之介绍与批评：H.E.Barnes and Others，*The History and Prospects of the Social Science*》，刊于《国立北京大学社会科学季刊》第3卷第4期。

10月，就法国三本宪法学著作撰写《评*Trait de Driot Constitutionnel, Precis Elementaire de Driot Constitutionnel*和*Trait Elementaire de Driot Constitutionnel*》书评，刊于《国立北京大学社会科学季刊》第4卷第1、2期合刊。

11月3日，发表《对俄问题致勉己书》，刊于《晨报副刊》第5期。

12月1日，发表《治外法权问题》一文，刊于《晨报》第12期。

12月，在清华演讲《政治学》，刊于《清华周刊》1926年元月号。

12月25日，发表《莫索尔问题》一文，刊于《晨报副刊·国际》第12期。

1926年（26岁）

1月22日，在《晨报副刊·国际》发表《国际法庭》一文，关注国际法与国际秩序。

是年在《现代评论》等刊物上发表评论50多篇。

1927年（27岁）

2月5日，发表《美国对华外交》一文，刊于《现代评论》第5卷第113期。

4月9日，发表《收回上海租界的迫切》一文，刊于《现代评论》第5卷第122期。

8月6日，发表《党治与舆论》一文，刊于《现代评论》第6卷第139期。

8月20日，发表《日内瓦海军会议》一文，刊于《现代评论》第6卷第141期。

9月24日，发表《党治与用人》一文，刊于《现代评论》第6卷第146期。

10月29日，发表《党纪问题》一文，刊于《现代评论》第6卷第151期。

11月12日，发表《上海临时法院的存废问题》一文，刊于《现代评论》第6卷第153期。

12月10日，发表书评《王世杰氏的〈比较宪法〉》，刊于《现代评论》第7卷第157期。

是年在《现代评论》等刊物上发表评论30多篇。

1928年（28岁）

3月24日，以“山木”笔名发表《党治与国民会议》一文，刊于《现代评论》。

9月29日，发表《立法权的行使与立法院》一文，刊于《现代评论》第8卷第199期。

是年在《现代评论》等刊物上发表评论30多篇。

1929年（29岁）

5月，撰写专著《法国的政治组织》，1930年由商务印书馆出版，1934年修订再版时改名为《法国的政府》。

11月，应清华政治学会邀请，演讲《英国员吏制度》，后刊于1931年元月《清华政治学报》创刊号上，题目为《英国之员吏制度》。

1930年（30岁）

3月，发表《德谟克拉西的危机及将来》一文，刊于《国立武汉大学社会科学季刊》第1卷第1期。

6月，发表《新书介绍与批评》，刊于《国立武汉大学社会科学季刊》第1卷第2期。

6月，发表《评*The Mechanism of the Modern State*等》，刊于《国立武汉大学社会科学季刊》第1卷第3期。

9月，发表《世界公法学会》一文，刊于《国立武汉大学社会科学季刊》第1卷第3期。

12月，发表《哈林吞政治思想研究》长文，刊于《国立武汉大学社会科学季刊》第1卷第4期。

1931年（31岁）

1月，发表《英国之员吏制度》，刊于《政治学报》（北平）创刊号。

1月，发表《评*The History of the Privy Council*》，刊于《政治学报》（北平）第1卷第1期。

1月，发表《评*The Cabinet Council of English in the Seventeenth and Eighteenth Centuries 1622—1784*》书评，刊于《政治学报》（北平）第1卷第1期。

1月，发表《评*Constitutional Laws of the British Empire*》书评，刊于《政治学报》（北平）第1卷第1期。

4月，为王云五、何炳松、刘秉麟主编的“社会科学名著选读丛书”选注英文政治学经典著作撰写中文“编者导言”，半年之内先后编选了亚里士多德的《政治学》、马基雅维利的《霸术》、布赖斯《近代平民政治》和孟德斯鸠的《法意》。

以笔名“德谟”发表《国民会议不要弄成党的官吏会议》，刊于《国立武汉大学社会科学季刊》。

1933年（33岁）

4月，60万字的《英国史》译稿完成，被商务印书馆列入“大学丛书”出版。

6月，发表《西班牙的新宪法》长文，刊于《国立武汉大学社会科学季刊》第3卷第4期。

6月，发表《德意志的国会与国会议员》一文，刊于《清华学报》第8卷第2期。

9月1日，发表《希忒勒秉政前的德意志政党》，刊于《民族》（上海）第1卷第9期。

9月，撰写《德国的政府》序言。

11月，撰写《法国的政府》再版序言。

1934年（34岁）

1月，发表《民主政治乎？极权国家乎？》一文，刊于《东方杂志》第31卷第1号。

1月5日，发表《中国外交的出路》社论于《益世报》。

1月6日，发表《如何挽救新疆的局面》社论于《益世报》。

1月13日，发表《傅仪称帝前后应有之防范》社论于《益世报》。

1月19日，发表《解决土地问题的急要》社论于《益世报》。

1月21日，发表《最近几年内日苏间会有战事吗？》社论于《益世报》。

1月29日，发表《一·二八两周年又过去矣！》社论于《益世报》。

1月31日，发表《政府不要辜负人民拥护统一的苦心！》社论于《益世报》。

2月1日，发表《法国内阁的更迭》社论于《益世报》。

2月2日，发表《藏事不可忽视！》社论于《益世报》。

2月6日，发表《省长制与委员制》社论于《益世报》。

2月11日，发表《山海关之收回》社论于《益世报》。

2月17日，发表《国际环境与外交路线》社论于《益世报》。

2月18日，发表《怎样可以促进我们国家的近代化》社论于《益世报》。

2月19日，发表《裁军问题与中国》社论于《益世报》。

2月21日，发表《统一中国的途径》社论于《益世报》。

2月22日，发表《中日问题果能解决吗？》社论于《益世报》。

2月23日，发表《对日应采取何种策略？》社论于《益世报》。

2月24日，发表《复兴民族的几个必备条件（上）》社论于《益世报》。

2月25日，发表《复兴民族的几个必备条件（下）》社论于《益世报》。

2月26日，发表《二次世界大战在酝酿中——对国际情势综合的观察》社论于《益世报》。

3月1日，发表《长春今日之傀儡戏》社论于《益世报》。

3月2日，发表《宪法初稿评议》社论于《益世报》。

3月7日，发表《教部派员视察高等教育》社论于《益世报》。

3月8日，发表《内蒙的自治》社论于《益世报》。

3月9日，发表《傀儡僭号与西南态度》社论于《益世报》。

3月11日，发表《何以弥贪污豪夺之风？》社论于《益世报》。

3月17日，发表《英兵侵入滇边事件》社论于《益世报》。

3月19日，发表《意奥匈成立三角协定》社论于《益世报》。

3月20日，发表《对日外交之东西两向》社论于《益世报》。

3月24日，发表《论宪稿中人民机关代表的保守性》社论于《益世报》。

3月27日，发表《中美修改商约》社论于《益世报》。

3月29日，发表《西南与中央》社论于《益世报》。

3月31日，发表《国联改组问题》社论于《益世报》。

4月1日，发表《论宪草中的人权章》社论于《益世报》。

4月3日，发表《论华北大势——兼送黄委员长南行》社论于《益世报》。

4月8日，发表《广田召驻外日使回国》社论于《益世报》。

4月10日，发表《日本之外交策略》社论于《益世报》。

4月11日，发表《康藏间的纠纷》社论于《益世报》。

4月12日，发表《论中日问题告日本人》社论于《益世报》。

4月15日，发表《华北对日外交的方略》社论于《益世报》。

4月21日，发表《再论日本的东亚政策》社论于《益世报》。

4月22日，发表《国际形势鸟瞰》社论于《益世报》。

4月23日，发表《蒙古自治政委会成立》社论于《益世报》。

4月24日，发表《西南与对日问题》社论于《益世报》。

4月26日，发表《美国与中日问题》社论于《益世报》。

4月27日，发表《论日本外务省与军部》社论于《益世报》。

4月28日，发表《建设西北》社论于《益世报》。

4月29日，发表《英国与中日问题》社论于《益世报》。

5月1日，发表《俄国与中日问题》社论于《益世报》。

5月4日，发表《对日外交与内部统一》社论于《益世报》。

5月6日，发表《中国能和日本妥协吗？》社论于《益世报》。

5月7日，发表《五七纪念告中日国民》社论于《益世报》。

5月9日，发表《论所谓“直接交涉”》社论于《益世报》。

5月12日，发表《日本反对中国与外国合作》社论于《益世报》。

5月16日，发表《国联与通邮问题》社论于《益世报》。

5月17日，发表《中国与教廷应该互换使节》社论于《益世报》。

5月20日，发表《战区的内政外交》社论于《益世报》。

5月22日，发表《黑田案件与日本政局》社论于《益世报》。

5月29日，发表《中俄关系应更密切》社论于《益世报》。

5月30日，发表《海军军缩会议预备会》社论于《益世报》。

5月31日，发表《塘沽停战协定的一周年》社论于《益世报》。

6月2日，发表《裁军会议的末日》社论于《益世报》。

6月3日，发表《“不承认主义”与萨尔瓦多》社论于《益世报》。

6月9日，发表《裁军之现阶段》社论于《益世报》。

6月12日，发表《中日悬案与东亚和平》社论于《益世报》。

6月18日，发表《意德成立新谅解之检讨》社论于《益世报》。

6月20日，发表《县长任用办法与刷新庶政》社论于《益世报》。

6月27日，发表《大学校长可挂名乎？》社论于《益世报》。

7月7日，发表《平沈直达车中的日警》社论于《益世报》。

7月9日，发表《扩大县政府组织之商榷》社论于《益世报》。

7月11日，发表《宪法草案修正稿评议》社论于《益世报》。

7月13日，发表《欧洲和平运动的新趋势》社论于《益世报》。

7月18日，发表《苏联将入国联》社论于《益世报》。

7月20日，发表《华北高等教育的改进》社论于《益世报》。

7月21日，发表《监察院与监察

权》社论于《益世报》。

7月23日，发表《海军预备会议的停顿》社论于《益世报》。

7月30日，发表《台湾开了对岸会议以后》社论于《益世报》。

8月9日，发表《考试制度之推行》社论于《益世报》。

8月10日，发表《战区之整理》社论于《益世报》。

8月14日，发表《论所谓既定的对日方针》社论于《益世报》。

8月15日，发表《关于宪法草案的基本问题》社论于《益世报》。

8月19日，发表《海会声中之军备案》社论于《益世报》。

8月20日，发表《外国一致提高日货关说》社论于《益世报》。

8月23日，发表《贫民法律扶助会》社论于《益世报》。

8月29日，发表《英自由党与自由主义》社论于《益世报》。

9月3日，发表《日本与东亚危机》社论于《益世报》。

9月4日，发表《公文式的行政与实在的行政》社论于《益世报》。

1—9月在《益世报》担任主笔期间共撰写170余篇社论。

10月1日，发表《评立宪运动与宪草修正案》一文，刊于《东方杂志》第31卷19期。

11月1日，发表《评中华民国宪法草案》一文，刊于《东方杂志》第31卷21期。

12月，发表《中国对于未来世界战争之方针》一文，刊于《外交评论》第3卷第11—12期合刊。

是年为在其指导下的龚祥瑞与楼邦彦合著的《欧美员吏制度》一书作序。

1935年（35岁）

2月1日，发表《极权主义》一文，刊于《半月评论》创刊号。

8月4日，发表《对六中全会的期望》一文于《独立评论》。

10月19日，发表《中央政制的改

善》一文，刊于《华年》第4卷第41期。

10月29、30日，对全国中等学校学生演讲“青年与国家”，后刊于《申报》1936年11月6—8日。

11月1日，发表《国宪与党章》一文于《半月评论》。

是年发表《政治活动应制度化》一文。

1936年（36岁）

1月1日，发表《孙中山先生的宪法观念》一文，刊于《民族杂志》第4卷第1期。

1月1日，发表《论中日关系》一文于《中国新论》。

5月15日，发表《世界资源重新分配问题》一文于《中国国际联盟同志会月刊》创刊号。

12月，与王世杰合著《比较宪法》（增订第三版）列入“大学丛书”，由商务印书馆出版。

1937年（37岁）

2月5日，发表《论官等官俸》一文，刊于《行政研究》第2卷第2期。

4月，发表《苏联新宪法》一文，刊于《国立武汉大学社会科学季刊》第7卷第3期。

6月，撰写专著《民国政制史》序言。

7月，发表对徐道邻博士论文“宪法的变动”之评论，刊于《清华学报》第12卷第3期。

7月，发表《评Finer的*Mussolini's Italy*》书评，刊于《社会科学》（北平）第2卷第4期。

7月，发表《评Dchneider的*The Fascist Government of Italy*; Bornbank的*Das Italienische des Fascisimus*》书评，刊于《社会科学》（北平）第2卷第4期。

7月，发表《评G. Salvemini著*Under the Axe of Fascism*》书评，刊于《社会科学》（北平）第2卷第4期。

11月28日，到费城（Philadelphia）参加美国政治学年会，会上发表“China's National Unification: Some Political and Administrative Aspects”(《从政治和行政方面看中国统一的展望》）。

1938年（38岁）

4月22—26日，参加英国国联同志会,讨论了“防止战争法”，后撰写《美国与中日战争》长文（一万五千字）。

10月，发表《论外交的根本政策》，刊于《新民族》第2卷第13期。

10月，发表《慕尼黑协定与欧洲的和平》，刊于《时事月报》第19卷第5期。

11月16日，发表《建设期内的行政改善》，刊于《新经济》创刊号第1卷第1期。

12月1日，发表《论国联政策为唯一正大而有利的政策》，刊于《世界政治》第3卷第9期。

12月26日，在“云南起义”纪念会上发表演讲，演讲词刊于《朝报》。

1939年（39岁）

1月1日，发表《统一与一致》于《今日评论》第1卷第1期，亦同时刊于《时代文选》创刊号。

1月1日，发表《国联政策的实施及应用》，刊于《世界政治》第4卷第1期。

1月15日，发表《对于六中全会的企望》，刊于《今日评论》第1卷第3期。

2月12日，发表《政治的制度化》于《今日评论》第1卷第7期，亦刊于《时代文选》第2期。

3月12日，发表《抗战致胜的途径》，刊于《今日评论》第1卷第11期。

3月19日，发表《抗战致胜的政治》，刊于《今日评论》第1卷第13期。

3月26日，发表《捷克灭亡后的欧局》，刊于《今日评论》第1卷第

12期。

4月1日，发表《英美法制日助我的最近形势》，刊于《改进》第1卷第1期。

4月16日，发表《侵略集团与防侵略集团》，刊于《今日评论》第1卷第16期。

4月23日，发表《几件战时的不急政事》，刊于《今日评论》第1卷第17期。

6月25日，发表《抗战的目的》，刊于《今日评论》第2卷第1期。

7月9日，发表《抗战中国际形势的转变》，刊于《今日评论》第2卷第3期。

8月6日，发表《英美对日外交的新变化》，刊于《今日评论》第2卷第7期。

是年《论张伯伦的绥靖政策》《抗战的第二期政治》《自助然后人助》《论今后的抗战》等文章，登载于《益世报》《民国日报》《云南日报》。

1940年（40岁）

3月3日，发表《一九四〇的美国》，刊于《今日评论》第3卷第9期。

3月10日，发表《美国当前的外交政策》，刊于《今日评论》第3卷第10期。

3月17日，发表《中日战争与美国今后的行动》，刊于《今日评论》第3卷第11期。

3月24日，发表《欧战与美国今后的行动》，刊于《今日评论》第3卷第12期。

4月28日，发表《欧战的推演与中国的地位》，刊于《今日评论》第3卷第17期。

5月12日，发表《论战时的行政机构》，刊于《今日评论》第3卷第19期。

5月19日，发表《今后的外交》，刊于《今日评论》第3卷第20期。

5月26日，发表《制宪与行宪》，刊于《今日评论》第3卷第21期。

6月9日，发表《论党》，刊于《今日评论》第3卷第23期。

6月16日，发表《大学往何处去》，刊于《今日评论》第3卷第24期。

6月23日，发表《法国崩溃后的欧战》，刊于《今日评论》第3卷第25期。

6月，与张伯苓等数十名国民参政会参政员联名致电英国国会议员，阻止英对日妥协。

7月7日，发表《抗战的三周年》，刊于《今日评论》第4卷第1期。

7月14日，发表《孤立的美国》，刊于《今日评论》第4卷第2期。

7月28日，发表《竞选期中的美国内政外交》，刊于《今日评论》第4卷第4期。

9月1日，发表《浅说民权与极权》，刊于《读书通讯》第9期。

9月29日，发表《国家今后的工作与责任》，刊于《今日评论》第4卷第13期。

10月13日，发表《我们需要的政治制度》，刊于《今日评论》第4卷第15期。

10月20日，发表《一党与多党》，刊于《今日评论》第4卷第16期。

10月27日，发表《论自由》，刊于《今日评论》第4卷第17期。

11月3日，发表《三国同盟后的世界局势与苏联地位》，刊于《今日评论》第4卷第18期。

11月10日，发表《罗斯福当选与今后的美国》，刊于《今日评论》第4卷第19期。

11月18日，发表《我们需要的经济政策》，刊于《今日评论》第4卷第20期。

11月25日，发表《我们需要的教育政策》，刊于《今日评论》第4卷第21期。

12月8日，发表《日伪订约》，刊于《今日评论》第4卷第23期。

12月22日，发表《大战的趋

势》，刊于《今日评论》第4卷第25期。

1941年（41岁）

1月12日，发表《民国三十年度的工作》，刊于《今日评论》第5卷第1期。

4月13日，发表《论党务》，刊于《今日评论》第5卷第14期。

9月4日，发表《新中国与一党制》，刊于《中央周刊》第4卷第4期。

9月27日，发表《三民主义的阐扬与宣传》，刊于《三民主义周刊》第2卷第1期。

10月4日，发表《三民主义与新世界建设》，刊于《三民主义周刊》第2卷第2期。

1942年（42岁）

3月，《建国途径》一书（系选自《今日评论》七篇文章合集）由重庆国民出版社出版。

4月，发表“War-Time Government in China”（《论中国的战时政府》），刊于《美国政治学评论》第36卷第5期。

9月，撰写《战后世界之改造》一书的序言。

发表对下列三部著作的书评：

1. *A History of National Socialism*, by Konrad Heiden；2.*The Nazi Dictatorship: A Study in Social Pathology and the Politics of Fascism*, by Frederick B. Schuman; 3. *The Fall of the German Republic: A Political Study*, by R.T. Clark，刊于《国立武汉大学社会科学季刊》第8卷第1期。

1943年（43岁）

1月1日，发表《新世序与世界公务员》，载于《世界政治》第7卷第19—20期合刊。

2月28日，发表《新世序的设计》，刊于《大路》第8卷第6期。

3月15日，发表《新世序的建设》，刊于《三民主义半月刊》第2卷第6期。

3月15日，发表《罗斯福四大自由之知与行》，刊于《东方杂志》第39卷第1期。

5月，发表《战略与政略——评罗邱的作战计划》一文于《时事新报》。

5月16日，发表《国际的经济分工合作为和平基础论》，刊于《当代论坛》第1期。

6月15日，发表《现代化》，刊于《中国青年》第10卷第6期。

6月17日，发表《建国完成的期限》，刊于《中央周刊》第5卷第44期。

6月30日，发表《论战后国之大小》，刊于《东方杂志》第39卷第8期。

7月，发表“New China Demands”（《新中国的要求》）于美国《外交季刊》。

8月15日，发表《战后应否有一个国际人权宣言》，刊于《国际编译》第1卷第2期。

11月，撰写的《战后世界之改造》一书，由商务印书馆在重庆出版。

12月，发表“War-Time Local Government in China”（《中国战时地方政府》）于美国《太平洋季刊》。

1944年（44岁）

1月20日，发表《战后和平会议的展望》，刊于《中央周刊》第6卷第23期。

2月，专著《战后世界之改造》一书由商务印书馆再版。

4月，撰写《民国政制史》一书的增订版序言。

1945年（45岁）

9月1日，发表《僵局如何打开——论中国政治的前途》一文，刊于《民主周刊》第2卷第7期。

1946年（46岁）

1月15日，发表《华北——第三次世界大战的导火索》一文，刊于《文化展望》第1卷第1期。

12月11日，《新文化》（半月刊）将“一二·一”纪念会的演讲，以《钱端升氏谈争自由》为标题刊登。

1947年（47岁）

1月，发表《今后世界民权建设之展望》，见于中山文化教育馆民权组编《民权建设中的世界与中国》（中华书局印行）一书。

3月1日，发表《教师与进步》一文，刊于《观察》第2卷第1期。

3月15日，发表《世界大势与中国地位》一文，刊于《观察》第2卷第3期。

3月22日，发表《唯和平可以统一论》一文，刊于《观察》第2卷第4期。

7月，《战后世界之改造》由上海商务印书馆再版。

10月，应美国哈佛大学之邀，讲授“中国政府与政治”，英文讲义*The Government and Politics of China*于1950年在哈佛大学出版社出版，后多次再版；20世纪70年代斯坦福大学出版社又多次再版。

1948年（48岁）

11月，发表“The Role of the Military in Chinese Government”（《军事在中国政府中的地位》），刊于美国《太平洋季刊》21卷第3期。

1949年（49岁）

11月1日，发表《统一战线·人民政权·共同纲领》一文，刊于《观察》1950年第6卷第1期。

7月，发表“How the People's Government Works”（《人民政府如何运作》），刊于《中国建设》1952年第4期。

9月30日，发表《为了人民的教育事业而争取和平》，刊于《世界知识》第39期。

1954年（54岁）

8月，发表“Chinese-British Friendship”（《中英友谊》于*People's China*（《人民中国》）。

1956年（56岁）

7月，发表《今日比利时》一文，刊于《世界知识》第7期。

1962年（62岁）

是年北京政法学院奉国家高等教育部之命，要求钱端升主编高教部的拟定之教材《当代西方政治学文选》。钱端升拟从1945年以来的西方主要的政治学著作中选取；考虑到教材的连贯性，同时也选择了1900年到1945年的若干篇，首先由他拟定《当代西方政治学文选》提纲，继而从60多位著名西方学者著作中择其要旨，译成中文，汪瑄、杜汝楫与邹德慈参与翻译，初步选定了11篇、35章，约156个选编，再加以各篇、章、编和全书的介绍文字，总共形成约150万字（中文）左右的九卷本巨著。

1972年（72岁）

是年他计划先撰写一部100万字的《世界史》，其中包括绪论，以及古代史、中代史、近代史与现代史四编，下设32章，他已将提纲拟好，并分配了各编和各章的字数，渴望有生之年多做些学术工作。

1974年（74岁）

是年他决定完成一本专著来分析未来国际政治与经济关系的走向，专著的书名为《论当今世界政治形势与经济关系》，规划和大纲都已拟好，其中包括世界的大势、美国、苏联、西欧北美大洋洲、日本、欧共体、第三世界、政治斗争、军备竞赛、资源问题、贸易与货币，以及联合国等共分12章，约25.2万字，可惜未能完成。

1980年（80岁）

12月20日，中国政治学会在北京成立，被选为名誉会长，并以“开展政治学研究的重要意义”为题发言，后刊于国际政治学会编辑的《政治与政治科学》一书（群众出版社1981年版）。

1981年（81岁）

1月2日，发表《瞻望国际局势笔谈：展望一九八一年国际形势》，刊于《人民日报》第7版。

1986年（86岁）

1月，撰文《为我国政治学的发展进言》，刊于《政治学研究》第1期。

1988年（88岁）

5月，为《蔡元培政治论著》写“跋”，刊于《群言》第5期。

钱元强　编撰

2020年2月25日（120周年诞辰日）于北京仰山斋

编后记

这本小书是在俞可平老师和金安平老师推荐下，在北京出版社高立志编审的督促下，我利用2020年年初大疫情宅家期间完成的，坦率讲书中的许多文章都已出版在过往不同的集子里，但这次出版社给我提出了新要求：第一，只选“政治学”有关文章；第二，读者是大众，要选通俗易懂的文章；第三，要我给每篇文章做个按语。在和出版社多次沟通后，内容确定为三辑，即政治学、政党与政治制度以及中国政治。

今年2月25日是钱端升先生诞辰120周年纪念日，北京大学、清华大学和中国政法大学都计划有纪念活动和高端学术研讨会，北京出版社也借此机会推出钱端升有关“政治学”方面的小书一册，想必从以钱端升为代表的老一代政治学者的著述中也能窥见到百年来中国政治学的发展和演变。

钱端升先生的一生与政治学结缘，我用八个字来概括就是“学人本色、士人情怀”。他和他的同仁们构建了现代中国政治学的框架，无论从政治学专业在大学的设立到课程的开设，到对中国自身国家问题的研究，他都取得了若干成果，这一切都展示了他的“学人本色”，但他始终没有忘记“士人”的职责。他早年主张中国必须建立起一个“强力政府”来主导国家的经济建设和社会发展；他积极参与民间外交活动，宣传中国抗战的正义与决心，期盼中国能尽快结束战乱，建立起一个独立、统一、富强的国家；他投身政法建设，参与新中国首部宪法的制定，孜孜追求“法制中国”在中国的尽早落实；他渴望中国的政治体制能走向“政治进步、法治昌明”，最终实现中国政治制度的现代化，以带动中国经济和社会的全方位的现代化。

钱端升一生耕耘学术，除了写出十余部专著外，曾撰写过近700篇中英文文章，涉及政治学、行政学、宪法学、国际关系等诸学科。实际上，20世纪的学科分类中这些学科大都归属于“大政治学”学科，许多文章和当时的中国政治环境与国际局势有关，所以要选出当下大众爱读的，又通俗易懂的也确实不易，但我考虑或许通过对每篇文章的按语让读者对当时的写作背景有所了解，如能读出当年文章的新意来，也算是新编的一个价值所在。

关于书名的选择，着实费了不少周折。最初我们都想从学科角度来命名，如“探究政治学”“政治学漫谈”“政治学论要”“政治科学与政治情怀”之类，但市面上有关“政治学”的书名汗牛充栋，既然是面向大众，还是高立志副总编和安东总经理高明，是他们俩共同商议并最终确定用《政治的学问》来做书名。我和责任编辑起初一听觉得有些太白，但仔细琢磨后，觉得这个书名起得很好，俗中有雅，通俗易懂。

在这里首先要感谢俞可平老师和金安平老师特别推荐，尤其是在全稿完成后，俞可平老师为此书撰写了《既要讲政治，也要讲政治科学》的导读，在此也深表谢意。另外要感谢侯天保编辑在出版过程中提出了许多好的建议和认真仔细的工作态度，特别是高立志编审在选文中的独到眼光使得本书结构更加紧凑、主题更加精练。还要感谢中国政法大学钱端升纪念馆研究员王改娇老师对书中照片的及时提供，特别是徐凌雁总经理旗下的媒体公司对照片的快速修正，让我实现了对出版社的承诺，心存感激！最后要感谢父亲钱大都先生对我的鼓励和支持。

钱元强

2020年8月17日于北京仰山斋

出版说明

“大家小书”多是一代大家的经典著作，在还属于手抄的著述年代里，每个字都是经过作者精琢细磨之后所拣选的。为尊重作者写作习惯和遣词风格、尊重语言文字自身发展流变的规律，为读者提供一个可靠的版本，“大家小书”对于已经经典化的作品不进行现代汉语的规范化处理。

提请读者特别注意。

文津出版社